Norman Mailer

Norman Mailer a été sa vie durant (1923-2007) le grand trublion des lettres américaines. Ses romans étaient à moitié des pamphlets. Ses pamphlets faisaient la part belle à la fiction. Tonitruants les uns comme les autres. Entré en littérature en 1948 avec un premier coup d'éclat : *Les Nus et les Morts* – tiré de son expérience de la guerre du Pacifique et considéré avec *Tant qu'il y aura des hommes* de James Jones comme l'un des deux chefs-d'œuvre américains sur la Seconde Guerre mondiale –, il connaît un succès qui manque de peu faire sombrer sa vocation. Un long silence va s'ensuivre : on croit fini celui qui se voulait un nouveau Malraux. Mais il reprend pied trois ans plus tard avec *Rivages de Barbarie*, qui retrace l'histoire d'un amnésique à la dérive. Puis viendra le temps de ses croisades contre une Amérique coupable à ses yeux de stériliser la création. Successivement *Un rêve américain*, *Pourquoi sommes-nous au Vietnam ?*, *Les Armées de la nuit*, (prix Pulitzer), *Bivouac sur la Lune* et *Prisonnier du sexe* font de Mailer le chantre des protestataires américains.

L'immense succès du *Chant du bourreau*, qui a valu à Mailer un second prix Pulitzer, l'a définitivement propulsé au rang des monstres sacrés.

les vrais durs
ne dansent pas

norman
mailer

les vrais durs ne dansent pas

traduit de l'anglais (états-unis)
par jean-pierre carasso

pavillons poche
robert laffont

Titre original : TOUGH GUYS DON'T DANCE

ISBN 978-2-221-11562-6
(édition originale : ISBN 0-394-53786-6 Random House, New York)

À Scott Meredith

Est-ce la brume les feuilles mortes ?
Les hommes morts – les soirées de novembre ?

JAMES ELROY FLECKER

Il existe des erreurs trop monstrueuses pour le remords..

EDWIN ARLINGTON ROBINSON

1

À l'aube, quand la marée découvrait les bas-fonds, le bavardage des mouettes m'éveillait. Les mauvais jours, j'avais l'impression d'être mort et que ces volatiles me picoraient le cœur. Plus tard, après que j'eus sommeillé encore un moment, la marée montait sur le sable aussi vite que l'ombre descend sur les collines quand le soleil disparaît derrière la crête, et, avant peu, les premiers rouleaux venaient se fracasser sur la muraille de la jetée sous la fenêtre de ma chambre, le choc montant en un infime espace de temps du mur marin jusqu'aux passages les plus intimes de ma chair. *Boum !* faisaient les vagues contre le mur et j'aurais pu être seul à bord d'un cargo sur une mer obscure.

En fait, je m'éveillais seul dans mon lit, c'était un morne matin, le vingt-quatrième depuis que ma femme avait levé le camp. Ce soir-là, toujours seul, je célébrerais l'arrivée de la vingt-quatrième nuit. Ça a dû être quelque chose, cette célébration. Les jours suivants, cherchant un quelconque indice des nombreuses horreurs qui allaient m'accabler, je tenterais de percer les bancs de brume de la mémoire pour me rappeler quels actes au juste je pourrais bien avoir ou non commis pendant toute la durée de cette vingt-quatrième nuit.

Peu de chose me revenait toutefois de ce que j'avais fait après m'être levé. Ce fut peut-être un jour comme tous les autres. Vous connaissez la blague : c'est un type qui va voir un nouveau médecin pour la première fois et celui-ci lui demande de lui raconter le déroulement ordinaire de ses journées. Il s'empresse de répondre :

— Je me lève, je me lave les dents, je vomis, je me débarbouille…

Le toubib l'interrompt pour lui demander :

— Vous vomissez tous les jours ?

— Oh, bien sûr, docteur, répond le patient. Comme tout le monde, non ?

J'étais ce type. Chaque matin, après le petit déjeuner, je n'arrivais pas à allumer une cigarette. Je n'avais qu'à en mettre une dans ma bouche pour être saisi de haut-le-cœur. La perte de mon épouse m'étreignait dans sa nauséeuse plénitude.

Cela faisait douze ans que j'essayais d'arrêter de fumer. Comme l'a dit Mark Twain – et qui ne connaît cette remarque ? – « S'arrêter n'est rien. Je me suis bien arrêté cent fois. » J'avais le sentiment d'être moi-même l'auteur de cette remarque. Car j'avais sans aucun doute essayé à dix fois dix reprises, une fois un an, une autre fois neuf mois, une autre encore quatre mois. Encore et toujours je renonçais au tabac, cent fois au long des années, mais j'y revenais toujours. Car dans mes rêves, tôt ou tard, je craquais une allumette, approchais la flamme du bout de la cigarette puis inhalais la totalité de mon appétit pour l'existence avec la première bouffée. Je me sentais empalé sur le désir lui-même – ces démons prisonniers de ma poitrine qui réclamaient une taffe en hurlant. Chassez le naturel !

Ainsi ai-je appris ce que c'était que l'intoxication, l'accoutumance. Une bête me tenait à la gorge et ses couilles étaient dans mes poumons. Je m'étais débattu contre ce démon douze années durant et parfois j'avais eu le dessus. C'était en général au détriment de moi-même et des autres. Car lorsque je ne fumais pas, je devenais violent. Mes réflexes occupaient l'espace dans lequel j'avais l'habitude de craquer les allumettes et mon esprit perdait ces bribes de connaissances qui nous permettent de conserver notre sérénité (du moins à nous autres Américains). Dans les affres de l'abstinence, il pouvait m'arriver de louer une voiture sans même m'apercevoir s'il s'agissait d'une Ford ou d'une Chrysler. Il est permis d'y voir le début de la fin. En une occasion, alors que j'avais cessé de fumer, j'entrepris un long voyage avec une fille que j'aimais, une nommée Madeleine, dans le but de rencontrer un couple marié qui désirait faire l'expérience d'une fin de semaine échangiste. Ce que nous fîmes. Au retour,

Madeleine et moi nous prîmes de querelle et je bousillai la voiture. Madeleine fut grièvement blessée. Aux ovaires. Je me remis à fumer.

Je voulais dire : « Il est plus facile de renoncer à l'amour de sa vie que d'arrêter de fumer », et je crois bien que j'avais raison. Et puis voilà que le mois dernier, vingt-quatre jours plus tôt, ma femme s'était taillée. Vingt-quatre jours plus tôt. J'en appris un peu plus sur l'accoutumance. Il est bien possible qu'il soit plus simple de renoncer à l'amour que de s'abstenir de fumer, mais s'il s'agit de dire au revoir à l'amour-haine – ah, ce fidèle allié de tous les psycho machins, la relation d'amour-haine ! –, bon sang, mettre fin à son ménage est au moins aussi difficile que de laisser tomber sa nicotine. Et d'ailleurs ça y ressemble beaucoup, car je peux vous dire qu'au bout de douze ans, j'en étais venu à haïr cette saloperie exactement autant qu'une épouse acariâtre. Même la première bouffée du matin (délice assuré qui semblait jadis une raison suffisante et indestructible pour que je ne renonce jamais au tabac) était devenue désormais une explosion de toux convulsive. Peut-être ne subsistait-il plus que l'accoutumance elle-même, mais l'accoutumance est encore une signature au bas de la dernière ligne de notre psyché.

Il en allait de même de mon ménage depuis que Patty Lareine était partie. Si je l'avais aimée jadis tout en connaissant ses effrayants défauts – de même que nous fumons comme de beaux diables en écartant d'un haussement d'épaules la perspective du cancer du poumon dont nous séparent encore plusieurs décennies –, de même avais-je toujours senti que Patty Lareine pourrait bien être ma perte au détour de quelque soirée traîtresse. Pourtant, soit ! je l'adorais. Qui sait ? L'amour pourrait bien nous être une inspiration suffisante pour transcender nos fièvres désastreuses. Il y avait de cela des années. Ensuite, tout au long de cette dernière année et même plus, nous nous étions efforcés de renoncer à l'habitude l'un de l'autre. De petites haines intimes qui grandissaient à chaque saison avaient fini par débarrasser toutes nos vieilles poches de bonne humeur. J'en étais venu à la trouver aussi déplaisante que ma première cigarette du matin. À laquelle il faut préciser que j'avais fini par renoncer. Au bout de douze ans, je me sentais enfin libéré de la plus grave et massive intoxication de mon existence. C'est-à-dire jusqu'au soir de son départ. Ce fut ce soir-là que je découvris que la perte de mon épouse était une plus sale affaire encore.

Avant son départ, cela faisait un an que je n'avais pas touché une cigarette. Patty Lareine et moi pouvions bien, en conséquence, nous affronter férocement, j'en étais du moins quitte, enfin, avec mes Camel. Mince espoir. Deux heures après qu'elle était partie au volant de sa voiture, je repris un nouveau clou de cercueil dans un paquet à moitié vide que

Patty avait laissé traîner et me retrouvai, au bout de deux jours passés à me débattre, accro une nouvelle fois. Maintenant qu'elle était partie, j'entamais chaque journée par la plus horrible des convulsions spirituelles. Bon Dieu, je m'étranglais en cataractes de misère. Car avec le retour de cette foutue manie, me revint l'intégralité de mon vieux désir pour Patty Lareine. Chaque cigarette avait dans ma bouche l'odeur d'un cendrier, mais ce n'était pas le goudron que je humais ainsi, c'était plutôt ma propre chair carbonisée. Car telle est l'odeur de la frousse et du manque.

Bon, comme je l'ai indiqué, je ne me rappelle pas la manière dont j'ai passé mon vingt-quatrième jour. Je me souviens clairement m'être étranglé sur cette première cigarette, m'étouffant sur sa fumée. Plus tard, après quatre ou cinq autres, je fus plus ou moins capable d'inhaler en paix, cautérisant ainsi ce dont j'avais fini par conclure (sans grand respect pour moi-même) qu'il devait s'agir de la blessure de ma vie. Patty Lareine me manquait beaucoup plus que je ne l'aurais souhaité. Au cours de ces vingt-quatre jours, j'avais fait de mon mieux pour ne voir personne, j'étais resté à la maison, je ne m'étais pas lavé tous les jours, j'avais bu comme si la base du grand fleuve de sang qui coule en nos veines n'était pas l'eau mais le bourbon, bref, pour parler grossièrement, j'étais dans la merde.

En été, mon triste état aurait sauté aux yeux, mais l'automne était déjà avancé, les journées étaient grises, la ville déserte et plus d'un court après-midi de novembre on aurait pu jouer aux boules sur la chaussée à sens unique de notre étroite rue principale (une vraie ruelle de Nouvelle-Angleterre) sans risquer de heurter un piéton ou une voiture. La ville s'était retirée en elle-même et le froid, qui n'avait rien de remarquable, mesuré à l'aide d'un thermomètre (car la côte du Massachusetts, du point de vue de M. Fahrenheit, est moins froide que les collines pierreuses qui se dressent à l'ouest de Boston) n'en était pas moins composé de cet air marin qui vous glace jusqu'aux moelles, sorti tout droit qu'il est du cœur cloîtré des histoires de fantômes. Celui qui souffle, en tout cas, sur un bon nombre des séances de spiritisme. À vrai dire, nous avions justement assisté à une de ces séances, Patty et moi, à la fin de septembre. Et le résultat avait été déconcertant : brève et terrifiante, elle s'était terminée sur un hurlement. J'ai dans l'idée qu'une partie des raisons pour lesquelles je me retrouvais privé de Patty Lareine tenait à ce que quelque chose d'intangible mais d'indiscutablement repoussant s'était attaché à notre ménage à cet instant-là.

Après son départ, il y avait eu une semaine au cours de laquelle le temps n'avait jamais changé. Un ciel morose et froid de novembre succédait à un autre. Tout virait au gris à vue d'œil. L'été précédent, la population était de trente mille personnes, et doublait chaque fin de semaine. À croire que tous les véhicules du Cap Cod choisissaient d'emprunter l'autoroute à quatre voies qui aboutissait à notre plage. Provincetown était alors aussi haute en couleur que Saint-Tropez et aussi dégueulasse le dimanche soir que Coney Island. À l'automne, toutefois, quand tout le monde était parti, la ville révélait son autre aspect. Désormais la population ne passait plus en une journée de trente à soixante mille mais avait au contraire retrouvé son honnête niveau sédimentaire de trois mille âmes et, en semaine, par les après-midi vides, on aurait eu des excuses à croire qu'elle était en fait de trente hommes et femmes, tous planqués.

Il ne devait exister aucune ville semblable. Si on n'aimait pas la foule, on aurait pu mourir en été de la promiscuité qui y régnait. D'un autre côté, si l'on était incapable de supporter la solitude, on risquait d'être pénétré de terreur tout au long de l'interminable hiver. Martha's Vineyard, qui n'était pas à plus de quatre-vingts kilomètres au sud-ouest, avait survécu au surgissement des montagnes puis à leur érosion, à la montée puis à la descente des océans, à l'apparition puis à la mort des grandes forêts marécageuses. Des dinosaures avaient arpenté Martha's Vineyard et leurs ossements étaient maintenant encastrés dans la roche. Des glaciers étaient apparus puis avaient disparu, aspirant l'île vers le nord puis la repoussant comme un bac de nouveau vers le sud. Il y avait sur Martha's Vineyard des dépôts de fossiles vieux d'un million d'années. Mais l'extrémité septentrionale du Cap Cod sur laquelle se dressait ma maison, la terre que j'habitais, cette longue bande de broussailles et de dunes qui s'incurve en spirale à l'extrémité du cap – a été formée par le vent et la mer au cours des dix mille dernières années seulement. Cela ne doit guère représenter plus d'une nuit du temps géologique.

C'est peut-être la raison pour laquelle Provincetown est si belle. Conçues la nuit (car on jurerait que l'endroit fut créé l'espace d'une sombre tempête), ces longues étendues sablonneuses luisaient encore à l'aube de l'humide innocence primitive de la terre exposée au soleil pour la première fois. Décennie après décennie, des artistes venaient peindre la lumière de Provincetown et l'on faisait des comparaisons avec la lagune de Venise et les marais de Hollande puis, à la fin de l'été, la plupart des peintres partaient et les longs sous-vêtements douteux du gris hiver de Nouvelle-Angleterre, gris comme mon humeur, revenaient nous visiter. C'était alors qu'on se rappelait que la Terre n'avait que dix mille ans et que les fantômes y étaient dépourvus de racines. Nous ne possédions pas les vieux dépôts fossiles de Martha's Vineyard pour soumettre chaque esprit, non, il n'y avait rien pour domicilier nos spectres que le vent emportait au long des deux longues rues de notre ville qui s'incurvent à l'unisson autour de la baie comme deux vieilles filles en promenade jusqu'à l'église.

Si ce qu'on vient de lire est un bon échantillon de la manière dont fonctionnait mon esprit en ce vingt-quatrième jour, il est évident que mon humeur était à l'introspection, que j'avais l'impression de moisir dans le deuil et une espèce d'ennui hanté. Vingt-quatre jours privé d'une épouse que l'on aime et que l'on hait et l'on peut être assuré que la peur vous accrochera à elle comme au mégot de l'intoxication en personne. Ce que je pouvais haïr le goût des cigarettes maintenant que je m'étais remis à fumer !

Il me semble avoir parcouru toute la longueur de la ville ce jour-là avant de revenir chez moi – chez elle –, car c'était avec l'argent de Patty Lareine que nous avions acheté notre maison. Les cinq bornes de Commercial Street, je me suis tapé. Aller et retour à travers tout l'après-midi gris mais je ne me rappelle pas à qui j'ai parlé ni combien de gens ont pu passer en bagnole et m'inviter à monter. Non, je me rappelle avoir marché jusqu'à l'extrémité de la ville, tout au bout, là où la dernière maison rencontre la plage, sur laquelle les pèlerins ont mis pour la première fois le pied en Amérique. Oui, ce n'est pas à Plymouth mais ici, qu'ils ont débarqué, ici.

Un événement auquel je consacre plus d'une journée de réflexion. Ces pèlerins, ayant traversé l'Atlantique, rencontrèrent les falaises du Cap Cod – ce fut le premier signe de la terre. Sur ce rivage, quand le ressac est au plus haut, il lui arrive de se briser en vagues de trois mètres. Quand il n'y a pas de vent, le péril est plus grand encore, un voilier risque d'être pris dans les courants incessants pour s'échouer sur les hauts-fonds. Ce ne sont pas les écueils mais les sables mouvants qui causent les naufrages au large du Cap Cod. Quelle terreur a dû être celle de ces pèlerins quand ils ont entendu l'éternel grondement sourd du ressac.

Qui oserait s'approcher de ce rivage avec des bateaux comme les leurs ? Ils virèrent au sud et la côte déserte et blanche se déroula sans interruption – pas trace de baie ou de crique. Rien que la longue plage rectiligne. Alors ils essayèrent d'aller au nord et, au bout d'une journée, virent le rivage s'incurver vers l'ouest puis poursuivre sa courbe jusqu'à tourner plein sud. Quel tour la terre leur jouait-elle ? Ils naviguaient désormais vers l'est, ayant opéré trois quarts de tour à partir du nord. Étaient-ils en train de caboter à l'intérieur d'une baie en forme de conque ou d'oreille ? Contournant la pointe, ils jetèrent l'ancre à l'abri du vent. C'était un port naturel, effectivement aussi protégé que peut l'être l'intérieur d'une oreille. De là, ils mouillèrent des chaloupes et gagnèrent la côte à l'aviron. Une plaque commémore ce débarquement. Elle est au début de la jetée qui protège aujourd'hui nos marais, à l'extrémité de la ville, des ultimes ravages de la mer. C'est là qu'on atteint le bout de la route, c'est le plus loin que puisse aller un touriste en direction de la pointe du Cap Cod, pour atteindre le lieu de débarquement des pèlerins. Ce ne fut que quelques semaines plus tard, après beaucoup de mauvais temps et non sans avoir constaté qu'il y avait peu de gibier et moins encore de terre cultivable dans ces confins sablonneux que les pèlerins refirent voile vers l'ouest en travers de la baie jusqu'à Plymouth.

Mais c'est bien ici qu'ils mirent pied à terre pour la première fois, avec toute la terreur et l'exaltation de découvrir une terre nouvelle. Nouvelle, elle l'était, avec tout juste dix mille ans d'existence. Une bande de sable. Combien de fantômes indiens ont-ils dû entendre hurler pendant les premières nuits de leur bivouac.

Je songe aux pèlerins, chaque fois que je gagne à pied ces marais vert émeraude à l'extrémité de la ville. Au-delà, les dunes côtières sont si basses qu'on aperçoit les bateaux le long de l'horizon, même quand la mer n'est pas visible. Les superstructures des bateaux de pêche sportive semblent voyager en caravane à travers le sable. Quand j'ai bu un verre ou deux, je me mets à rire. Parce que, en face de la plaque des pèlerins, à moins de cinquante mètres, là où les États-Unis ont commencé, s'ouvre l'entrée d'un motel gigantesque. S'il n'est pas plus affreux que n'importe lequel de ses congénères, il n'est certainement pas plus joli. Et le seul hommage aux pèlerins a consisté à l'affubler du titre d'auberge. Son parc de stationnement asphalté a la taille d'un terrain de rugby. Gloire aux pèlerins.

Rien de plus. J'ai beau me pressurer l'esprit, me contraindre, c'est tout le souvenir que je garde de mon vingt-quatrième après-midi. Je suis sorti, j'ai traversé la ville, j'ai rêvassé à la géologie de nos rivages, j'ai prêté mon imagination aux pèlerins et rigolé devant l'Auberge de Provincetown, et puis j'imagine que j'ai dû rentrer chez moi. Sur le canapé, j'ai dû sombrer dans une morosité interminable, intemporelle. J'avais passé pas mal d'heures de ces vingt-quatre journées perdu dans la contemplation du mur, mais ce dont je me souviens, ce que je ne puis ignorer, c'est que, ce soir-là, j'ai grimpé dans ma Porsche pour remonter Commercial Street très lentement, comme si j'avais peur, ce soir-là, de renverser un enfant – il y avait du brouillard – et que je ne me suis pas arrêté avant d'avoir atteint le Widow's Walk (la promenade de la Veuve). Là, non loin de l'Auberge de Provincetown, se dresse une salle aux boiseries sombres dont les fondations sont doucement lapées à marée haute, car un des charmes de Provincetown que je n'avais pas encore mentionné tient au fait que ma maison – sa maison ! – n'est pas la seule de son genre. La plupart des bâtiments de Commercial Street qui bordent la baie s'apparentent à des navires quand la mer submerge presque, à marée haute, le roc sur lequel ils furent construits.

Ce soir-là, la marée était haute. Les eaux s'élevaient avec la langueur d'un flot tropical mais je savais que la mer était froide. Derrière les bonnes fenêtres de cette salle plongée dans la pénombre, le feu qui brûlait dans la vaste cheminée était digne d'une carte postale et mon siège de bois parlait de l'approche de l'hiver en cela qu'il était muni d'une tablette du genre qu'on utilisait dans les salles d'étude au siècle précédent, un grand plateau de chêne qui pivotait sur ses gonds pour vous permettre de vous asseoir, après quoi il venait se loger sous votre coude droit pour servir de table à votre verre.

Le Widow's Walk aurait pu être créé pour moi. Par les soirées solitaires d'automne j'aimais me bercer de l'illusion que j'étais quelque pirate des temps modernes, nabab d'une richesse prodigieuse, et que j'entretenais cet établissement pour me distraire. Si je pénétrais rarement dans le grand restaurant qui occupait l'autre extrémité de cette salle boisée, le petit bar et sa barmaid étaient tout à moi. En secret, je devais croire que nul autre n'avait le droit d'y pénétrer. Dès novembre, cette illusion devenait facile à protéger. En semaine, par les soirées tranquilles, la plupart des dîneurs, tous gens d'un certain âge, bon chic bon genre, habitants de Brewster, de Dennis et d'Orleans en quête de sensations, satisfaisaient leur esprit d'aventure de la seule audace qu'il y avait déjà pour eux à parcourir au volant la quarantaine ou la soixantaine de kilomètres qui les séparaient de Provincetown. L'écho de l'été nous conservait l'entièreté de notre réputation canaille. Ces belles figures d'Écossais aux tempes argentées – ces professeurs émérites, ces industriels à la retraite – n'étaient pas du genre à traîner dans les bars. Ils se dirigeaient droit vers la salle à manger. D'ailleurs, un seul regard sur moi et ma veste de treillis suffisait à leur faire prendre la direction du repas.

— Non, chéri, disaient leurs épouses, prenons plutôt un verre à table. Nous mourons de faim.

— Ouais, petite, murmurais-je par-devers moi, tu meurs de faim.

Au long de ces vingt-quatre jours, le bar du Widow's Walk était devenu mon château fort. Je m'y asseyais près de la fenêtre, perdu dans la contemplation du feu, observant le changement des marées et après quatre bourbons, dix cigarettes et une douzaine de biscuits avec du fromage (mon dîner !), je parvenais au sentiment d'être, à tout le moins, quelque seigneur navré vivant au bord de la mer.

Compensation du malheur, de l'auto-apitoiement et du désespoir, l'imagination, nourrie d'une quantité suffisante de boisson alcoolique, revient en force. Certes, ses pouvoirs sont assez déformés par ce genre de circonstances, mais elle n'en revient pas moins. Dans cette pièce, mes verres étaient servis par une fille docile que je terrifiais sans aucun doute alors que je ne lui avais jamais rien dit de plus provocant que :

— Un autre bourbon, s'il vous plaît.

Cependant, puisqu'elle travaillait dans un bar, je comprenais sa peur. J'ai moi-même longtemps travaillé dans un bar. Et cela me permettait de respecter sa conviction que je représentais un péril. Cela se lisait clairement dans la concentration de mes bonnes manières. Du temps que j'étais barman, j'avais moi-même eu l'occasion de servir et d'observer quelques clients dans mon genre. Ce sont des gens qui ne vous attirent jamais d'ennuis jusqu'au jour où brusquement… ce jour-là, ils peuvent très bien mettre l'établissement à sac.

Je ne croyais pas moi-même appartenir à cette catégorie. Mais comment prétendre que les affreux pressentiments de la serveuse ne faisaient pas parfaitement mon affaire ? Elle ne m'accordait pas plus d'attention que je n'en souhaitais tout en étant attentive à satisfaire mes moindres désirs. Le gérant, un type jeune et engageant, très préoccupé de maintenir la classe de son établissement, me connaissait maintenant depuis plus de quelques années, et, tant que j'avais été accompagné de ma riche épouse, m'avait considéré comme un rare échantillon de l'aristocratie locale malgré le comportement tapageur dont Patty Lareine était capable lorsqu'elle avait bu : tels sont les privilèges de la fortune ! Depuis que j'étais seul, il me saluait à mon entrée, me disait au revoir quand je sortais et avait manifestement pris la décision, en bon gestionnaire, de me flanquer une paix royale. En corollaire, on n'insistait guère pour diriger les clients vers le bar. Soir après soir, je pouvais me soûler comme bon me semblait.

Je n'ai pas jusqu'ici eu l'occasion d'avouer que je suis écrivain. Depuis le jour numéro un, je n'avais toutefois pas écrit une ligne. On m'accordera qu'on peut fort bien voir l'ironie de sa propre situation sans s'en réjouir. Mais l'ironie peut devenir un cachot une fois que le cercle vicieux s'est refermé. Les cigarettes auxquelles j'avais renoncé au prix de ma capacité d'écrire m'empêchaient, maintenant que j'étais de retour dans le domaine de la nicotine – oui, ce n'est pas moins qu'un domaine –, de produire un seul paragraphe nouveau. Pour cesser de fumer, il m'avait fallu réapprendre à écrire, à partir de zéro. Et, quand j'en avais été capable, mes retrouvailles avec la cigarette semblaient avoir éteint en moi toute étincelle littéraire. À moins que ce ne fût le départ de Patty Lareine ?

J'emportais dûment mon calepin avec moi au Widow's Walk. Et quand j'étais assez soûl, je parvenais à ajouter une ligne ou deux aux mots que j'avais jetés sur le papier en des heures moins désespérées. Et donc, lors des rares occasions où des visiteurs prenaient un verre avant le dîner dans la même pièce que moi, mes petits bruits de satisfaction devant quelque bonheur de syntaxe ou mes grognements d'ennui devant une expression qui me semblait désormais aussi morte et figée que les radotages d'un vieux compagnon de beuverie, devaient résonner avec une étrangeté animale, aussi troublante (au milieu de ces boiseries aristocratiques) que les cris poussés par un chien de meute totalement indifférent à toute présence humaine dans son voisinage.

Puis-je affirmer que je ne me donnais pas un peu en spectacle lorsque je fronçais les sourcils au-dessus d'une note griffonnée dans l'ivresse et que je relisais à peine ? Puis quand je gloussais de plaisir sitôt que ces gribouillis éthyliques se métamorphosaient en un texte lisible ?

— Voilà voilà ! marmonnai-je pour moi-même, des études !

Je venais de déchiffrer un titre, un titre de bon aloi, suffisamment sonore pour un livre : *En toute sauvagerie – Études parmi les gens sains d'esprit*, par Timothy Madden.

Puis j'entamai l'exégèse de mon nom. *En toute sauvagerie – Études parmi les gens sains d'esprit*, par Mac Madden ? Par Tim Mac Madden ? Par Two-Mac Madden ? Je me mis à glousser. Ma serveuse, pauvre souris hypernerveuse, ne se résolut à couler un coup d'œil dans ma direction qu'en se mettant carrément de profil.

Pourtant je gloussais en toute bonne foi. De vieilles plaisanteries autour de mon nom me revenaient. Je me sentis submergé d'amour pour mon père. Ah, le doux chagrin que c'est d'aimer père ou mère. Aussi pur que le goût d'un bonbon acidulé quand on a cinq ans. Douglas Madden, dit Dougy – Big Mac pour ses amis et son fils unique, moi, que l'on avait donc appelé jadis Little Mac, ou Mac-Mac, puis Two-Mac, puis Toomy, avant de revenir à Tim. Suivant la morphologie de mon prénom à travers le serpentin de l'alcool, je gloussais. Chaque changement de nom avait été un événement dans ma vie – si seulement je pouvais recouvrer les événements.

Dans mon cœur je tentai alors de lancer une première série de phrases pour l'essai initial. (Quel titre ! *En toute sauvagerie – Études parmi les gens sains d'esprit*, par Tim Madden.) J'aurais pu parler des Irlandais et des raisons pour lesquelles ils boivent tant. Serait-ce la testostérone ? Les Irlandais sont censés en posséder plus que les autres hommes, c'était incontestablement le cas de mon père, et c'est ce qui les rendrait impossibles. Peut-être cette hormone demandait-elle à être dissoute dans une certaine quantité d'alcool.

Je demeurais là, crayon suspendu, une gorgée de bourbon m'écorchant presque la langue. Je n'avais pas envie d'avaler. Ce titre représentait à peu près la totalité de ce qui m'était venu depuis le jour numéro un. J'étais seulement capable de contempler les vagues. Les vagues que j'apercevais par la fenêtre de la salle en cette glaciale soirée de novembre étaient je ne sais comment devenues équivalentes aux vagues de mon esprit. Mes pensées s'immobilisèrent et j'éprouvai la déception qui préside aux visions de l'ivresse profonde. À l'instant même où l'on atteint en pataugeant aux vraies relations du cosmos, on ne dispose plus que d'un vocabulaire brouillé.

Ce fut alors que je me rendis compte que j'avais cessé d'être seul dans mon royaume du Widow's Walk. Une blonde dont la ressemblance avec Patty Lareine était remarquable avait pris place avec son cavalier à moins de trois mètres de ma table. Si je n'avais disposé d'autre indice, celui-là eût suffi à manifester l'immersion profonde de ma conscience : elle était entrée avec son mec, le genre de type bronzé aux tempes argentées et à la veste de tweed campagnarde bien coupée sur un pantalon de flanelle, dans lequel tout désignait l'avocat, oui, la nana s'était assise là avec son bonhomme, et, puisqu'ils avaient déjà des verres devant eux, devaient parler (et elle en tout cas sans nulle retenue) depuis un temps considérable. Cinq minutes ? Dix minutes ? Je me rendis compte qu'ils devaient avoir eu le temps de prendre ma pointure et de décider, pour une raison qui m'échappe, qu'ils pouvaient, en toute confiance, pour ne pas dire culot, m'ignorer purement et simplement. Je ne sais d'où leur venait cette tranquille indifférence au monde extérieur – l'homme disposait-il d'une redoutable capacité aux arts martiaux, d'ailleurs peu visible car il faisait plus joueur de tennis que ceinture noire, sous son tweed et sa flanelle ? Le couple était-il si riche qu'il n'avait nul désagrément à redouter des inconnus dans l'existence (en dehors des cambriolages de leur demeure) ? Étaient-ils tout simplement insensibles au torse puissant, à la tête et aux membres qui occupaient un siège si proche du leur ? Toujours est-il que la femme, elle au moins, parlait d'une voix forte comme si je n'existais pas. Quelle insulte à une heure si tardive !

Puis je compris. Leur conversation me mit bientôt en mesure de deviner que j'avais affaire à des Californiens aussi peu gênés, aussi dépourvus d'inhibitions, que des touristes du New Jersey visitant un bar de Munich. Comment auraient-ils su ce que leur comportement pouvait avoir de dégradant pour moi ?

Tandis que mon attention se livrait aux pesantes manœuvres dont seul est capable de parler un être humain parvenu aux tréfonds de la déprime – le cerveau remue lourdement comme un éléphant coincé dans son étable –, je finis par sortir du cachot de mon introspection afin de les regarder pour de bon. Et j'en vins ainsi à me rendre compte que leur indifférence à mon endroit n'était faite ni d'arrogance, ni de confiance, ni d'innocence mais était au contraire totalement jouée et théâtrale. Une série de poses. L'homme était parfaitement conscient du fait qu'une présence aussi grincheuse que la mienne risquait à tout instant de dégénérer en ennui véritable et la femme, conformément à l'idée que je me fais *a priori* des blondes, qui jugeraient obscène tout comportement autre que celui d'ange ou de garce – pouvant à tout instant adopter l'un ou l'autre – galopait à tombeau ouvert. Elle souhaitait me provoquer. Elle voulait mettre à l'épreuve le courage de son bellâtre. Elle soutenait en tout point la comparaison avec ma Patty Lareine.

Mais que je vous la décrive. Elle valait le coup d'œil. Elle pouvait bien avoir dans les quinze ans de plus que mon épouse et devait, par conséquent, approcher la cinquantaine, mais quelle approche éblouissante ! Je me souvins d'une star du porno nommée Jennifer Welles, qui avait la même apparence. Elle avait de gros seins bien galbés et fort délurés – un téton pointant à l'est, l'autre fixant l'ouest –, un nombril profond, un beau ventre rond de femme, une suave profusion de fesse élastique et drue et une toison pubienne *brune*. C'était ce qui encourageait tressaillement et prurit chez ceux qui achetaient un billet pour contempler Jennifer Welles. Toute nana qui choisit de devenir blonde est vraiment blonde.

Quant au visage de ma voisine, comme celui de l'effeuilleuse Jennifer Welles, il était plein d'une séduction indéniable. Elle possédait un charmant nez retroussé et une bouche charnue et boudeuse, dont la moue d'enfant gâté était aussi impérieuse que l'haleine du sexe. Ses narines palpitaient, ses ongles – et tout le

MLF pouvait bien aller se faire foutre ! – étaient scandaleusement bien manucurés et enduits d'un vernis d'argent répondant à l'argent bleuté qui teintait ses paupières. Quel morceau ! Un anachronisme. Le fric de la côte Ouest dans ce qu'il a de plus complaisant. Santa Barbara ? La Jolla ? Pasadena ? D'où qu'elle vînt, il s'agissait certainement d'une enclave de joueuses de bridge. Les blondes tirées à quatre épingles appartiennent autant à ce genre d'endroit que la moutarde au sandwich jambon. La Californie industrielle venait de pénétrer en force dans ma psyché.

Tout juste si je puis expliquer à quel point c'était scandaleux. Autant coller une croix gammée au fronton des bureaux du Congrès juif mondial. Cette blonde me rappelait si directement Patty Lareine que je me sentais contraint de frapper. Comment ? J'aurais eu bien du mal à le dire. Mais, à tout le moins, gâcher leur bonne humeur.

Je tendis donc l'oreille. Cette nana aux formes épanouies et aux vêtements impeccables aimait picoler. Elle était capable de se les appuyer coup sur coup. Du scotch, bien sûr. Chivas Regal. « Chivvies », qu'elle disait.

— Mademoiselle, disait-elle à la serveuse, donnez-moi un autre Chivvies. Avec beaucoup de diamants.

C'était ainsi qu'elle désignait les glaçons, ha, ha.

— Évidemment que tu t'ennuies avec moi, disait-elle à son homme d'une voix forte et pleine d'assurance, comme si elle avait été en mesure de jauger à une goutte près la quantité de sexe sur laquelle elle était assise. Une centrale électrique. Il y a des voix qui résonnent avec nos cordes les plus secrètes comme de véritables diapasons. Elle possédait une de ces voix-là. Ce n'est peut-être pas très relevé mais il est vrai qu'on est prêt à beaucoup pour une voix pareille. On entretient toujours l'espoir que son petit parent humide là en dessous finira par offrir le même genre de friandise.

Patty Lareine possédait une voix semblable. Elle savait se montrer diabolique, les lèvres autour d'un Martini très sec (qu'elle appelait, bien sûr, on s'en serait douté, un Marti Seco).

— C'est le gin, disait-elle avec tout l'enthousiasme rauque de son larynx en chaleur. C'est le gin qui a tué la vieille. Oui, pauv' trouduc.

Oh, et elle vous incluait avec la plus grande tendresse à l'intérieur de cette ironie comme si, nom de Dieu, même vous, pauvre trouduc, ne pouviez que vous sentir bien pour peu que vous fussiez dans son voisinage. Mais il est vrai que Patty Lareine représentait une tout autre catégorie de fortune, obtenue par pure dérivation. Son deuxième mari, Meeks Wardley Hilby III (qu'elle tenta indiscutablement jadis de faire assassiner par moi), était d'une vieille famille pétrolière de Tampa et elle avait su exploiter le filon, faire fonctionner la pompe à finance, en l'occurrence l'avocat qui lui obtint son divorce, un petit génie (qui, supposais-je pour ma plus grande douleur, devait lui avoir massé les parois internes pendant un certain temps, mais il est vrai que c'est bien le moins qu'on puisse attendre d'un avocat spécialisé dans les divorces – ça finit par payer au moment de produire le témoin). Alors même que Patty Lareine était plantureuse comme pas deux et, en ce temps-là, plus aguichante que la plus dessalée des morues, il avait su modeler les aspects les plus piquants de sa personnalité pour en faire un plat plus suave. Avec l'aide des moyens d'enseignement les plus modernes (il fut l'un des premiers à se servir d'une caméra vidéo pour les répétitions) il lui montra comment se présenter à la barre de manière à en mettre plein la vue à la justice, transformée pour l'occasion, et si l'on veut bien me passer l'expression, en un vieux magistrat obèse et éperdu d'amour pour elle. Dans le cours du procès, ses peccadilles conjugales (et son mari avait des témoins) apparurent comme les erreurs virginales d'une grande dame poussée au désespoir par les mauvais traitements auxquels elle avait constamment été soumise. À chaque nouvel amant cité à comparaître contre elle, on ne tardait pas à faire un sort : ce n'avait été qu'une nouvelle tentative malheureuse de guérir le cœur que son époux avait brisé. Si Patty avait fait ses débuts dans la vie comme une brave petite lycéenne originaire d'une quelconque bourgade rurale de Caroline du Nord, à la veille de son divorce avec Wardley (et de son mariage avec moi) elle avait acquis pas mal de savoir-faire social et mondain. Bon sang, à les voir se servir la soupe, elle et son avocat pendant ce procès, on les aurait pris pour Lunt et Fontanne[1]. Bref, le rejeton d'une des meilleures familles de Floride se vit priver d'une bonne part de son patrimoine. Ce fut ainsi que Patty devint riche.

Plus j'écoutais la nana du Widow's Walk, plus je discernais qu'elle était d'une autre race. L'humour de Patty était bien réel – c'était tout ce dont elle disposait pour se protéger du vulgaire. Cette nouvelle blonde qui s'était mise à transformer ma soirée manquait peut-être d'humour, mais elle n'en avait guère besoin. Ses manières lui étaient venues en même temps que sa fortune. Quand tout le reste allait bien, elle était probablement du genre à vous attendre derrière la porte de sa chambre d'hôtel vêtue de longs gants blancs qui lui monteraient jusqu'au coude (et de hauts talons).

— Vas-y, dis-le que tu t'ennuies, l'entendis-je clairement dire. On doit s'y attendre lorsqu'un homme séduisant et une jolie femme décident de faire un petit voyage. À la perspective de se retrouver ensemble pendant si longtemps, on voit naître la peur du désenchantement. Dis-moi si je me trompe.

1. Alfred Lunt et Lynn Fontanne, couple de comédiens fameux du début du siècle. (*N.d.T.*)

Il était manifeste qu'elle éprouvait moins d'intérêt à la réponse de son cavalier que de plaisir à me faire savoir non seulement qu'ils n'étaient pas mariés mais encore embarqués dans une brève aventure qui pouvait se terminer à tout instant. À jauger l'animal sur pied, tweed et flanelle ne devait pas être trop difficile à remplacer pour une séance d'une nuit. Cette pépée avait un langage physique qui suggérait qu'on pouvait bénéficier d'un accueil à bras ouverts la première nuit – les difficultés seraient pour plus tard ; la première nuit, c'était sa tournée.

Non, je ne m'ennuie pas, était occupé à lui dire tweed et flanelle à voix aussi basse que possible, je ne m'ennuie pas du tout, une voix qui bourdonnait à l'oreille de la femme comme la vague rumeur, le bruit de fond, d'un système de sonorisation qui émousse les synapses et conduit au sommeil. Oui, conclus-je, il doit être avocat. Il y avait quelque chose dans la modération confiante de ses manières. Il s'adressait à la cour sur un point de droit, aidant le magistrat à voir les choses bien en face. Apaisant !

Mais ses répliques à elle étaient franchement tapageuses !

— Non, non, non, dit-elle en faisant tinter ses glaçons, c'est moi qui ai eu l'idée de venir ici. Tes négociations t'emmènent à Boston ? Très bien, j'irai moi aussi, c'est mon caprice. Ça ne te dérange pas ? Bien sûr que non. Tout beau tout nouveau. Monsieur est tout content, etc., poursuivit-elle après s'être interrompue pour aspirer une gorgée de Chivvies. Seulement, mon chéri, j'ai un vice. Je ne puis supporter la satisfaction. Dès que je l'éprouve, tout en moi crie : « Au revoir, chéri ! » De plus, j'adore lire les cartes, comme tu l'as appris, Lonnie. On dit que les femmes sont incapables de se diriger sur une carte. Moi, si. À Kansas City, c'était en… – attends, ça va me revenir – en 1976, j'étais la seule femme de notre délégation à la campagne du candidat Jerry Ford capable de lire une carte assez bien pour aller en voiture de notre hôtel à son quartier général.

« Et c'est là que tu as commis une erreur : tu m'as montré une carte de Boston et de ses environs. Quand tu m'entendras dire sur ce ton : "Chéri, j'aimerais voir une carte de la région", attention ! ça signifie que les orteils me démangent. Lonnie, depuis ma sixième, quand j'ai commencé à étudier la géographie – plissant les yeux d'un air critique, elle examina les diamants qui fondaient dans son verre –, je n'ai cessé d'être fascinée par le Cap Cod sur la carte de Nouvelle-Angleterre. Il fait saillie comme un petit doigt. Tu sais à quel point les enfants aiment leur petit doigt ? C'est leur petit doigt à eux, celui qui leur murmure des secrets à l'oreille, je mourais d'envie de voir le petit doigt du Cap Cod.

Je dois dire que son copain ne me revenait toujours pas. Il avait cet air trop soigné de l'homme dont le fric fait du fric pendant qu'il dort. Pas du tout, pas du tout, lui disait-il, oignant de son huile de salade les petits chagrins de sa compagne, nous avions autant envie l'un que l'autre de venir ici, tout va bien, et patati, et patata.

— Non, Lonnie, je ne t'ai pas laissé le choix. Je me suis conduite en tyran. J'ai dit : « Provincetown, c'est là que je veux aller. » Je ne t'ai pas laissé d'échappatoire. Et nous y voici. C'est un caprice supplémentaire et tu t'ennuies comme un rat mort. Tu veux retourner à Boston ce soir même. Cet endroit est désert, n'est-ce pas ?

À cet instant – ne vous y trompez pas – elle me regarda droit dans les yeux : prête à m'accueillir à bras ouverts si j'acceptais son invite et à m'accabler de son mépris si je la refusais.

Je pris la parole. Je lui dis .

— Voilà ce qui arrive quand on fait confiance aux cartes routières.

Ça a dû marcher. Puisque je me souviens ensuite de m'être retrouvé assis à leur table. Autant avouer que je possède une mémoire épouvantable. Ce que je me rappelle, je le vois clairement – parfois ! –, mais il m'arrive souvent de n'être pas capable de retrouver l'enchaînement des événements d'une soirée. Je me rappelle donc que j'étais assis à leur table. J'imagine qu'on m'y avait invité. J'imagine même que je devais faire un joyeux compagnon puisque lui-même riait. Leonard Pangborn, il s'appelait. Lonnie Pangborn, une bonne famille de la Californie républicaine, à n'en pas douter – et elle ne s'appelait pas Jennifer Welles mais Jessica Pond. Pond et Pangborn – vous comprenez mon hostilité, maintenant ? Ils avaient la patine des personnages d'un feuilleton télévisé.

À vrai dire, je me mis en frais pour elle et l'amusai considérablement. Je crois que c'est parce que je n'avais parlé à personne depuis des jours. Déprime ou pas, une bonne humeur profondément enfouie en moi devait avoir suffisamment reposé. Je me mis à débiter quelques anecdotes à propos du Cap avec un vigoureux entrain. Je devais avoir l'énergie d'un détenu bénéficiant d'une permission de sortie d'une journée, mais il faut dire que je semblais si bien m'entendre avec Pond que j'étais sur le point d'oublier mon malheur. D'abord et d'une, je ne tardai pas à deviner qu'elle avait une forte attirance pour la propriété foncière. Les belles demeures érigées au milieu de grasses pelouses vertes derrière de hautes grilles de fer forgé allumaient en elle le genre de lueur qui anime l'agent immobilier quand il constate qu'il a trouvé le bon client pour telle ou telle affaire. Et cela m'apparut bientôt clairement. Au fric avec lequel elle était née, Jessica avait bientôt ajouté sa propre pelote. C'était exactement ce qu'elle était là-bas en Californie . un agent immobilier prospère.

Quelle déception Provincetown avait dû représenter pour elle. Certes nous possédons notre architecture indigène, mais elle est minable : de vieilles cabanes de pêcheurs avec un escalier extérieur de bois, les cages à lapins du Cap Cod. Ce que nous vendons aux touristes, ce sont des chambres. Et quand on loue cent chambres, cela risque de faire à la fin cent escaliers extérieurs de plus. Pour les gens qui ont le goût de la grande vie, Provincetown doit produire à peu près l'effet d'une vingtaine de poteaux télégraphiques se dressant à un carrefour.

Peut-être s'était-elle laissé tromper par la délicatesse de notre site sur la carte : la fine extrémité du cap se recourbe sur elle-même comme la pointe gracieuse d'une chausse à la poulaine ! Elle s'était probablement figuré des hectares de pelouse. Au lieu de quoi, elle devait supporter la vue d'échoppes délabrées masquées de planches, et d'une rue principale à sens unique si étroite qu'un simple camion garé le long du trottoir vous contraignait à retenir votre souffle en espérant que rien n'accrocherait au passage votre conduite intérieure de location.

Tout naturellement, elle me posa des questions à propos de la demeure la plus imposante qu'on peut voir dans notre ville. Elle est perchée au sommet d'une colline, véritable castel à quatre étages – le seul château de la ville – et ceinte d'une haute grille de fer forgé. Il y a loin de la grille à la demeure. J'eusse été bien incapable de dire qui l'habitait et s'il s'agissait d'un propriétaire ou d'un locataire. J'avais entendu prononcer le nom et l'avais oublié. Ce n'est pas facile à expliquer aux étrangers mais, en hiver, les gens choisissent de s'enterrer à Provincetown. Faire connaissance avec de nouveaux arrivants n'est pas plus simple que de voyager d'une île à l'autre. Sans compter qu'aucune de mes connaissances, habillée comme nous le sommes pour l'hiver (chemise ou veste de treillis, bottes et parka), ne se présenterait jamais à la grille d'un château. J'imaginais que le seigneur actuel de notre seule demeure imposante devait être une espèce de riche cinglé. Et je tirai donc parti du richard que je connaissais le mieux (qui se trouvait comme de juste être l'ex-époux de Patty Lareine), que je fis déménager de Tampa jusqu'à Provincetown pour lui prêter le château. Pas question de perdre la face devant la mère Jessica.

— Ah oui, cette baraque appartient à Meeks Wardley Hilby III, dis-je. Il y vit seul. Je m'interrompis. Puis repris : Je le connaissais autrefois. Nous étions élèves à Exeter ensemble.

— Ah bon, fit Jessica après un silence assez long, croyez-vous que nous pourrions lui rendre visite ?

— Il n'y est pas en ce moment. Il séjourne bien rarement dans notre ville désormais.

— Dommage, dit-elle.

— Il ne vous plairait pas, lui dis-je. C'est un drôle de type. À Exeter, il mettait les doyens dans tous leurs états en bafouant la règle vestimentaire. Nous étions censés porter veston et cravate mais Wardley s'affublait toujours comme une espèce de prince de l'Armée du salut.

Il devait y avoir eu une promesse dans ma voix car elle se mit à rire joyeusement. Mais je me rappelle qu'alors même que je m'apprêtais à lui en dire plus, je fus assailli d'un très fort pressentiment me soufflant que mieux valait m'arrêter – aussi irrationnel qu'une subite odeur de fumée sans feu. Vous savez, il m'arrive de penser que nous sommes tous des espèces de postes émetteurs, oui, des postes de radio, et qu'il y a des histoires qu'il vaudrait mieux ne pas balancer sur les ondes. Contentons-nous de dire que je reçus une manière d'injonction de ne pas poursuivre (dont je savais que je n'allais tenir aucun compte – tel est le pouvoir de séduction des jolies blondes !). Et au même instant, le temps de chercher mes mots, une image me revint à travers les années, brillante comme un sou neuf, celle de Meeks Wardley Hilby III, de Wardley, se dandinant avec son falzar kaki, ses souliers vernis et la vieille veste de smoking qu'il portait chaque jour pour se rendre aux cours (pour la plus grande consternation de la moitié de la faculté), ses revers de satin passés et chiffonnés, ses chaussettes violettes et son nœud pap' héliotrope tranchant sur le tout comme des enseignes au néon à Las Vegas.

— Je vous demande un peu, dis-je à Jessica, nous l'appelions l'idiot du village.

— Oh, oui, parlez-moi de lui, racontez-moi tout, dit-elle. Je vous en prie.

— Je ne sais pas, répliquai-je. L'histoire a des côtés sordides.

— Oh si, racontez, dit Pangborn.

Je n'avais guère besoin d'encouragements.

— Portez ça sur le compte du père, dis-je. L'influence du père est obligatoirement forte. Il est mort aujourd'hui. Meeks Wardley Hilby I I.

— Comment les reconnaît-on l'un de l'autre ? demanda Pangborn.

— Bah, on appelait toujours le père Meeks et le fils Wardley. Il n'y avait pas de confusion possible.

— Ah, dit-il. Se ressemblaient-ils tant soit peu ?

— Guère. Meeks était chasseur et Wardley, c'était Wardley. Pendant son enfance, ses gouvernantes lui attachaient les mains au montant de son lit. C'étaient les ordres de Meeks. Calculés pour mettre un terme à l'onanisme de Wardley.

Je la regardai comme pour dire : « Voilà le détail que je redoutais. » Elle sourit, un sourire que je traduisis en ces termes : « Nous sommes au coin du feu. Poursuivez votre conte. »

Ce que je fis. Avec beaucoup d'art, je présentai un compte rendu complet de l'adolescence de Meeks Wardley Hilby I I I sans jamais m'attarder à me reprocher ce scandaleux déménagement du palais des côtes de Floride pour cette demeure septentrionale perchée sur sa colline. Et après tout, le récit n'était destiné qu'à Pond et Pangborn. Quelle importance pour eux, me dis-je, que le cadre réel ?

Je poursuivis donc. L'épouse de Meeks, la mère de Wardley, était de santé fragile et Meeks prit une maîtresse. La mère de Wardley mourut pendant la première année d'études de son fils à Exeter et, peu après, le père épousa sa maîtresse. Ni l'un ni l'autre n'avaient jamais aimé Wardley. Il le leur rendait bien. Une porte était constamment fermée à clé au deuxième étage de la maison et Wardley décida donc que c'était la pièce dans laquelle il lui fallait pénétrer. Mais ce ne fut qu'après son renvoi d'Exeter, au cours de sa dernière année d'études, qu'il se trouva à la maison assez longtemps pour voir son père et sa belle-mère s'absenter pour la nuit. Dès que cela se produisit, il rassembla suffisamment de courage pour se glisser le long d'une corniche de la façade à dix mètres du sol afin de pénétrer dans la pièce en question par la fenêtre.

— J'adore ce genre d'histoires, dit Jessica. Que trouva-t-il dans la pièce ?

Il découvrit, lui dis-je, un vieil appareil photo démodé muni d'un drap noir, monté sur un lourd trépied dans un coin, et, sur une table étroite et allongée, cinq albums reliés de toile rouge. C'était une collection pornographique bien particulière. Les cinq albums contenaient de grandes photographies sépia de Meeks occupé à faire l'amour à sa maîtresse.

— Celle qui était désormais l'épouse ? demanda Pangborn.

Je fis oui de la tête. Selon la description donnée par le fils, les premières photos devaient avoir été prises l'année de la naissance de Wardley. Dans chacun des albums successifs, le père et sa maîtresse avaient vieilli. Un an ou deux après la mort de la mère de Wardley, et peu de temps après le second mariage, un autre homme faisait son apparition sur les clichés.

— C'était le régisseur du domaine, dis-je. Wardley m'a appris qu'il dînait chaque soir à la table familiale.

Ce fut le moment que choisit Lonnie pour joindre les mains.

— Incroyable, dit-il.

Les dernières photographies montraient le régisseur faisant l'amour à la femme tandis que le père, assis à deux mètres, lisait un journal. Les amants adoptaient diverses positions mais Meeks poursuivait sa lecture.

— Qui était le photographe ? demanda Jessica.

— Wardley disait que c'était le majordome.

— Quelle maison ! s'exclama Jessica. Il n'y a qu'en Nouvelle-Angleterre qu'on voit des choses pareilles.

Nous rîmes tous trois beaucoup de cette déclaration.

Je me gardai d'ajouter que ledit majordome suborna Wardley quand celui-ci avait quatorze ans.

Ce qui m'évita de citer le commentaire de Wardley à ce propos : « J'ai passé le reste de ma vie à tenter de récupérer les droits de propriété sur le trou de mon cul. » Il y avait certainement une limite subtile à ne pas dépasser avec Jessica. Ne l'ayant pas encore découverte, je me montrai prudent.

— À dix-neuf ans, repris-je, Wardley se maria. Je crois que c'était pour se venger de son père. Meeks était d'un antisémitisme confirmé et l'heureuse élue était juive. Il se trouve aussi qu'elle avait un grand nez.

Cela les amusa tellement que j'éprouvai quelque regret à l'idée de poursuivre, mais il n'y avait plus moyen de faire autrement – sans compter que j'étais moi-même emporté par mon récit et que le détail suivant avait une importance cruciale.

— Ce nez, dis-je, selon la description de Wardley, se recourbait par-dessus sa lèvre supérieure au point qu'on aurait cru qu'elle reniflait sa propre haleine. Je ne sais trop pourquoi, peut-être parce que c'était un gourmet, ce détail produisait un effet profondément érotique sur Wardley.

— Oh, j'espère que tout s'est bien terminé, interjeta Jessica.

— Bah, pas précisément, dis-je. L'épouse de Wardley avait été fort bien élevée. Et donc malheur à celui-ci quand elle découvrit qu'il possédait lui aussi une collection pornographique. Elle la détruisit. Puis elle fit pire encore. Elle parvint à charmer le beau-père. Au bout de cinq années de mariage, elle réussit à faire un tel plaisir à Meeks que le vieil homme donna un dîner en l'honneur de son fils et de sa bru. Wardley but plus que de raison et, plus tard dans la nuit, assomma son épouse avec un chandelier. Il se trouve qu'elle mourut des suites de ce coup.

— Oh, non, dit Jessica. Et tout ça s'est passé dans cette grande maison perchée ?

— Oui.

— Et l'affaire n'a pas eu de suites judiciaires ? demanda Pangborn.

— Ma foi, vous le croirez si vous voulez mais ils ne plaidèrent pas le coup de folie passagère.

— Alors il a certainement fait de la prison.

— Effectivement.

Je ne comptais pas leur faire savoir que nous n'avions pas seulement fait nos études ensemble à Exeter, mais que le hasard nous avait conduits ensuite dans la même prison au même moment.

— Si je comprends bien, le père s'est chargé de la défense de son fils, dit Lonnie.

— Je crois que vous avez raison.

— Cela crève les yeux ! En plaidant la folie, la défense aurait été contrainte de produire les albums devant la cour. Lonnie se croisa les doigts puis étira les mains devant lui.

« Et donc, reprit-il, c'est Wardley qui a payé les pots cassés. La prison lui a-t-elle au moins rapporté quelque chose ?

— Un million de dollars par an, répondis-je. Déposés sur un compte rémunéré chaque année pendant toute la durée de son incarcération et un partage avec sa belle-mère des biens laissés par le père après sa mort.

— Êtes-vous en mesure d'affirmer que tout cela lui fut versé ? demanda Lonnie.

Jessica secoua la tête.

— Je ne vois pas ce genre de gens respecter leurs engagements.

Je haussai les épaules.

— Meeks a payé, leur dis-je. Parce que Wardley avait piqué les albums. Et quand Meeks est mort, la belle-mère a respecté les accords, vous pouvez m'en croire. Meeks Wardley Hilby III est sorti de taule plein aux as.

— J'adore votre façon de raconter les histoires, dit Jessica.

Pangborn approuva de la tête.

— Oui, impayable, dit-il.

Elle était contente. Cette excursion en des lieux inconnus semblait déboucher enfin sur quelques minutes agréables.

— Wardley compte-t-il revenir un jour s'installer dans cette maison ? demanda-t-elle.

J'hésitais entre plusieurs réponses quand Pangborn nous tira d'embarras.

— Bien sûr que non. Notre ami que voici a tout inventé.

— Eh bien, Leonard, dis-je, rappelez-moi de faire appel à vous quand j'aurai besoin d'un avocat.

— Est-ce que vous avez tout inventé ? demanda-t-elle.

Je n'étais pas du tout prêt à esquisser un sourire en disant : « En partie. » Je choisis plutôt :

— Oui. Du premier jusqu'au dernier mot.

Et je vidai mon verre. Il ne faisait aucun doute à mes yeux que Leonard avait déjà eu le temps de se livrer à sa petite enquête et connaissait le nom du propriétaire des lieux.

Le souvenir suivant que j'ai conservé, c'est que je me suis retrouvé seul. Ils étaient passés dans la salle à manger.

Je me rappelle avoir bu, écrit, et contemplé la mer. Il y avait certaines remarques que je glissais dans ma poche et d'autres que je déchirais. Le bruit du papier déchiré déclenchait en moi comme une réverbération. Je fus pris d'un petit ricanement intérieur. Je me disais que les chirurgiens devaient être les plus heureux hommes du monde. Charcuter les gens et se faire payer pour ça – voilà le bonheur ! me dis-je. Cela me fit souhaiter de nouveau la présence de Jessica Pond à mon côté. Cette pensée l'aurait probablement fait éclater de rire.

Il me revient que j'écrivis ensuite une note plus longue que je retrouvai dans ma poche le lendemain. Je ne sais pourquoi je lui avais donné un titre : RECONNAISSANCE. « Chaque fois que j'ai perçu en moi-même une possibilité de grandeur, j'ai éprouvé ensuite le désir d'assassiner le premier être indigne qui me tomberait sous la main », puis j'avais souligné la phrase suivante : « *Mieux vaut donc garder de soi une opinion modeste !* »

Cependant, plus je relisais cette note, plus je semblais m'installer à ces altitudes imprenables qui constituent peut-être l'aspect le plus satisfaisant des soûleries solitaires. Savoir que Jessica Pond et Leonard Pangborn étaient assis à une table à quelques dizaines de mètres de moi, parfaitement inconscients du grand risque qu'ils couraient, ajoutait encore à ma griserie et je me mis à envisager – sans grand sérieux ni passion, je dois le dire, mais plutôt comme moyen de m'amuser une soirée de plus – la facilité avec laquelle j'aurais pu leur faire leur affaire. Qu'on y pense ! Après vingt-quatre jours d'absence de Patty Lareine, voilà le genre d'homme que j'étais devenu !

Mon raisonnement était le suivant. Un couple clandestin, dont chacun des deux membres occupe une position confortable dans le monde quel qu'il soit qui est le leur en Californie, décide de s'offrir un petit voyage à Boston. L'un et l'autre se montrent discrets quant à leurs projets respectifs. Peut-être en font-ils part à un intime ou deux, peut-être à personne, mais dans la mesure où ils ont pris le chemin de Provincetown sur un coup de tête, et au volant d'une voiture de location, l'assassin – au cas où il passerait à l'action – n'aurait qu'à reconduire leur véhicule jusqu'à Boston, deux cents kilomètres, et à l'abandonner dans une rue. À supposer que les corps soient bien enterrés, il se passerait au moins des semaines avant que la disparition de l'homme et de la femme ne finisse par attirer l'attention des journaux dans notre région. Quand cela serait, qui se souviendrait encore de leurs visages au Widow's Walk ? Et quand bien même ! La police devrait supposer, étant donné l'endroit où l'on retrouverait la voiture, que le couple avait regagné Boston avant de disparaître. Tout entier à la logique de cet excellent scénario, je me mis à prendre un peu plus de plaisir à la boisson, jouissant du pouvoir qui était le mien sur eux par le simple fait de penser ce que je pensais. Et c'est alors… c'est précisément alors… que le reste de la soirée m'échappe. Le lendemain matin, j'étais incapable de trouver un enchaînement satisfaisant des événements.

Je ne puis me rappeler si je me suis ou non remis à boire avec Pond et Pangborn. J'estime plus vraisemblable d'avoir continué à me pinter tout seul puis d'avoir pris ma bagnole pour rentrer chez moi. Si tel était le cas, je me serais couché aussitôt. Mais ce que j'ai découvert en m'éveillant prouve que ça n'a pas pu se passer comme ça.

Je dispose aussi d'un autre scénario, certainement plus clair qu'un rêve mais que je pourrais bien avoir rêvé. C'est que Patty Lareine serait revenue et que nous aurions eu une terrible querelle. Je vois sa bouche. Mais je ne me rappelle pas un seul mot. Se peut-il que j'aie rêvé ?

J'ai aussi l'impression très nette que Jessica et Leonard me rejoignaient effectivement après le repas et que je les invitai chez moi (chez Patty Lareine). Nous nous installâmes au salon et l'homme et la femme m'écoutèrent avec attention. J'ai l'impression de m'en souvenir. Puis nous aurions fait un trajet en voiture, mais si c'était dans ma Porsche, je n'aurais pas pu les emmener tous les deux. Alors ? Peut-être dans deux voitures ?

Je me rappelle aussi être revenu seul chez moi. Le chien a été pris de terreur en me voyant. C'est un grand labrador mais il s'éloigna en rampant quand je tentai de l'approcher. Assis au bord de mon lit, j'ai jeté une dernière note sur le papier avant de m'étendre. Cela, je me le rappelle. Je me suis assoupi assis, le nez sur mon calepin. Puis je me suis réveillé en sursaut au bout de quelques secondes (ou fut-ce une heure ?) pour lire ce que j'avais écrit : « Le désespoir est l'émotion que nous inspire la mort d'êtres à l'intérieur de nous. »

Telle fut ma dernière pensée avant le sommeil. Et pourtant, aucun de ces scénarios ne peut être vrai, même en partie – parce qu'en me réveillant le lendemain matin, j'ai découvert sur mon bras un tatouage qui n'y était pas jusqu'alors.

2

J'ai des tas de choses à dire à propos de cette journée, mais elle n'a pas débuté par un grand désir de me lever. À vrai dire je demeurai au lit longtemps, craignant que mes yeux ne supportent pas la lumière. Au sein de cette obscurité à moi par moi-même imposée, je tentai de démêler les souvenirs que j'avais conservés de la soirée après mon départ du Widow's Walk.

Cette activité m'était familière. Quelle que fût la quantité de boisson que j'engloutissais, j'étais toujours capable de ramener la voiture jusqu'à la maison. J'étais déjà rentré en toute sûreté certains soirs où quiconque aurait bu autant que moi aurait probablement roulé endormi au fond de l'océan. Je pénétrais dans la maison, atteignais mon lit et me réveillais le matin avec l'impression qu'on m'avait fendu le cerveau à coups de hache. Je ne me rappelais rien. Cependant, si c'était là l'unique symptôme et que je n'éprouvais nul autre malaise que la débauche imposée à mon foie, tout allait bien. D'autres m'apprendraient plus tard ce que j'avais fait. Si je n'éprouvais aucune crainte, c'était que je n'avais rien fait de trop terrible.

Cette forme bénigne d'amnésie n'est pas la pire affection qui puisse frapper un Irlandais porté sur la bouteille.

Depuis le départ de Patty Lareine, j'avais toutefois commencé à me heurter à d'autres phénomènes fort curieux. La boisson me poussait-elle à descendre au cœur même de ma blessure ? Tout ce que je puis dire, c'est que j'avais la mémoire claire au matin, mais brisée, réduite en morceaux distincts. Chaque fragment était assez net et pourtant, comme les pièces de plusieurs puzzles mélangés, ils ne semblaient pas tous sortir de la même boîte. Ce qui revient à dire, j'imagine, que mes rêves étaient désormais aussi raisonnables que mes souvenirs ou ma mémoire aussi peu digne de confiance que mes rêves. Dans l'un ou l'autre cas, je ne parvenais plus à les distinguer les uns des autres. Il s'agit d'un état terrifiant. On s'éveille en proie à une confusion absolue – qu'a-t-on fait, que n'a-t-on pas fait ? On a l'impression de pénétrer dans une suite de cavernes labyrinthiques. Quelque part en chemin, le fil d'Ariane a été brisé. Désormais, à chaque nouveau détour, il est tout aussi possible d'affirmer qu'on est déjà passé par là ou qu'on n'y a jamais mis les pieds.

Je parle de cela parce que je m'éveillai le jour vingt-cinq et demeurai allongé immobile une heure durant avant de décider d'ouvrir les yeux. La crainte qui m'habitait était si profonde, si aiguë, que je n'en avais plus connu de semblable depuis ma sortie de prison. J'avais connu des matins au pénitencier où l'on s'éveillait avec la certitude que quelqu'un de méchant – beaucoup plus méchant que l'idée même que l'on se faisait de la méchanceté – était en chasse. Ce sont les pires matins que j'ai connus en prison.

Et voilà que j'avais la conviction que quelque chose allait m'arriver avant la fin de la journée. Et c'était cette attente qui faisait ma crainte. Pour couronner le tout, j'eus une surprise. Étendu que j'étais avec une migraine féroce, cherchant derrière mes paupières closes à ne pas perdre de vue mes souvenirs – c'était comme suivre un film avec de nombreuses coupures –, le poids de l'appréhension pesant sur mon ventre avec la méchanceté du plomb, je n'en bandais pas moins comme un cerf, comme un collégien en rut : j'avais envie de baiser Jessica Pond.

C'était un détail dont j'allais avoir l'occasion de me souvenir dans les jours suivants. Mais procédons par ordre. Quand on a l'esprit comme un livre auquel il manquerait des pages – non, pire, comme deux livres auxquels il manquerait des pages –, l'ordre confine autant à la vertu que la propreté des planchers dans un monastère. Je dis donc que ce fut seulement à cause de cette érection que me fut épargné le choc d'ouvrir les yeux sur mon tatouage, dont je pus au contraire me rappeler l'existence. (Pourtant, en cet instant-là, je ne pouvais me représenter ni le salon ni le visage du tatoueur.) Quelque part j'avais enregistré ce fait. Malgré mon état misérable, cela restait curieux. Quel nombre de facettes la mémoire est donc en mesure d'utiliser ! Se rappeler que tel ou tel acte avait été entrepris (sans n'en pouvoir rien visualiser) revenait à lire les aventures de quelqu'un dans les journaux. Untel a détourné quatre-vingt mille dollars. On ne perçoit que les manchettes mais le fait est dûment enregistré. Et donc, je notai ce fait à propos de moi-même : Tim Madden était tatoué. Je le savais les yeux fermés. Et mon érection m'y faisait penser.

En prison, j'avais toujours résisté à l'idée de me faire tatouer. Je me trouvais bien assez détenu comme ça. De toute manière, il n'est pas possible de passer trois ans en taule sans acquérir bien des éléments de la culture du tatouage. C'est ainsi que j'avais entendu parler de ça. Un homme sur quatre ou cinq éprouve une très profonde excitation sexuelle au contact de l'aiguille du tatoueur. Je me rappelai aussi à quel point j'avais bandé pour la mère Pond. Était-elle présente quand l'artiste m'avait gravé ? Se pouvait-il qu'elle m'ait attendu dans ma voiture ? Avions-nous largué Lonnie Pangborn ?

J'ouvris les yeux. Le tatouage était encroûté et poisseux – un de ces pansements tout prêts tant vantés par la publicité n'avait probablement pas tenu. Pourtant, je parvenais encore à le déchiffrer. *Laurel*, qu'il disait. *Laurel*, dans une espèce d'anglaise tarabiscotée à l'intérieur d'un petit cœur rouge. Personne ne pourra dire que je me distinguais par mon goût dans le domaine de la gravure.

Ma mauvaise humeur éclata comme un œuf pourri. Patty Lareine avait elle aussi vu ce tatouage. Hier soir ! Brusquement, je la voyais en toute netteté ! Elle glapissait dans notre salon. « Laurel ? Comment oses-tu m'infliger de nouveau Laurel ? »

D'accord, mais de tout cela, qu'est-ce qui avait réellement eu lieu ? Il m'était évident que je pouvais inventer des conversations aussi facilement que les avoir. N'étais-je pas écrivain, après tout ? Patty Lareine avait disparu vingt-cinq jours plus tôt en compagnie d'un beau Noir de son choix, un grand mec morose et bien balancé qui lui avait tourné autour tout l'été, prêt à investir dans cette affinité charnelle avec les Noirs qui vit au cœur de certaines blondes comme la foudre et le tonnerre. Ou plutôt, à ma connaissance, qui s'y consume comme des chiffons gras derrière la porte d'une grange. Quels qu'aient été ses sentiments, le résultat, lui, n'était pas douteux. Une fois par an, à une ou deux saisons près, elle se payait une aventure avec un Noir. Un grand Noir. Il pouvait être lourd ou au contraire rapide comme un joueur de basket, mais il était toujours grand. Leur taille les mettait physiquement hors de ma portée – je crois que dans son mépris pour moi, elle en était ravie : je n'avais pas les couilles de charger mon flingue pour me mettre sur leurs traces. « Comme aurait fait ton papa, hein, en Caroline du Nord ? » lui demandais-je. « Ça, tu peux en être sûr, mon pote ! » me répondait-elle avec toute l'insolence provocante d'une nénette de dix-huit berges bossant dans une station-service. Ah, c'était dingue à quel point elle n'avait pas peur de moi. Alors que j'étais terrifié à l'idée que je prendrais bel et bien mon flingue, mais jamais pour me mettre en chasse du moricaud. Il ne faisait que s'approprier ce que j'aurais été le premier à harponner si j'avais été de taille à remplir sa liquette et si j'avais possédé sa logique à lui. Non, j'avais peur de prendre mon pistolet et de ne quitter la maison qu'après avoir vidé le chargeur dans sa gueule arrogante à elle, qui m'envoyait me faire foutre avec un tel air de supériorité.

Et pourtant ! Pourquoi avais-je choisi d'infliger ce nom de Laurel à mon épouse ? Je savais que c'était la seule nana que Patty ne me pardonnerait jamais. Et n'étais-je pas avec Laurel quand j'avais fait la connaissance de Patty ? – sauf qu'à cette époque elle s'appelait Madeleine Falco. C'était Patty elle-même qui avait tenu à l'appeler Laurel, le jour où elles s'étaient connues. J'appris par la suite que « Laurel » était un diminutif de Lorelei – Patty n'aimait pas Madeleine Falco. Avais-je choisi ce tatouage pour me venger de Patty ? Se trouvait-elle vraiment dans la maison ? Ou étais-je en train de vivre certains fragments du rêve de la nuit écoulée ?

Il me vint à l'esprit que si mon épouse était effectivement venue me rendre visite, puis repartie, il devait rester quelques traces de son passage. Patty Lareine abandonnait toujours dans son sillage des objets à moitié consommés. Son rouge à lèvres devait subsister au rebord d'un de nos verres. Cela suffit à me faire habiller pour gagner l'étage inférieur, mais au salon, rien ne parlait de son passage. Les cendriers étaient propres. Alors pourquoi étais-je deux fois plus certain encore que notre conversation avait eu lieu ? À quoi diable servaient les indices si leur absence renforçait l'esprit dans sa conviction initiale ? Il me vint donc à l'idée que la seule manière de mettre réellement à l'épreuve, la vigueur et, pour ainsi dire, le tonus musculaire de ma santé mentale, c'était de mesurer ma capacité à supporter l'accumulation des questions sans l'ombre d'une réponse.

Une bonne chose que cette idée me soit venue. Parce que je n'allais pas tarder à en avoir besoin. Dans la cuisine, pendant la nuit, le chien avait vomi. Les trésors de son ventre souillaient le linoléum. Pire, la veste que j'avais portée la veille était pendue au dossier d'une chaise, maculée de sang séché. Je me tâtai les narines. Je suis sujet à des hémorragies nasales. Mais je n'avais rien dans le nez. La crainte avec laquelle je m'étais éveillé prenait tournure. Une peur sifflante s'installa dans mes poumons qu'elle transperçait chaque fois que j'inspirais.

Comment diable allais-je parvenir à nettoyer la cuisine ? Tournant les talons, je retraversai la maison et sortis. Ce ne fut pas avant d'atteindre la rue et de sentir l'air humide de novembre traverser ma chemise que je me rendis compte que j'étais encore en pantoufles. Ça n'avait guère d'importance. Traversant Commercial Street en cinq enjambées, j'allai regarder par la fenêtre de ma Porsche. (Sa Porsche.) Le siège du passager était couvert de sang.

Comme elle est curieuse la logique qui préside à ce genre d'affaires ! Mon absence de réaction fut extraordinaire. Mais il est vrai que les pires gueules de bois sont toujours comme ça – pleines de moments parfaitement inexplicables. Et donc, je cessai d'être effrayé pour être pris d'une jubilation qui semblait dire que je n'avais rien à voir avec tout ça. L'excitation sexuelle née du tatouage me reprit.

Je me rendis compte aussi qu'il faisait très froid. Je rentrai me préparer une tasse de café. Le chien, honteux des saletés qu'il avait faites, traînait maladroitement alentour, menaçant sans cesse d'y ajouter encore, jusqu'à ce que je me décide à le faire sortir.

Ma bonne humeur (que je chérissais pour sa rareté comme un agonisant accueille avec reconnaissance l'heure de rémission pendant laquelle il ne souffre pas) dura tout le temps que je passai à nettoyer après le chien. Dans l'état où j'étais, ce ne furent évidemment pas les haut-le-cœur qui manquèrent. Mais j'expérimentai aussi l'expiation la plus complète et la plus satisfaisante de mes débordements alcooliques. On peut dire que je suis seulement à demi catholique, et encore, sans éducation religieuse, puisque Big Mac n'aurait jamais mis les pieds dans une église et que Julia, ma mère (mi-protestante, mi-juive – une des raisons pour lesquelles je n'apprécie pas les plaisanteries antisémites), avait tendance à me trimballer dans tant de cathédrales, de synagogues, de lieux d'assemblées quaker et autres conférences de gourous, qu'elle n'était vraiment pas un guide en matière de religion. Bref, rien ne m'autorise à me considérer comme catholique, mais c'est un fait, c'est ainsi que je me vois. Il suffisait que j'aie la gueule de bois, que je m'agenouille pour nettoyer du dégueulis de clebs, et je me sentais vertueux. (D'ailleurs, je m'arrangeais presque pour oublier la quantité de sang qui avait été répandue sur le siège droit de la voiture.) C'est alors que le téléphone a sonné. C'était Regency, Alvin Luther Regency, qui fait fonction de chef de la police dans notre ville, ou plutôt sa secrétaire, qui me demanda de ne pas quitter car elle allait me le passer. L'attente fut assez longue pour me débarrasser du plus clair de ma bonne humeur.

— Allô, Tim ? dit-il. Ça va ?

— Très bien. En dehors de la gueule de bois, tout va très bien.

— Tant mieux. Bonne nouvelle. Figure-toi qu'en me réveillant ce matin, je me faisais du souci pour toi.

Il avait l'intention d'agir en chef de la police moderne. À tous les coups.

— Il n'y a pas de raison, lui dis-je, je vais bien.

Il se tut quelques instants.

— Écoute, Tim, ça te dérangerait de passer un moment cet après-midi ?

Mon père me disait toujours que, dans le doute, mieux vaut imaginer qu'une confrontation n'est pas loin. Et ensuite d'y faire face le plus vite possible. Je répondis donc :

— Pourquoi pas ce matin ?

— C'est l'heure du déjeuner, observa-t-il d'un ton réprobateur.

— Alors pourquoi pas le déjeuner, dis-je, ça me va.

— Non, je dois prendre le café avec un de nos édiles. Disons après.

— Parfait.

— Tim ?

— Ouais ?

— Tu vas bien ?

— Je crois, oui.

— Tu vas nettoyer ta bagnole ?

— Ah oui, merde, j'ai terriblement saigné du nez, hier soir.

— Oui, ben, certains de tes voisins vont trop au cinéma. Et on dirait qu'ils ne payent pas le téléphone. J'avais fini par penser que tu devais avoir arraché le bras à quelqu'un.

— Je ne suis pas sûr que cette remarque me fasse plaisir. Tu n'as qu'à venir prélever un échantillon. Rien ne t'interdit de comparer avec mon groupe sanguin.

— Oh, eh, lâche-moi la jambe, tu veux ?

Il se mit à rire. Un vrai rire de flic. Un hennissement haut perché de soprano qui n'avait rien à voir avec le reste de sa personne. Son visage, autant vous le dire, aurait pu être taillé dans le granite.

— D'accord, dis-je, marre-toi. Mais tu crois que c'est rigolo pour un grand garçon comme moi de saigner encore du nez ? Qu'est-ce que tu ferais à ma place ?

— Oh, répondit-il, je ferais très attention. Dix bourbons et je crois que j'y regarderais à deux fois avant d'avaler un verre fût-il d'*aqua simplex*.

Aqua simplex ! Ça allait suffire à le faire reluire pendant tout le déjeuner. Il partit d'un grand hennissement et raccrocha.

J'allai nettoyer l'intérieur de ma bagnole. Opération apparemment beaucoup plus périlleuse que le nettoyage précédent. D'autant que mon estomac réagissait assez mal au café. Je me demandai s'il me fallait prendre en mauvaise part l'insolence et/ou la parano de mes voisins – lesquels ? –, ou envisager la possibilité que j'aie pu suffisamment sortir de mes gonds pour casser le nez d'une des deux blondes. Ou pire encore. Comment s'y prenait-on pour arracher un bras ?

L'ennui, c'est que mon côté sardonique, qui était bien fait, probablement, pour m'aider à supporter la traversée presque entière d'une mauvaise journée, n'est pas, en définitive, un côté, tout juste une facette – un arrêt possible de la roulette. Il en existe trente-sept autres. Et je n'ai évidemment pas arrangé les choses en renforçant encore ma conviction que le sang qui maculait mon siège n'avait pu sortir du nez de personne. Il y en avait vraiment beaucoup trop. Je ne tardai pas à en avoir plus que ma claque du boulot. Le sang, comme toutes les autres forces de la nature, ne demande qu'à parler. Et c'est toujours le même message. « Tout ce qui vit, entendis-je alors, réclame en hurlant de vivre de nouveau. »

Je vous épargne les détails du genre rinçage de l'étoffe et voyages avec les seaux d'eau. J'eus des conversations amicales à propos des saignements de nez avec deux voisins qui passèrent pendant que j'étais au travail. Dès ce moment, j'étais bien décidé à me rendre à pied jusqu'au poste de police. Si jamais je m'amenais avec mon véhicule, il y avait franchement des chances pour que Regency décide de le mettre sous scellés.

Il y avait eu des périodes pendant les trois ans que j'avais passés en prison au cours desquelles il m'arrivait de m'éveiller au milieu de la nuit sans savoir où j'étais. Cela n'aurait rien eu de bien extraordinaire sinon que je savais évidemment à la perfection où je me trouvais, connaissant jusqu'à ma travée et mon numéro de cellule, mais que je refusais de le reconnaître. Le donné se voyait interdire d'être un donné. Allongé dans mon lit, je faisais le projet d'inviter une nana à déjeuner, de louer un petit voilier pour une balade. Cela ne servait à rien de me dire que je n'étais pas chez moi mais à l'intérieur d'une cellule d'une prison à régime moyen quelque part en Floride. Je considérais que ces faits faisaient partie du rêve et non de la réalité. Ils ne pouvaient par conséquent m'affecter. Je pourrais bientôt m'attaquer au projet de ma journée si seulement je cessais de rêver que j'étais en prison – « Allez, mon pote, me disais-je à moi-même, secoue un peu tes chimères. » Il me fallait parfois toute une matinée pour parvenir à réintégrer la réalité. Alors seulement j'étais en mesure de comprendre qu'il me serait impossible d'inviter cette fille à déjeuner.

C'était le même genre de choses dont j'étais victime pour l'heure. Je portais un tatouage que je ne pouvais expliquer, un brave chien avait peur de moi, l'intérieur de ma bagnole venait d'être rincé à grande eau parce qu'il était plein de sang, mon épouse fugueuse était peut-être, ou peut-être pas, venue me voir la nuit précédente, et je bandais encore vaguement et, ma foi, agréablement, en songeant à une belle agent immobilière de Californie, séduisante blonde qui n'était plus de la première jeunesse – pourtant, tandis que je gagnais à pied le centre de la ville, je n'étais capable que de me dire une seule chose : Alvin Luther Regency devait avoir un assez bon prétexte pour oser déranger un écrivain pendant ses heures de travail.

Le fait que je n'avais pas écrit une ligne depuis vingt-cinq jours ne suffisait pas à me faire penser autre chose. Non, comme durant ces matinées en prison au cours desquelles je ne parvenais pas à réintégrer la journée réelle, j'étais pour le moment semblable à une poche vide et retournée, aussi extérieur à moi-même qu'un comédien qui abandonne son épouse, ses enfants, ses dettes, ses erreurs et jusqu'à son Moi, pour pénétrer dans un rôle.

Et de fait, j'étais occupé à observer la personnalité nouvelle qui pénétrait dans le bureau de Regency, au sous-sol de l'hôtel de ville, car j'en franchis le seuil à la manière d'un reporter, c'est-à-dire en faisant de mon mieux pour donner l'impression que les vêtements du chef de la police, son expression, les meubles de son bureau et les paroles qu'il prononçait avaient tous la même importance à mes yeux, avec l'égalité même des phrases qui composeraient un article solide de huit bons paragraphes d'une longueur plus ou moins égale. J'entrai dans son bureau, comme je le dis, totalement concentré sur ce rôle, et ce fut donc ainsi que je m'aperçus, en bon journaliste, qu'il n'était pas encore habitué à son nouveau bureau. Pas encore. Ses photographies personnelles, ses diplômes encadrés, ses presse-papiers et les menus objets qu'il conservait en souvenir pouvaient bien couvrir le bureau et les murs, deux grands classeurs pouvaient bien flanquer son bureau comme les colonnes de quelque temple antique, et lui-même pouvait bien se tenir assis tout droit sur son siège, comme le militaire qu'il avait été, ses cheveux coupés en brosse le désignant comme un béret vert, le fait n'en ressortait pas moins : il n'était pas à l'aise dans son bureau. Mais, convient-il d'ajouter, quel bureau aurait été à l'aise autour de lui ? Il possédait des traits que le sculpteur aurait dû rendre à coups de masse sur la pierre, tout en promontoires, en corniches et en surplombs. En ville, ce n'étaient pas les surnoms qui lui manquaient. Gueule de pierre, Tir à la cible, Œil de fouine – et enfin, tel est l'humour des vieux pêcheurs portugais : le Danseur mondain. La population n'était manifestement pas prête encore à l'accepter. Il pouvait bien faire fonction de chef de la police depuis six mois, l'ombre de son prédécesseur planait encore sur le bureau. Notre dernier chef, en fonction pendant dix ans, était un Portugais du cru qui avait étudié le droit la nuit, pour accéder au bureau du procureur général du Commonwealth du Massachusetts. Pour Provincetown, ville peu portée sur le sentiment, on peut dire que l'ancien chef laissait un souvenir attendri.

Je ne connaissais pas bien Regency. Dans le bon vieux temps, s'il s'était pointé dans mon bar, j'aurais sans aucun doute été persuadé de pouvoir le percer à jour sur-le-champ. Il avait la stature d'un pilier de rugby et il n'y avait pas à se tromper sur la lueur compétitive qui allumait son œil : c'était tout simple, en lui le goût de la compétition et celui du massacre ne faisaient qu'un, nom de Dieu ! Regency avait l'air d'un athlète chrétien qui aurait détesté perdre.

Si je brosse de lui un tel portrait, c'est qu'à la vérité j'avais du mal à déchiffrer sa personnalité. Tout comme il m'arrivait de ne pas coller à mes journées, il arrivait à Regency de ne pas coller à la personnalité qu'on lui connaissait. Je fournirai donc quelques détails au fur et à mesure.

Voilà que repoussant sa chaise avec une raideur toute militaire, il contourna son bureau pour venir s'asseoir près de moi. Puis il me regarda pensivement dans les yeux. Comme un général. Il aurait eu l'air d'une absolue peau de vache si à un moment donné de son existence on n'avait pas réussi à lui coller dans la tête que la compassion faisait elle aussi partie de la panoplie du fonctionnaire de police. Ainsi ses premières paroles furent-elles par exemple :

— Comment va Patty Lareine ? Tu as eu de ses nouvelles ?

— Non, répondis-je.

Évidemment, cette seule petite remarque lui avait suffi pour faire voler en éclats ma carapace si soigneusement assemblée de journaliste.

— J'aime mieux parler d'autre chose, dit-il, mais je jurerais l'avoir vue hier soir.

— Où ça ?

— Dans le West End. Près de la digue.

Ce n'était pas loin du Widow's Walk.

— Ça m'intéresse, évidemment, dis-je, de la savoir de retour. Mais je ne suis pas au courant.

J'allumai une cigarette. Mon pouls venait de prendre le départ d'un cent mètres.

— Rien qu'une blonde entrevue tout au bout de la lumière de mes phares. Dans les trois cents mètres, probablement. J'ai pu me tromper.

Ses manières disaient qu'il ne s'était pas trompé. Il sortit alors un cigare et l'alluma, exhalant la fumée avec assez de panache pour pouvoir figurer dans une vieille pub machiste.

— Ta femme, dit-il, est rudement séduisante.

— Merci.

Lors d'une de nos soirées de beuverie du mois d'août passé, au cours d'une semaine où nous avions donné chaque soir une fête qui se terminait par un bain à l'aube (alors que le grand Noir avait déjà entrepris le siège de ma demeure), nous avions fait la connaissance de Regency. Par le détour d'une plainte pour tapage nocturne. Alvin s'était amené en personne. Je suis certain qu'il avait entendu parler des fêtes que nous donnions.

Patty se l'était mis dans la poche. Elle avait annoncé à tout le monde – les ivrognes, les dingues, les mannequins des deux sexes, les gens à poil et ceux qui s'étaient costumés comme pour une anticipation de Mardi gras – qu'elle allait baisser la musique en l'honneur du chef Regency. Puis elle s'était mise à le baratiner en vantant le sens du devoir qui l'empêchait d'accepter un verre.

— Alvin Luther Regency, avait-elle dit. En voilà un foutu nom. Il faut que vous vous montriez à la hauteur de votre nom, mon gars.

Il avait souri de toutes ses dents comme un héros du Viêt Nam embrassé lors de la remise des décorations par Elizabeth Taylor en personne.

— Comment diable vous y êtes-vous pris pour vous faire appeler Alvin Luther dans le Massachusetts ? C'est un nom du Minnesota, ça, avait-elle ajouté.

— Bah, avait-il dit, mon grand-père paternel est originaire du Minnesota.

— Qu'est-ce que je vous disais ? On ne discute pas avec Patty Lareine.

Elle s'était empressée de l'inviter à la fête que nous donnerions le lendemain. Il était venu à la fin de son service. Quand je l'avais raccompagné à la porte, il m'avait dit qu'il s'était bien amusé.

On s'était mis à bavarder. Il habitait encore sa maison de Barnstabble, m'avait-il confié, et moi (Barnstabble étant à quatre-vingts kilomètres) je lui avais demandé s'il ne se sentait pas un peu déplacé de venir travailler au milieu de la mêlée frénétique de l'été. (Provincetown est la seule ville de ma connaissance où l'on puisse poser une pareille question à un flic.)

— Non, dit-il. C'est moi qui ai demandé ce boulot. Je le voulais.

— Pourquoi ?

Le bruit courait qu'il était à la brigade des stups. Il avait mis un terme à la conversation.

— Bah, est-ce qu'on ne dit pas que Provincetown est le Far West de la côte Est ? avait-il demandé en poussant son hennissement.

Ensuite, chaque fois que nous donnions une fête, il y venait quelques minutes. Quand les choses se poursuivaient d'une soirée sur l'autre, on le revoyait. S'il n'était pas de service, il acceptait un verre, bavardait discrètement avec deux ou trois invités, puis partait. Une seule fois, il donna des signes d'avoir un peu trop picolé. À la porte, il embrassa Patty Lareine puis me donna une poignée de main très cérémonieuse.

— Tu m'inquiètes, dit-il.

— Pourquoi ?

Je n'aimais pas ses yeux. Quand il vous avait à la bonne, il possédait le genre de chaleur qui vous fait à tous les coups penser au granite réchauffé par le soleil – c'est une chaleur bien réelle, la roche vous a à la bonne –, mais ses yeux étaient deux boulons d'acier enfoncés dans le roc.

— Je me suis laissé dire, dit-il, que tu avais beaucoup de potentiel.

Personne n'aurait jamais exprimé les choses de cette façon à Provincetown.

— Oui, je ne déconne qu'avec le dessus du panier, lui dis-je.

— M'est avis, fit-il remarquer, que tu es du genre à faire face quand les emmerdes sont au plus haut.

— Au plus haut ?

— Quand tout ralentit.

Ses yeux s'étaient enfin éclairés.

— C'est juste, dis-je.

— C'est juste. Tu sais de quoi je parle. Tu peux le dire que c'est juste.

Et il était parti. S'il avait été du genre à tituber, c'est alors que je m'en serais aperçu.

Il était nettement plus réservé quand il buvait au mess des anciens combattants d'outre-mer. Je le vis même un jour défier au bras de fer Costa « Baril », qui devait son surnom à la facilité avec laquelle il balançait les barils de poissons de la cale au pont et, à marée basse, du pont au quai. Au bras de fer, Baril avait vaincu tous les pêcheurs de la ville. Mais Regency n'hésita pas à le défier un jour à la loyale, ce qui lui valut le respect général car il aurait pu se servir de son uniforme pour se défiler. Baril l'emporta mais dut peiner assez longtemps pour avoir un amer avant-goût de la vieillesse et Regency fulminait. J'imagine qu'il n'entrait pas dans ses habitudes d'avoir le dessous.

— Madden, t'es qu'un raté, me dit-il ce soir-là. Quel foutu gâchis !

Mais le lendemain matin, descendant la rue pour acheter le journal, je le vis arrêter sa voiture de patrouille à ma hauteur pour me dire :

— J'espère que je n'ai pas été trop incorrect hier soir.

— Laisse tomber.

Il m'irritait. Je commençais à redouter le résultat final : une brave maman abondamment mamelue dotée d'un énorme phallus.

Pour l'heure, dans son bureau, je lui dis :

— Si l'unique raison que tu avais de m'inviter ici était de me dire que tu as vu Patty Lareine, j'aurais préféré que tu le fasses au téléphone.

— Il faut que je te parle.

— Je ne sais pas suivre les conseils qu'on me donne.

— C'est peut-être moi qui ai besoin de tes conseils.

Il prononça la phrase suivante avec une fierté qu'il ne parvint pas à dissimuler, comme si la véritable grandeur d'un homme, la marque de sa supériorité, tenait à la force qu'il lui fallait pour perpétuer ce genre d'ignorance.

— Je ne connais pas grand-chose aux femmes.

— Si c'est pour me demander ce genre de conseils que tu t'adresses à moi, il est manifeste que tu n'y connais rien du tout, oui.

— Mac, prenons une cuite ensemble un de ces soirs, bientôt.

— D'ac.

— Que tu le saches ou pas, nous sommes les deux seuls philosophes de cette ville, toi et moi.

— Écoute, Alvin, cela fait de toi le seul penseur que la droite ait produit depuis des années.

— Allons, allons, laissons les couteaux au vestiaire.

Il fit mine de m'accompagner jusqu'à la porte.

— Viens, dit-il, je vais te raccompagner jusqu'à ta voiture.

— Je suis venu sans.

— Tu avais peur que je mette ta caisse sous scellés ?

Cela lui permit de se fendre la pipe tout le long du couloir et jusque dans la rue. Là, juste avant de prendre congé il me dit :

— Tu as toujours ton petit carré de cannabis à Truro ?

— Comment es-tu au courant ?

Il prit l'air dégoûté.

— Oh écoute, c'est un secret de Polichinelle. Tout le monde parle de l'herbe que tu cultives. J'y ai goûté moi-même. Enfin quoi, Patty Lareine elle-même m'a glissé un ou deux pétards dans la poche. Ton herbe est à peu près aussi bonne que celle que je fumais au Viêt Nam.

Il hocha du chef.

— Tu vois, moi la gauche, la droite, j'en ai rien à foutre. J'adore la fumette. Et je vais te dire. Les conservateurs sont loin d'avoir raison en tout. Dans le cas présent ils mettent à côté de la plaque. Ils pensent que l'herbe détruit les âmes mais je n'en crois rien – ce que je crois, moi, c'est que le Seigneur en profite pour entrer dans la place et combattre le Démon.

— Oh eh, dis-je, si tu la fermes une minute on va pouvoir avoir une conversation.

— Un de ces soirs, vite. On a qu'à se payer une cuite.

— Entendu, dis-je.

— Entre-temps, si j'avais caché ma réserve au milieu de mon lopin à Truro...

Il s'interrompit.

— Ce n'est pas ce que j'ai fait, dis-je.

— Je ne dis pas le contraire. Je ne peux pas le savoir. Je te dis seulement que moi, si j'avais planqué quelque chose là-bas, je penserais à le virer.

— Pourquoi ça ?

— Je peux quand même pas tout te dire.

— Ah bon, tu préfères te foutre de ma gueule ?

Il réfléchit un bon moment avant de répondre.

— Écoute, dit-il, j'ai été dans la Garde nationale, tu le sais. Je les connais bien les zèbres. Ils sont sympas, d'ailleurs, pour la plupart. Pas un sens de l'humour extraordinaire et sans doute pas le genre à devenir tes copains, mais sympas tout de même.

Je fis oui de la tête. J'attendais. Je pensais qu'il allait poursuivre. Quand je vis qu'il n'en faisait rien, je dis :

— Mais pour l'herbe ils ne sont pas sympas ?

— Elle leur sort par les yeux, dit-il. Ne va pas te mettre dans les emmerdements.

Il m'assena un coup de patte de mammouth dans le dos et disparut dans les sous-sols de l'hôtel de ville.

J'avais du mal à croire que les gardes nationaux, qui considéraient comme de leur devoir de ne pas en foutre une ramée en automne, en hiver et au printemps de manière à être d'attaque pour les trois mois de souffrance que leur apportait l'été avec sa circulation démentielle et tout le tremblement, allaient soudain surgir, en plein mois de novembre, de leur caserne de South Yarmouth, pour se mettre à fouiller le Cap, d'Orleans à Truro et de East Ham à Well Fleet, à la recherche de tous les petits lopins où l'on cultivait du chanvre indien. Mais enfin, peut-être qu'ils s'emmerdaient. Peut-être aussi qu'ils avaient entendu parler de mes cultures. Il m'arrivait de me dire qu'il y avait autant de représentants de la brigade des stups que de fumeurs d'herbe sur le Cap. À Provincetown en tout cas, le commerce des renseignements, des faux renseignements, des marchés et des doublages dans ce domaine constituait sans doute la quatrième activité juste après le tourisme, la pêche et le ramassis des entreprises homosexuelles.

Si la Garde nationale connaissait l'existence de mon champ – et la question juste aurait peut-être été comment ne l'aurait-elle pas connue ? –, fallait-il que je suppose qu'elle était bien disposée à l'égard de mon épouse et de moi-même ? Il était permis d'en douter. Les fêtes que nous donnions en été étaient trop célèbres. Patty Lareine avait des vices énormes – la démence du cœur et une grave infidélité comptaient parmi ceux que je pouvais citer sur l'instant –, mais elle avait aussi une vertu sympathique : celle de n'être pas snob. On aurait pu répondre qu'elle n'en avait pas les moyens étant donné ses origines rustiques, mais qui s'est jamais laissé inhiber par une telle considération ? Si, après le procès, elle était demeurée à Tampa, ou avait tenté une audacieuse installation à Palm Beach, elle aurait dû adopter la tactique mise au point par plus d'une ambitieuse avant elle : se tailler à coups feutrés du bec et des ongles une place qui lui eût permis d'épouser quelqu'un de plus haut placé encore que Wardley – c'était le seul jeu digne de flatter l'intérêt d'une divorcée riche et scandaleuse sur cette côte en or massif. Une existence intéressante, d'ailleurs, si elle correspondait à vos talents.

Certes, je n'ai jamais prétendu comprendre Patty. Peut-être même a-t-elle été amoureuse de moi. Il est difficile d'imaginer une explication plus simple. Je suis un tenant convaincu du rasoir d'Occam, qui montre que l'explication la plus simple est obligatoirement la bonne. Dans la mesure où je n'étais guère que son chauffeur pendant l'année précédant notre mariage, et puisque j'avais « merdé » (c'étaient ses propres paroles) en décidant que je ne tenais pas à assassiner son époux ; dans la mesure aussi où j'étais un ancien détenu, certainement mal placé pour l'aider à gravir les degrés de marbre d'une quelconque demeure de Palm Beach, je n'ai jamais très bien compris comment elle avait pu désirer épouser un personnage aussi médiocrement séduisant que moi à moins qu'elle n'eût éprouvé ce salubre pincement du cœur. Je ne sais pas. Nous nous sommes bien entendus au lit un moment. Mais c'est le genre de choses qui va de soi. Pour quelle autre raison une femme se marierait-elle au-dessous de sa condition ? Par la suite, quand tout a tourné à l'aigre, j'ai fini par me demander si la vraie passion qui l'animait n'était pas de révéler l'abîme qui béait sous ma vanité. Le travail du démon.

Passons. Une fois installés à Provincetown, tout ce que je cherche à dire c'est qu'elle montra bientôt qu'elle n'était pas snob. On ne pouvait d'ailleurs pas venir s'installer à Provincetown quand on était snob et qu'on se proposait de faire son chemin dans la société. Une de ces quatre années, j'aimerais qu'un sociologue se fasse les dents sur le système de classe unique qui régit notre petite société. La ville, comme j'aurais probablement eu bien du plaisir à l'expliquer à Jessica Pond si j'en avais eu l'occasion, était autrefois, voilà cent cinquante ans, un port baleinier. Les capitaines yankees du Cap Cod fondèrent l'entreprise et amenèrent des Portugais des Açores pour servir sur les baleinières. Puis Yankees et Portugais se marièrent entre eux (tout comme les Irlando-Écossais et les Indiens, les aristocrates de Caroline et les belles esclaves, les juifs et les protestants avaient accoutumé de le faire). De nos jours, la moitié des Portugais ont des noms yankees comme Cook et Snow, et, quel que soit leur nom, possèdent la ville. En hiver, les Portugais constituent la classe dominante un peu partout, depuis la flotte de pêcheurs et le conseil municipal jusqu'à la paroisse de l'église St. Peter, les effectifs de la police, le corps enseignant et les élèves du primaire et du secondaire. Pendant l'été, ce sont les Portugais qui louent les neuf dixièmes des chambres et possèdent plus de la moitié des bars et des cabarets. Mais ils constituent une classe dominante bien particulière. Discrets, repliés sur eux-mêmes, ils ne sont pas gens à posséder d'arrogantes demeures au sommet des collines. Le plus riche Portugais de la ville peut très bien être le voisin d'un des plus pauvres. Et, en dehors d'une nouvelle couche de peinture, rien ne permet de distinguer leurs deux habitations. Je n'ai jamais entendu parler d'un fils de famille portugais qui serait allé faire ses études dans une de nos grandes universités. Peut-être sont-ils, tous tant qu'ils sont, trop respectueux de la colère de la mer.

Si l'on veut donc voir des gens friqués, il faut attendre l'été et les petites coteries de psychanalystes et de riches amateurs d'art qui s'amènent de New York, flanquées de tout un échantillonnage de la société homosexuelle, additionnées des représentants de la brigade des stups et des trafiquants de drogue ainsi que d'une bonne moitié de la population de Greenwich Village et de SoHo. Des peintres, des rapins, des motards, des désaxés, des hippies, des beatniks et tous leurs enfants s'amènent aussi, sans compter les dizaines de milliers de touristes qui viennent chaque jour de tous les États de l'Union se rendre compte, quelques heures durant, de ce à quoi peut bien ressembler Provincetown, tout simplement parce qu'elle est là – à l'extrémité de la carte. Les gens ont toujours eu un tropisme pour les finistères.

Dans un tel bouillon de culture, où les habitants de la ville constituent le seul gratin, et où les résidences secondaires les plus grandioses (à une ou deux exceptions près) sont des maisons de plage, et encore, pas très grandes ; dans une station qui ne comptait pas de demeure seigneuriale (une seule), pas de grands hôtels, pas de boulevards ! – il n'y a à Provincetown que deux longues rues (le reste n'étant qu'une série de ruelles transversales) – ; dans un village dont la plus belle promenade était la digue, un port où les grands yachts ne pouvaient trouver refuge à marée basse, en un lieu où la seule distinction des vêtements était le slogan qu'on arborait sur son T-shirt, comment aurait-on pu faire son chemin dans la société ? Et si l'on organisait des grandes fêtes, ce n'était certainement pas pour donner le ton. On les donnait, dans le cas de Patty Lareine, parce qu'il lui fallait au moins une centaine d'inconnus intéressants – entendez bizarres – dans son salon pour effacer les tourments de son cœur. Patty Lareine devait bien avoir lu dix livres dans sa vie, mais l'un d'entre eux était *Gatsby le Magnifique*. Et comment se voyait-elle, d'après vous ! Aussi ensorceleuse que Gatsby. Quand les fêtes se poursuivaient assez longtemps, si la lune était pleine et tardive, elle allait chercher son vieux clairon du temps où elle avait mené les supporters de l'équipe du lycée, et elle sonnait l'extinction des feux sous la lune – et pas la peine de lui dire que l'heure était mal choisie.

Non, la Garde nationale ne devait pas nous avoir à la bonne. Ces gens-là sont aussi regardants que les pilotes de ligne. Et jamais fêtes ne furent plus coûteuses pour un aussi piètre résultat. Le genre de gâchis à irriter des gardes nationaux. Sans compter que, depuis deux étés maintenant, nous placions ouvertement une coupe de cocaïne sur la table, et que Patty Lareine qui aimait jouer les ouvreuses, une main sur la hanche, à côté de celui qui tenait le rôle de videur pour la soirée (presque toujours un gars du cru bâti en athlète), ne fut jamais femme à refuser l'accès à un nouveau visage. On entrait chez nous comme dans un moulin. Les agents des stups ont dû sniffer notre cocaïne au même rythme que toutes les autres fosses nasales enflammées.

Je ne saurais toutefois prétendre que je ne me faisais pas de souci en secret à propos de cette coupe. Patty Lareine et moi avions eu une querelle à ce propos. J'en avais conclu que Patty était plus accro à la coke qu'elle ne voulait le reconnaître et je m'étais mis à détester cette saleté. Une des pires années de ma vie, je l'avais passée à acheter et à revendre de la neige – et je m'étais retrouvé en prison pour une histoire de cocaïne.

Non, les gardes nationaux ne devaient guère m'aimer. Et cependant, croire qu'ils s'étaient mis sur le pied de guerre pour tirer une vengeance toute spirituelle de mon petit lopin de chanvre était toujours aussi difficile. Dans la frénésie de l'été, d'accord. L'été précédent, en pleine folie d'août, sur la foi d'un tuyau selon lequel ils préparaient une descente, j'avais cavalé à Truro en pleine chaleur (où seuls les gens grossiers font leur récolte – ne craignant pas de détruire les propriétés spirituelles de la plante) – et entrepris de faucher tous mes plants avant de passer une nuit déraisonnable (comment allais-je pouvoir expliquer mon absence à un certain nombre de parties) à emballer tiges et feuilles dans du papier journal pour planquer le tout. Rien de tout cela n'avait été fait selon les règles et je n'avais donc pas cru un mot de ce que Regency m'avait dit de la qualité de cette récolte. (Peut-être Patty Lareine lui avait-elle glissé deux pétards de thaïlandaise bien roulée en lui disant que c'était notre production personnelle.) Tout de même, la récolte suivante, moissonnée en septembre, possédait une certaine saveur, disons quelque chose de psychique qui la distinguait. Bien qu'elle sentît vaguement le rance, à cause des bois et des marécages de Truro, je croyais qu'elle possédait aussi quelque chose des brumes qui sont si fréquentes sur nos rivages. On pourrait fumer un millier de pétards sans jamais savoir au juste ce que je veux dire, mais je cultivais un cannabis indiscutablement doté d'un petit quelque chose. Si l'on souhaitait entretenir l'illusion que l'on pouvait communiquer avec les morts, ou à tout le moins accepter l'idée qu'ils chuchotent à notre oreille, alors mon herbe était parfaite. Jamais je n'ai rien fumé de plus spectral. J'attribue cela à de nombreux facteurs parmi lesquels le moindre n'est pas que les forêts de Truro sont hantées. Voilà des années – plus de dix maintenant – un jeune Portugais de Provincetown assassina quatre filles, les dépeça et alla les enterrer dans ces bois peu élevés. J'étais toujours immensément conscient de ces mortes, de leur présence sourde, mutilée, accusatrice. Je me rappelle qu'en récoltant mon herbe, cette année – et de nouveau en grande hâte à cause d'un ouragan (il alla finalement mourir au large) qui devait nous tomber dessus d'une minute à l'autre, et de fait, les bouffées de vent soufflaient en tempête –, par une chaude journée couverte et venteuse de la mi-septembre, tandis que des rouleaux effrayants s'écrasaient contre la digue à Provincetown et que les habitants couraient partout pour clouer les fenêtres en prévision de la tempête, je suais comme un rat des marais au milieu d'un tourbillon d'insectes en folie dans les bois de Truro. À quel point l'air semblait chargé de vengeance !

Je me rappelle avoir tranché chaque tige avec une patience cérémoniale, cherchant à ressentir l'instant où la vie de la plante passait par l'intermédiaire de la lame jusque dans mon bras et où la substance végétale était réduite à la demi-vie qui serait la sienne à l'avenir. Désormais, son existence spirituelle dépendrait de sa capacité à communier avec l'être humain quel qu'il soit – mauvais, méchant, contemplatif, comique, sensuel, inspiré ou tout simplement brouillon – qui désirerait la fumer. Je tentai même de méditer tout en accomplissant les gestes de la récolte, mais (sous l'influence des insectes enragés ou devant la menace de l'ouragan imminent) j'allais trop vite. Malgré moi, je me mis à arracher les racines et à moissonner beaucoup trop rapidement. Pour compenser, je voulus apporter tous mes soins au séchage, convertissant un vaste placard de notre cave jamais utilisé encore en séchoir improvisé et, dans l'air obscur (j'avais disposé des bols de bicarbonate de soude pour absorber l'humidité), l'herbe se vit offrir une véritable occasion de se reposer quelques semaines durant. Cependant, quand j'eus coupé les feuilles et les boutons pour les transvaser dans des bocaux de verre à couvercle de caoutchouc rouge (j'avais horreur des sacs en papier et en plastique pour conserver une denrée aussi précieuse) et quand j'eus commencé à fumer, je découvris que quelque chose de cette violente moisson subsistait dans chaque bouffée. Patty et moi nous eûmes des querelles qui atteignirent des sommets inégalés – des accès de haine puis de rage sanglante qui nous prenaient à la gorge.

De surcroît, cette récolte (que je baptisais tête d'ouragan) se mit à exercer des effets exagérés sur la tête de Patty. Il faut bien comprendre que Patty Lareine croyait posséder des pouvoirs spéciaux, ce qui, à propos du rasoir d'Occam, suffit peut-être à expliquer en définitive qu'elle eût choisi Provincetown de préférence à Palm Beach dans la mesure où la ligne courbe de la mer et du rivage contenait, prétendait-elle, une résonance à laquelle elle était sensible. Un jour, pendant une cuite, elle m'avait dit :

— J'ai toujours été une viveuse. À la tête des supporters, déjà, au lycée, je savais que j'allais faire la vie. Je me disais que ce serait vraiment dommage si je ne baisais pas avec une bonne moitié de l'équipe.

— Quelle moitié ? demandai-je.

— L'attaque.

Ça, c'était la routine entre nous. Ça calmait le jeu. Elle pouvait partir de son grand rire et moi il m'arrivait d'étirer un peu les lèvres en un sourire.

— Pourquoi possèdes-tu un sourire aussi démoniaque ? demandait-elle.

— Tu aurais peut-être mieux fait de baiser avec l'autre moitié.

Elle bichait.

— Oh, Timmy Mac, comme tu peux être gentil par moments.

Elle aspirait une bouffée d'ouragan. Jamais les ravages de la faim qui la dévorait (la faim de quelque chose que je ne puis nommer – j'aimerais pouvoir) ne se montraient aussi vivement que lorsqu'elle aspirait la fumée. Alors ses lèvres se retroussaient, on voyait apparaître ses dents, la fumée bouillonnait littéralement – comme un flot puissant contraint de franchir un passage étroit.

— Oh oui, dit-elle. J'ai commencé très tôt à faire la vie, mais dès mon premier divorce, j'ai décidé de devenir sorcière. Je n'ai jamais cessé de l'être depuis. Que comptes-tu faire ?

— Prier, dis-je.

Elle n'en pouvait plus.

— Je vais sonner mon clairon, m'annonça-t-elle. Il y a beaucoup de lune ce soir.

— Tu vas réveiller tout Enferville.

— Justement. Il ne faut pas les laisser dormir, ces enfoirés. Ils deviennent trop puissants. Il faut bien que quelqu'un les mate.

— Tu parles comme une gentille sorcière.

— Bah, mon chou, je pratique la magie blanche, comme toutes les blondes.

— Tu n'es pas blonde. Les poils de ta chatte disent que tu es brune.

— C'est une teinture charnelle. Les poils de ma chatte étaient dorés jusqu'à ce que je les crame avec l'équipe de foot.

Si elle avait toujours été ainsi, nous aurions pu continuer à boire indéfiniment. Mais une nouvelle taffe la mena à l'extrême rebord du promontoire de tête d'ouragan. Enferville commençait à s'agiter dans son sommeil.

Je ne voudrais pas faire croire que je prenais à la rigolade ses prétentions occultes. Je n'avais jamais été capable de conclure une paix philosophique avec les esprits ni même d'aboutir dans ce domaine à une quelconque conclusion. Que l'on pût mourir mais demeurer vivant en quelque repli de notre atmosphère ne me paraissait pas plus absurde que l'idée selon laquelle la totalité d'une personnalité cessait d'exister après la mort. À vrai dire, étant donné l'étendue et la variété des réactions humaines à toute situation donnée, j'étais prêt à supposer que certains, lorsqu'ils meurent, ne s'éloignent guère, tandis que d'autres partent au loin, voire disparaissent pour de bon.

Mais Enferville était un autre phénomène. Quand on fumait de la tête d'ouragan, cela devenait une présence. Voilà cent cinquante ans, lorsque la chasse à la baleine se pratiquait encore dans nos eaux, tout un quartier réservé de putains avait surgi de l'autre côté du port de Provincetown, là où il ne subsiste plus aujourd'hui qu'une longue langue de sable déserte. On l'avait baptisée Helltown, Enferville. Dans les années qui avaient suivi la fin de l'aventure des baleiniers, tous les bâtiments de bois d'Enferville, entrepôts et bordels, avaient été ramenés à travers la baie sur des radeaux. La moitié des vieilles maisons de Provincetown possédaient encore des dépendances et des appentis de cette origine. Et donc, si une bonne part de ce qu'il y avait de plus fou dans nos humeurs de tête d'ouragan nous venait probablement de Patty Lareine elle-même, une autre partie de ces manifestations émanait je crois de notre maison elle-même. Une bonne moitié de nos poutres, chambranles, seuils et linteaux, et jusqu'à notre charpente, était ainsi venue en bac voilà plus d'un siècle, et faisait donc de nous, très matériellement, une partie intégrante d'Enferville la disparue. Quelque chose de ce Klondike de putains, de contrebandiers et de baleiniers pressés de dépenser leur paye vivait à l'intérieur de nos murs. Il y avait même eu d'innommables brigands qui, par les nuits sans lune, construisaient de grands feux sur le rivage pour tromper les grands voiliers, qui, croyant doubler un phare, viraient trop tôt vers le port et s'échouaient sur les hauts-fonds. Ce que les naufrageurs mettaient à profit pour les piller. Patty Lareine prétendait entendre encore les cris des matelots massacrés en essayant de repousser les chaloupes des maraudeurs. Quelle scène biblique Enferville devait avoir offerte. Quel ramassis de fornicateurs, de sodomites et de catins passant les maladies du temps à tous ces pirates à la barbe sanglante. À cette époque, Provincetown en était tout juste assez éloignée pour être en mesure de continuer à vivre dans la décence bien yankee avec ses promenades des veuves et ses églises blanches. Ce dut être un beau remue-ménage d'esprits quand la chasse à la baleine s'arrêta et que les baraques d'Enferville furent transportées jusqu'à nous.

Notre ménage s'augmenta de quelque chose de ce grand rut pendant la première année que nous passâmes dans notre maison. Une espèce de ribauderie gaillarde nous envahissait, issue tout droit des débordements d'une nuit entre putains et matelots morts depuis plus d'un siècle. Je préfère, comme je l'ai dit, ne pas disputer de la réalité ou de l'irréalité de leur existence à l'intérieur de nos murs – je dis seulement que notre vie charnelle n'en souffrit pas. Bien au contraire, elle prospéra sur la lubricité de notre public invisible. C'est chouette lorsqu'un ménage peut ressembler à une orgie chaque nuit sans qu'on ait besoin d'en payer le prix – c'est-à-dire sans qu'on ait à regarder en face le voisin qui baise notre femme.

Si la plus sage règle de l'économie est qu'on ne peut tricher avec la vie, il est probablement tout aussi vrai que la plus vigoureuse loi de l'esprit est de ne pas exploiter la mort. Maintenant que Patty Lareine n'était plus là, il me fallait vivre le plus clair de mes matinées dans la présence invisible d'une bonne partie de la population d'Enferville. Car si mon épouse n'était plus avec moi, elle semblait avoir fait don à ma psyché de sa sensibilité tant vantée. Une des raisons qui m'empêchait d'ouvrir les yeux le matin était les voix que j'entendais. Je ne laisserai personne dire que les putains de Nouvelle-Angleterre, quand elles sont vieilles de plus d'un siècle, ne ricanent pas dans l'aube glaciale de novembre. Il y avait des nuits où le chien et moi dormions ensemble comme des enfants blottis l'un contre l'autre devant un feu éteint. De temps en temps, je fumais de la tête d'ouragan tout seul, mais les résultats manquaient de clarté. À l'évidence, on ne peut comprendre cette remarque si l'on n'a pas choisi le chanvre pour guide. J'étais quant à moi convaincu que c'est le seul compas qu'il convient d'emporter sur les mers d'une obsession – on pouvait en revenir avec la réponse à des questions vieilles de vingt ans.

Maintenant toutefois que je vivais seul, la tête d'ouragan ne remuait plus nulle pensée. C'étaient plutôt des désirs qui montaient en moi, des désirs que je préférais ne pas nommer. Des serpents se tordaient dans la boue. Et donc, cela faisait dix jours que je n'avais pas fumé un seul joint.

Cela peut-il expliquer ma réaction de mauvaise volonté au conseil si généreux du chef de la police ?

Alors même que, sitôt de retour chez moi, je montai en voiture pour prendre la direction de Truro, je n'étais pas du tout convaincu que j'allais effectivement déplacer ma cachette de tête d'ouragan. Je détestais l'idée de la tripoter. D'un autre côté, je n'avais évidemment pas envie de me faire choper.

Quel flair il avait eu ce Regency ! Je n'aurais même pas été capable de dire pourquoi j'avais choisi de conserver ma provision si près de mon champ, mais c'était un fait. Une vingtaine de bocaux emplis d'une récolte soigneusement moissonnée s'entassaient dans une malle de fer vernie et huilée pour résister à la rouille. Tout cela avait été déposé dans un trou sous un arbre éminemment reconnaissable à deux cents mètres d'un sentier envahi de végétation qui s'éloignait d'une piste de terre en dos d'âne à travers la forêt.

Oui, parmi tous les trous qu'offrent les bois de Truro, il avait fallu que je choisisse de cacher ma provision tout près des chaumes de mon lopin. C'était probablement le pire endroit où installer ce genre de dépôt. Le premier chasseur explorant ce sentier (et cela se produisait plusieurs fois par an) risquait de reconnaître le caractère de l'agriculture pratiquée là. Et donc, de consacrer un certain temps à l'exploration des environs. Il n'y avait que deux ou trois centimètres de terre et de mousse très piétinée par-dessus la pierre qui fermait mon terrier.

Et pourtant cet emplacement avait de l'importance à mes yeux. Je voulais conserver le produit au voisinage de son lieu d'origine. En prison, où les aliments que nous mangions nous avaient été expédiés depuis les entrailles des plus grandes industries alimentaires d'Amérique, il n'y avait pas une bouchée qui ne sortît d'un emballage de plastique, de carton, ou d'une boîte de conserve. En tenant compte du voyage de la ferme à l'usine, puis de là jusqu'à nous, j'imagine que la plupart de nos aliments devaient avoir parcouru en moyenne trois mille kilomètres. Je crus découvrir ainsi une panacée aux maux qui affligent le monde : que personne n'absorbe de nourriture qu'il ne pourrait transporter sur son dos en une journée de marche du lieu de production à son domicile. Une idée intéressante. Je cessai bien vite d'imaginer des moyens de la mettre en pratique. Mais j'en conservai une volonté farouche de respecter l'origine de mon cannabis. Semblable au vin qui se bonifie à l'ombre du vignoble où il a grandi, mon chanvre serait entreposé près de la terre qui lui avait donné naissance.

J'éprouvai par conséquent une bonne terreur bien pleine à l'idée de déplacer mon dépôt et c'était un sentiment très voisin de la peur avec laquelle je m'étais éveillé ce matin-là. J'avais en vérité grand besoin de tout laisser en l'état. Je n'en quittai pas moins la grand-route pour le chemin vicinal qui (au prix d'un ou deux carrefours) me mènerait à mon allée sablonneuse au milieu de la forêt. Conduisant lentement, je me rendis peu à peu compte des facultés d'équilibre auxquelles il m'avait fallu faire appel depuis le début de cette journée. Comment expliquer autrement l'aplomb – tout bien considéré ! – dont j'avais fait preuve au cours de ma conversation avec Alvin Luther ? Car après tout, d'où venait ce tatouage ?

À cet instant, je fus obligé de me ranger sur le bas-côté. Oui – d'où était venu ce tatouage ? C'était comme si cette pensée surgissait pour la première fois. Sans crier gare, j'étais bien près d'être aussi malade que le chien.

J'aime mieux vous dire qu'au moment où je fus de nouveau capable de rouler, ce fut avec la prudence absurde qui anime les mauvais conducteurs lorsqu'ils viennent d'échapper à une collision. Je me traînais.

Ce fut de cette manière que je parcourus les petites routes de campagne de Truro par cet après-midi glacial – le soleil ne se montrerait donc jamais ? –, examinant le lichen sur les troncs d'arbres comme si ses spores jaunâtres avaient beaucoup à m'apprendre ; de cette manière que je contemplais les boîtes aux lettres bleues au bord de la route, comme si elles avaient incarné la sécurité ; de cette manière même que je fis halte près d'une stèle vert bronze qui se dressait à un carrefour, pour lire les lettres métalliques célébrant la mémoire d'un gars du cru, mort dans une guerre oubliée. Je vis défiler bien des haies, protégeant bien des clapiers de planches grises avec leur allée de coquillages blancs qui leur conféraient encore quelque chose de marin. Dans les bois, le vent était violent cet après-midi-là. Et chaque fois que j'arrêtais la voiture, un murmure me parvenait comme si un haut ressac avait déferlé au sommet des arbres. Puis je sortis de nouveau des bois pour monter et redescendre de petites collines abruptes, traverser des landes et des tourbières et des marmites de géants. Je parvins à un puits que je reconnus sur le bord de la route, me rangeai de nouveau pour aller regarder au fond, où je savais qu'une mousse verte et luisante me renverrait mon regard. Bientôt je pénétrai de nouveau dans les bois et ce fut la fin de la chaussée asphaltée. Il me fallut conduire à petite vitesse sur l'allée sablonneuse, égratignant tantôt un flanc, tantôt l'autre de la Porsche contre les ronces et les bruyères, mais le dos-d'âne central était si élevé que je n'osais suivre les ornières.

Puis je me mis à douter de pouvoir passer. Des ruisselets traversaient la route et, en plusieurs endroits, il me fallut franchir à gué de véritables étangs pardessus lesquels les arbres se rejoignaient pour former un tunnel de feuillages. Par les après-midi sans soleil, j'avais toujours aimé me promener en voiture à travers ces bois et ces collines tristes et pudiques de Truro. Même en hiver, Provincetown semblait aussi débordante d'activités qu'un comptoir minier à côté de cette maigre offrande. Par grand vent, comme ce jour-là, sur chacun de ces modestes sommets, on apercevait la mer dans le lointain à travers la course des nuages argentés tandis que les étangs qui occupaient les creux mettaient des taches de bronze sombre et sale. Entre les deux, la palette des bois semblait faire de son mieux pour offrir des nuances assorties. J'aimais le vert terne des dunes herbues, l'or pâle des tiges, et dans ce panorama de fin d'automne, quand le rouge sang-de-bœuf et l'orange brûlé ont quitté les feuilles, les couleurs se résument au gris, au vert et au brun, mais avec quels jeux infinis entre les nuances ! Mon œil a l'habitude de distinguer toute une danse de teintes entre le gris des champs et le gris tourterelle, le gris lilas et le gris fumée, le brun des branches et le brun des glands, le brun du renard et le fauve, le gris souris et le gris alouette, le vert bouteille de la mousse et le vert des sapins, et le vert des houx et le vert de la mer à l'horizon. Mon œil saute du lichen d'un arbre à la bruyère d'un champ, plonge dans les herbes de l'étang pour en ressortir parmi les érables rouges (qui ont cessé d'être rouges pour prendre le ton brun de l'écorce humide) et l'odeur du pin mêlé à la senteur du chêne vert habite le calme de la forêt tandis qu'au-dessus de la tête, parmi les feuilles, le vent revient avec la haute rumeur du ressac : « Tout ce qui a vécu réclame en hurlant de vivre de nouveau », tel était le chant du ressac.

Je rangeai donc la voiture là où je pouvais apercevoir l'étang et la mer et tentai de me calmer avec ces couleurs douces et nostalgiques. Mais mon cœur s'était mis à marteler ma poitrine. Je repris la route sablonneuse jusqu'à mon sentier, m'arrêtai, descendis de voiture, et tentai de recouvrer le sentiment de solitude immaculée que ces bois m'avaient donné auparavant. J'en fus incapable. Des gens étaient passés par là dans les derniers jours.

Dès que je me fus engagé sur mon sentier, à demi dissimulé parmi les broussailles, ce sentiment devint plus aigu. Je ne pris pas le temps de rechercher des traces, mais il ne fait pas de doute qu'on aurait pu en trouver. Les restes d'une présence rancie s'expriment par des subtilités que seuls les bois peuvent refléter et, tandis que je franchissais les cent pas qui séparaient la route de mon dépôt, je me mis à suer de nouveau comme j'avais sué par ce chaud après-midi de septembre, quand l'approche de l'ouragan nous menaçait tous.

Je traversai le champ de cannabis dont les chaumes avaient été écrasés par la pluie. La honte de la hâte avec laquelle j'avais fauché les tiges en septembre m'emplit alors d'une gêne comparable à celle qu'on éprouve en rencontrant un ami qu'on a maltraité. Je m'immobilisai donc comme pour manifester mon respect, et d'ailleurs mon petit lopin avait des allures de cimetière. Cependant la panique me possédait trop pour me permettre de m'attarder et je repris rapidement ma marche sur le sentier, quittant la petite clairière, traversant des taillis de pins rabougris et là, à quelques pas, j'arrivai devant le plus curieux de tous les arbres. Un pin nain surgissait de la crête d'une petite levée sablonneuse qui avait repoussé l'humus de ces bois. C'était un petit arbre effroyablement tordu, accroché de toutes ses racines au sable peu sûr, ses branches toutes tordues ensemble d'un côté et inclinées devant le vent comme un homme à genoux qui lancerait brusquement les bras vers le ciel pour l'implorer. C'était mon arbre, au pied duquel, entre les racines, s'ouvrait une petite caverne où n'aurait pas logé un ourson. La porte de ce terrier était une pierre recouverte de mousse bien souvent retirée puis tassée de nouveau en place. Je constatai qu'elle était en grand désordre, tout effilochée aux extrémités, comme un pansement que travaille par en dessous la boursouflure d'une plaie. J'ôtai la pierre et tâtai le trou devant la malle, mes doigts grattant et fouillant l'humus comme des mulots en quête de nourriture. Et je sentis quelque chose – comme une chair, ou des cheveux, ou de l'éponge humide –, je ne savais trop quoi, mais mes mains, plus farouches que moi-même, écartèrent les débris pour tirer un sac-poubelle de plastique à travers lequel je pus à la fois tâter et distinguer suffisamment pour pousser un effrayant gémissement, aussi pur que le vertige d'une longue chute. J'avais sous les yeux l'arrière d'une tête. La couleur de la chevelure, malgré toute la terre qui la maculait, était blonde. Je tentai alors d'apercevoir le visage mais quand, à ma grande horreur, la tête tourna dans le sac sans résistance – tranchée ! –, je compris que je n'aurais pas la force d'en examiner les traits, non, je repoussai le sac, puis la pierre, sans même tenter de remettre la mousse en place, et pris la fuite jusqu'à ma voiture pour quitter ces bois au plus vite, conduisant le long du dos-d'âne sablonneux à une vitesse qui compensait la prudence de mon trajet d'aller. Et ce ne fut qu'une fois de retour à la maison, profondément enfoncé dans un fauteuil, cherchant à calmer mes frissons à coups de bourbon sec, que je compris soudain, dans l'effroyable douleur de celui qui traverse un mur de flammes, que je ne savais même pas si c'était la tête de Patty Lareine ou de Jessica Pond qui reposait dans cette tombe. Et certes, je ne savais pas non plus si je devais avoir peur de moi-même ou d'un autre, et c'est cette incertitude, dès que la nuit fut sur moi et que je tentai de dormir, qui se mua en une terreur passant toute mesure.

3

Les voix me vinrent à l'aube. Je prêtai l'oreille à Enferville pendant l'heure qui sépare la veille du sommeil.

— Oh, Tim, disaient les voix, tu as brûlé ta chandelle par les deux bouts : les couilles et la cervelle, la bite et la langue, le trou du cul et la bouche. Reste-t-il un peu de suif à ta mèche ? Tu es trop éméché pour le dire.

Et elles disaient :

— Oh, Tim, ne lèche pas les cuisses des putains. Tu jouis trop vite au goût du sperme de baleine. Donne-nous les sels des mourants. Rends-nous l'écume de tous ceux qui ont perdu. Adieu, tendre ami, maudite soit ta maison. Je maudis ta maison.

Parlons du peu que j'y comprenais. Les films d'horreur ne nous préparent pas aux heures perdues à la recherche d'une seule pensée claire. M'éveillant de mes cauchemars et dormant dans la terreur, je parvins enfin à me hisser jusqu'à une conclusion. À supposer que je n'aie pas pris part à cet acte – et comment pouvais-je en être certain ? –, il fallait encore que je me demande : qui, alors ? Ce devait être quelqu'un qui connaissait mon lopin de chanvre. Cela désignait directement mon épouse – à moins que ce ne fût sa chevelure que j'avais touchée dans le trou. Et ma conclusion était donc : je dois retourner dans les bois pour regarder de nouveau. Aussi présent à ma mémoire pourtant que l'éclair de lumière qui est suivi du tonnerre de la douleur quand on se démet l'épaule, il y avait le souvenir du coup d'œil que j'avais jeté à ces cheveux blonds maculés de terre. Je savais que je serais incapable d'y retourner. J'avais les jambes en marmelade. Je préférais moisir dans les ultimes suppurations de ma couardise.

Comprend-on à l'évidence pourquoi je ne tiens pas à décrire ma nuit ? Ni à expliquer pourquoi chaque nouveau pas logique coûtait tant ? Je comprenais désormais pourquoi le rat de laboratoire devient psychotique dans le labyrinthe. Il y a des chocs à trop de tournants. Et si c'était Jessica qui était là-bas ? Saurais-je alors que c'était moi le coupable ?

D'un autre côté – et j'aurais pu conduire cent cinquante kilomètres dans le temps qu'il me fallut pour revenir à cette autre possibilité –, si Pond et Pangborn avaient regagné Boston, voire désormais Santa Barbara, ou quelle que fût leur destination finale – alors c'était forcément la tête de Patty. Cette idée amena un chagrin parfaitement intolérable : un chagrin et aussi une bouffée d'un ignoble sentiment de revanche – qui ne fut étouffé que par l'apparition d'une peur nouvelle. Qui d'autre aurait pu tuer Patty que son grand Noir ? Et si tel était le cas, qu'en était-il de ma propre sécurité ?

Vous arrive-t-il de vous sentir vaguement mal à l'aise en présence de grands Noirs inconnus ? Essayez d'y penser la nuit, quand vous êtes parvenu à la conclusion que le Noir en question est peut-être à votre recherche. Chaque vague qui frappait la rive, chaque mouette qui s'agitait, était une nouvelle menace d'effraction : j'entendais forcer des portes et des fenêtres.

C'était dégradant. Je ne me suis jamais vu comme un héros. Mon père – avec les meilleures intentions du monde – a fait ce qu'il fallait pour ça. Mais j'avais jusqu'alors réussi à me considérer comme pas entièrement dépourvu de virilité. J'étais capable de faire front pour mes amis ; je savais refermer une blessure et garder pour moi sa purulence intérieure. Je tentais de me conduire avec discrétion et correction. Désormais, pourtant, chaque fois que j'avais l'esprit assez clair pour produire une nouvelle pensée, la panique me souillait. J'étais comme un chiot dans une maison inconnue. Je me mis à redouter mes amis.

C'était forcément quelqu'un qui savait où j'entreposais mon herbe. La logique l'exigeait. Dans cette aube fallacieuse je compris donc qu'en rencontrant mes amis dans la rue au cours des jours à venir j'allais me méfier de tous les regards. J'étais comme un homme qui dévale une pente glissante et trouve une petite saillie de glace pour s'accrocher, mais dès qu'il l'agrippe, elle se brise. Je compris que si je ne pouvais résoudre la première question, qui était : courage ! – était-ce moi l'assassin ? – je ne pourrais arrêter la chute et que la folie m'attendait au fond.

À mesure que l'aube se levait et que je fus contraint de prêter l'oreille aux sollicitations d'Enferville – pourquoi ces voix crient-elles toujours plus fort entre l'éveil et le sommeil, comme si l'éveil et le sommeil étaient séparés par un siècle ? –, je pris enfin conscience des cris des mouettes, assez forts pour chasser les larves de la nuit. Cette idée m'offrit un plaisir minuscule, celui du retour d'un mot latin au milieu de tout cela. Espèce de *larvae*, espèces de fantômes ! On enseignait bien le latin à Exeter.

Je m'accrochai à cette pensée. En prison, quand on avait des histoires avec un autre détenu, et que la peur devenait aussi lourde que l'haleine de plomb de l'éternité elle-même, j'appris que le plus petit plaisir qui pouvait alors réchauffer le cœur était aussi précieux qu'une corde jetée au fond de l'abîme. En se concentrant sur le plaisir, quel qu'il fût, on pouvait se hisser de nouveau jusqu'au bord. Ainsi, cherchant à considérer des sujets lointains, je me mis à penser à Exeter et au latin et entrepris par ce moyen moins de me calmer que d'isoler la peur, parvenant par là même à continuer de penser à la petite chambre meublée que mon père habitait maintenant à l'âge de soixante-dix ans dans une pension de famille de la Quarante-cinquième Rue, à l'ouest de la Dixième Avenue. En me concentrant de la sorte, je revis le morceau de papier qu'il avait fixé avec des punaises au-dessus de son miroir et je relus les mots qu'il avait soigneusement tracés en caractères d'imprimerie sur la feuille. INTER FAECES ET URINAM NASCIMUR, au-dessous de quoi mon père avait tracé d'un parafe le nom de l'auteur : *Saint Odon de Cluny*. Le surnom de mon père (qu'il me plaît assez de présenter dans ce contexte) était encore Big Mac, n'en déplaise à tous les hamburgers de McDonald.

— Bah, qu'as-tu à faire de ça ? avais-je demandé à Big Mac la première fois que j'avais vu le petit mot au-dessus de son miroir.

— C'est un pense-bête, avait dit mon père.

— Tu ne m'avais jamais dit que tu savais le latin.

— Au patronage, dit-il. Ils essayaient de nous l'apprendre. Il m'en est resté quelques traces.

— Et cette phrase, comment l'as-tu apprise ?

— D'un curé que je connais. Le père Steeve. En général il a des ennuis avec le cardinal, nota Big Mac d'un ton approbateur, comme si c'était là la première vertu à attendre d'un prêtre.

Quant à moi, je connaissais suffisamment de latin pour traduire : « *Inter faeces et urinam nascimur.* »

« Nous naissons au milieu de la merde et de la pisse. » La culture elle-même parvenait à Big Mac au bout de son crochet de docker.

Mais voilà que le téléphone s'était mis à sonner sur ma table de chevet et je m'attendais à ce que ce fût mon père. Nous ne nous étions pas appelés depuis un bon bout de temps, et pourtant j'étais sûr que ce serait sa voix. C'était une faculté que j'avais de penser à un ami à l'instant même où il décrochait son téléphone pour m'appeler ; cela m'était arrivé assez souvent pour ne plus me surprendre. Ce matin-là, toutefois, je le pris comme un signe.

— Allô, Tim ?

— C'est toi, Dougy, dis-je. Parlons du diable.

— Ouais, dit-il.

Cela me suffit à mesurer le degré de sa gueule de bois. Son « ouais » ouvrait des perspectives sur les paysages ravagés du cerveau après soixante années de boisson (cela reposant, bien sûr, sur la supposition qu'il ne buvait guère à dix ans).

— Tim, dit-il, je suis à Hyannis.

— Qu'est-ce que tu fabriques sur le Cap ? Je croyais que tu détestais les voyages.

— Je suis ici depuis trois jours. Frankie Frelon y avait pris sa retraite. Je te l'avais dit ?

— Non, dis-je. Comment va-t-il ?

— Il est passé. J'assistais à sa veillée.

Pour mon père, la mort d'un vieil ami était aussi terrifiante et sacrée que l'éboulement dans la mer de la falaise qui se dressait derrière chez vous.

— Bah, dis-je, pourquoi ne viens-tu pas à Provincetown ?

— J'y pensais.

— Tu as une voiture ?

— Je peux en louer une, dit-il.

— Non, je vais venir te chercher.

Il y eut un long silence mais je n'aurais pu dire s'il pensait à lui-même ou à moi. Puis il dit :

— Attendons encore un jour ou deux. Il y a quelques petits problèmes ici pour la veuve.

— Très bien, dis-je, viens quand tu voudras.

Je pensais n'avoir donné aucun signe de ma misérable condition mais Big Mac demanda :

— Tu vas bien, toi ?

— Ma femme n'est pas là. Elle s'est barrée. Mais ça va.

Nouveau silence prolongé. Puis il dit :

— Ouais. Nous allons nous voir.

Et il raccrocha.

Il m'avait toutefois donné une partie des moyens de me lever et de faire face à la journée.

À propos de gueule de bois, j'étais comme un homme qui est sur le point d'avoir une crise d'épilepsie. En prenant grand soin de chacun de mes gestes, si je ne me cognais pas l'orteil et ne faisais aucun faux pas, si je ne tournais pas la tête trop brusquement, et si je m'abstenais de tout mouvement que je n'avais pas préparé à l'avance, alors je serais peut-être capable de traverser les heures à venir sans crise. En l'occurrence, ce n'étaient pas les convulsions de mon corps mais les glapissements des sorcières que je cherchais à maintenir à l'écart par la singularité de mes pensées, c'est-à-dire que je me permettais seulement de penser à des choses bien particulières et à nulle autre.

Dans la mesure où mes problèmes immédiats étaient aussi intouchables qu'une plaie ouverte – même mon tatouage se mettait à m'élancer quand je jetais par l'esprit un coup d'œil dans sa direction –, je découvris en manière de compensation que les souvenirs que j'avais de mon père constituaient, ce matin-là, un palliatif. Je ne devais pas nécessairement penser à des choses agréables, je pouvais même m'attarder sur de vieilles douleurs, elles étaient bonnes dans la mesure où elles appartenaient au passé, les vieux regrets servaient de contrepoids pour m'empêcher de retomber dans ma situation du moment.

Par exemple, je songeai de nouveau à Meeks Wardley Hilby III. Il y avait eu un mois de ma vie là-bas à Tampa, où je m'éveillais littéralement chaque matin avec le problème suivant devant moi : comment Patty et moi-même pouvions-nous l'assassiner en toute impunité ? Et ce souvenir ne me causait nulle douleur. Bien au contraire, il m'aidait à me concentrer pour deux bonnes raisons qui jouaient le même rôle équilibrant que les paniers qu'un âne porte de part et d'autre de ses flancs. La première était que je n'avais indiscutablement pas assassiné Wardley, que j'en étais même venu à constater que je n'avais pas l'étoffe d'un assassin – pensée qui n'était pas dépourvue d'intérêt en cette matinée ! La seconde était que je ne pensais pas au Mr. Hilby que j'avais connu à Tampa avec Patty, mais me rappelais au contraire le curieux lien qui nous avait liés à Exeter, et cela avait beaucoup à voir avec mon père, mieux, cela me rappela la meilleure journée que je crois avoir jamais passée avec Big Mac.

Meeks Wardley Hilby III, autant le répéter, fut le seul détenu de la prison qui avait aussi été à Exeter avec moi. Ce qui m'a toujours frappé plus particulièrement à propos de ces liens entre nous, c'est le fait que nous fûmes tous les deux renvoyés d'Exeter le même matin, un mois avant la remise du diplôme final. Avant cela, je le connaissais à peine. Hilby était une lavette et moi un sportif. Il avait fréquenté Exeter pendant quatre ans comme son père Meeks avant lui, alors que j'y étais entré pour un an avec une bourse d'athlétisme après avoir poursuivi mes études à Long Island. (Ma mère souhaitait me voir poursuivre jusqu'à Harvard.) J'avais mis mes talents d'attaquant au service d'une équipe qui n'était pas capable de marquer. (Vous avez déjà vu jouer les équipes scolaires de la côte Est ?) Nous sortîmes ensemble du bureau du recteur le jour de notre renvoi et Meeks Wardley Hilby III était en larmes. Les revers de satin de sa jaquette et son nœud papillon héliotrope lui faisaient comme un costume à porter pour marcher à l'échafaud. J'étais triste. Aujourd'hui encore, quand je me rappelle cet instant, je sens la tristesse envahir mes membres. Je m'étais fait surprendre à fumer de l'herbe (ce qui n'était pas une petite affaire il y a vingt ans). Le recteur était vraiment choqué – et le cas de Hilby était pire que le mien. C'était difficile à croire quand on le voyait si mou, mais il avait tenté de violer une fille de la ville avec laquelle il sortait. Je n'en avais pas entendu parler sur le moment. Personne ne souhaitait en parler (et les parents de la fille ne tardèrent pas à se laisser acheter). Mais Hilby m'a raconté l'affaire onze ans plus tard. En prison, nous avions tout le temps de nous raconter nos vies.

Et donc, ce matin-là à Provincetown, quand je souhaitais me protéger de tout ce qui me pesait dessus, il m'était, comme je l'ai dit, presque agréable de retourner à cette journée douloureuse de mon renvoi d'Exeter. Je me souviens que c'était un bel après-midi de mai il y a de cela vingt ans, quand je dis adieu à la boîte pour toujours. J'avais entassé mes affaires dans deux sacs avec lesquels j'avais pris le bus et mon père (que j'avais déjà prévenu par téléphone – je n'avais pas pu me résoudre à appeler ma mère) avait pris la navette aérienne pour venir me rejoindre à Boston. Nous nous sommes soûlé la gueule. Je pourrais l'aimer pour cette seule soirée. Mon père (comme notre conversation téléphonique vous aura peut-être permis de le comprendre) n'était pas homme à faire souvent l'effort de parler plus que les exigences de la communication pouvaient le requérir, mais il était capable de vous calmer par son seul silence. Il mesurait un mètre quatre-vingt-dix et, à cette époque, celle de sa cinquantième année, pesait cent trente kilos. Cela lui faisait vingt kilos de trop. Ces vingt kilos se tenaient devant lui comme le gros anneau de caoutchouc des autos tamponneuses et il respirait bruyamment. Avec ses cheveux prématurément blanchis, son teint rouge et ses yeux bleus, il avait l'air du plus costaud, du plus malin et du plus dégueulasse des inspecteurs de la ville, mais en fait il détestait les flics. Son frère aîné, qu'il n'avait jamais aimé, avait vécu toute sa vie et jusqu'à sa mort dans la maison Poulaga.

Cet après-midi-là, debout côte à côte devant le comptoir d'un bar irlandais (qui s'étirait si loin jusque dans l'obscurité des profondeurs qu'il aurait été assez long, commenta mon père, pour servir de piste à des lévriers de course), en reposant son quatrième verre – un godet avalé d'un trait comme les trois premiers –, mon père dit :

— Haschich, hein ?

Je fis oui de la tête.

— Comment as-tu pu te faire prendre ?

Il voulait dire : Comment as-tu pu être assez bête pour te faire poisser par un ramassis de protestants ? Je savais ce qu'il pensait de leur intelligence. « Ce qui cloche, avec ces gens, avait-il déclaré un jour lors d'une discussion avec ma mère, c'est qu'ils s'attendent à ce que Dieu S'habille chez le même tailleur qu'eux. » Et j'ai toujours considéré les Anglo-Saxons protestants, les *wasps*, à travers ses yeux. Big Mac voyait en eux des gens de belle apparence, aux tempes argentées, à l'éternel complet gris, et discourant sans cesse avec des accents si chouettes qu'ils finissaient par être obligés de croire que Dieu se servait d'eux pour manifester Ses bonnes manières.

— Bof, lui dis-je, j'ai pas fait assez attention. Peut-être que j'ai ri trop fort.

Et je lui décrivis le matin qui avait suivi la nuit où je m'étais fait prendre. J'avais participé à une régate sur un lac voisin d'Exeter dont le nom m'échappe maintenant (c'est le salaire de la fumette !), et les bateaux n'avançaient pas. La régate faillit être annulée. Je ne connaissais rien à la voile mais mon camarade de chambre était un expert et m'avait fait entrer dans l'équipage d'un vieux prof d'histoire qui faisait vraiment de son mieux pour correspondre à l'idée que mon père avait des *wasps*. C'était un bon barreur, probablement le meilleur de la boîte, et qui éprouvait un tel mépris pour ses concurrents qu'il n'avait pas hésité à prendre un ignare tel que moi. Pendant la régate, toutefois, nous eûmes peu de vent et beaucoup de déveine. Le vent tombait, un zéphyr nous poussait de l'avant puis c'était de nouveau le calme plat. Pour finir, debout près du mât, notre spi pendant flasque sur la proue, nous regardâmes un bateau gagner lentement sur nous. C'était une vieille dame qui le barrait. Elle était beaucoup plus près de la terre que nous, ayant parié qu'il n'y aurait guère de vent ce matin-là mais qu'elle pouvait compter sur un léger courant léchant le rivage du fait d'un cours d'eau dans lequel le lac se déversait un peu plus loin. Elle avait vu juste. Elle passa de trois longueurs de retard à huit longueurs d'avance, très lentement, tandis que nous, devenus seconds, et éloignés de plus de cinq cents mètres du rivage, n'avancions plus du tout. Elle s'était montrée plus rusée que notre vieux renard. Cela finit par devenir ennuyeux et je me mis à bavarder en ricanant avec mon camarade de chambre. Notre skipper le supporta aussi longtemps qu'il put mais le spi inerte finit par avoir raison de ses nerfs. Il me tomba dessus et de sa meilleure voix de maître déclara :

— J'éviterais de tant parler si j'étais à votre place. Cela écarte le vent des voiles.

Après mon récit, mon père et moi rîmes si fort que nous dûmes nous raccrocher l'un à l'autre pour ne pas tomber à la renverse.

— Ouais, dit Big Mac. Avec des gens comme ça, c'est un honneur de se faire choper.

Après cela, je n'eus plus besoin de lui dire comment j'avais regagné ma chambre, partagé entre les éclats de rire et la fureur, ni les répliques que j'avais dû avaler. Une année à Exeter n'avait manifestement pas suffi à m'apprendre les manières des princes qui nous gouvernent. (Oh, les Anglais ont de grands airs mais les Irlandais ont du nerf !)

— J'essaierai d'expliquer ça à ta mère, dit Big Mac.

— C'est rudement gentil, merci.

Je savais qu'ils ne s'étaient probablement pas adressé la parole depuis un an mais je me sentais incapable d'aller annoncer ça à ma mère en face. Elle n'aurait jamais compris. De mes onze ans à mon treizième anniversaire (à partir duquel je passais toutes mes soirées dehors) elle s'était arrangée pour s'asseoir avec moi chaque soir, le temps de me lire un poème de l'anthologie de Louis Untermeyer, *Treasury of Great Poems*. Il faut porter à son crédit (et à celui d'Untermeyer) le fait que je ne haïssais pas la poésie à la fin de cette période. Raison de plus pour que je fusse incapable de lui parler de mon renvoi.

Bien sûr, il me fallut écouter mon père répéter avant chaque verre : « Ça écarte le vent des voiles ! » Comme nombre de grands buveurs avant lui, il ne répugnait pas à utiliser la même remarque pour un verre différent – mais alors, en cet endroit même de mes souvenirs, je fus interrompu et ils volèrent en éclats. Le téléphone s'était mis à sonner pour la deuxième fois de la matinée. Je pris le combiné sans avoir cette fois le sentiment d'un bon présage.

C'était le gérant du Widow's Walk.

— Monsieur Madden, me dit-il, je suis navré de vous déranger ainsi mais j'ai bien cru remarquer l'autre soir que vous sembliez connaître le couple qui est venu au bar pendant que vous y étiez.

— Oh, mais oui, dis-je. Nous avons pris un verre fort sympathique ensemble. D'où étaient-ils, déjà ? De l'Ouest, n'est-ce pas ?

— Pendant le dîner, répondit-il, ils m'ont dit qu'ils étaient de Californie.

— Oui, je m'en souviens vaguement, dis-je.

— Je me permets de vous demander ça parce que figurez-vous que leur voiture est toujours rangée devant chez nous.

— Comme c'est bizarre, lui dis-je. Vous êtes bien sûr que c'est leur voiture ?

— Ma foi oui, répondit-il. Il se trouve que je les ai vus arriver.

— Comme c'est bizarre, répétai-je.

Mon tatouage s'était mis à m'élancer furieusement.

— Pour tout vous dire, dit-il, j'espérais que vous pourriez me dire où ils sont.

Un silence.

— Mais vous l'ignorez, apparemment.

— Effectivement, dis-je, je l'ignore.

— Le monsieur a réglé avec une carte de crédit au nom de Leonard Pangborn. S'ils n'ont pas repris la voiture d'ici un jour ou deux, j'imagine que je peux essayer de téléphoner à Visa.

— C'est ce que je ferais à votre place.

— Vous n'avez pas retenu le nom de la dame, par hasard ?

— Elle me l'a dit, effectivement, mais, vous savez, du diable si je m'en souviens maintenant. Voulez-vous que je vous rappelle si cela me revient ? Je me rappelle que Pangborn était effectivement le nom de l'homme.

— Pardon encore, monsieur Madden, de vous avoir ainsi dérangé. Mais c'est quand même une drôle d'histoire.

Tu l'as dit, bouffi. Après ce coup de fil, je fus incapable de recouvrer ma concentration. Toutes mes pensées se précipitaient vers les bois. Savoir ! Mais cette idée me replongeait dans une panique insoutenable. J'étais comme un homme qui vient d'apprendre qu'il souffre d'une maladie mortelle qu'il pourrait guérir en se précipitant à l'eau du haut d'une falaise de vingt mètres. « Non, dit-il, je reste au lit. J'aime mieux mourir. » Que protège-t-il ? Et moi, que voulais-je protéger ? Mais la panique emportait tout devant elle. Comme si l'on m'avait dit dans mon sommeil que les pires pestilences malignes d'Enferville s'étaient rassemblées sous mon arbre dans les bois de Truro. Si j'y retournais, pénétreraient-elles en moi ? Était-ce cela, ma logique ?

Assis près du téléphone, animé d'une panique aussi tangible qu'une maladie physique – mes narines étaient plus glacées que mes pieds, mes poumons brûlaient –, j'entrepris de reprendre mes esprits, ce qui n'était pas une petite besogne. Combien de matins m'étais-je ainsi réfugié dans ma petite pièce du dernier étage après une dispute autour du petit déjeuner pour regarder le port et tenter d'écrire ? Et pourtant, chaque matin, j'avais ainsi appris comment séparer – comme on filtre les impuretés d'une soupe – tout ce qui faisait de ma vie un naufrage et eût risqué de m'empêcher d'écrire ce jour-là. Je possédais donc des habitudes de concentration acquises d'abord en prison puis réapprises en travaillant chaque matin, aussi horrible qu'ait pu être ma dispute avec ma femme. J'étais en mesure de faire prendre un cap à mon esprit et de le lui faire tenir. Si la mer sous mes yeux s'agitait en tous sens, j'avais appris quant à moi qu'il me fallait tenter de penser à mon père plutôt que de poser la moindre question dépourvue de réponse. « Ne pas chercher à se rappeler ce que l'on ne peut pas se rappeler », telle était la règle que je m'étais depuis longtemps imposée. La mémoire était semblable à la puissance sexuelle. Chercher à se rappeler ce que l'on ne parvenait pas à retrouver dans son passé – quelque urgent qu'en fût le besoin –, c'était comme appeler de ses vœux une érection devant une fille offerte alors que la bite – cette chienne perverse ! – refusait obstinément, résolument, définitivement de réagir. Il fallait renoncer. Peut-être me rappellerai-je, ou peut-être ne me rappellerai-je pas ce qui s'était passé deux nuits plus tôt – pour cela il me faudrait attendre –, mais dans l'intervalle il me fallait bâtir un mur autour de ma panique. Chaque souvenir de mon père me faisait donc l'impression d'une bonne pierre convenablement mise en place.

Je revins par conséquent à ce genre de pensée et connus le commencement de cette paix qui nous vient lorsque nous contemplons l'amour, aussi mesquin soit-il, que nous vouons à l'un de nos deux parents. Puisque je m'étais versé un verre comme le seul sédatif auquel je puisse légitimement avoir recours ce matin-là, et que je m'étais réfugié dans ma *querencia*, ce petit bureau du deuxième étage où j'avais pour habitude de travailler en regardant la baie, je retournai aussi vers la légende de Dougy Madden, dit Big Mac, et méditai sur ce qu'elle avait coûté à ma mère et à moi-même. Car malgré sa taille et sa masse, j'ose dire que nous n'eûmes jamais assez de lui. Une bonne part de mon père, croyez-moi, était déjà perdue avant même qu'il fît la connaissance de ma mère. C'est une conviction que j'ai acquise dès l'enfance en écoutant parler ses vieux copains.

Je me rappelle qu'ils avaient l'habitude de venir chez nous, à Long Island, lui rendre visite pendant l'après-midi, avant de gagner son bar avec lui, et comme ils étaient tous dockers ou anciens dockers comme lui, et presque aussi costauds, le modeste salon de ma mère, dès qu'ils se levaient tous, prenait des airs de bateau surchargé prêt à chavirer. Comme j'aimais ces visites. J'avais déjà entendu plusieurs fois, sans jamais m'en lasser, raconter et raconter encore le récit de l'heure de gloire de mon père.

Des années plus tard, un avocat m'a dit que lorsque les récits distincts de deux témoins concordent en tous points, on peut être assuré qu'ils mentent. Dans ce cas, la légende de mon père devait contenir une bonne part de vérité. Car chaque version comportait des variantes. Toutes, cependant, s'accordaient à peu près sur ce qui suit : un jour, vers la fin des années trente, à une époque où les Italiens étaient en train de chasser les Irlandais de la direction du syndicat des Dockers, mon père – un des dirigeants de l'ILA – était en train de ranger sa voiture dans une ruelle de Greenwich Village lorsqu'un homme surgit d'un porche et lui tira six coups de calibre 45. (J'ai aussi entendu dire qu'il s'agissait d'un 38.) Combien l'atteignirent, je l'ignore. C'est difficile à croire, mais la plupart des récits disaient six et j'ai pu quant à moi compter quatre cicatrices de blessures par balles sur son torse quand il prenait sa douche.

En ce temps-là, il était célèbre pour sa force. Être réputé fort parmi les dockers, c'était déjà être un phénomène. Mais à cette occasion, il se montra aussi puissant qu'un grizzli, car il regarda son agresseur et fit un pas en avant. Le tueur (dont le 45, j'imagine, était vide désormais) vit que sa victime ne tombait pas. Il prit donc la fuite. J'ai du mal à le croire, mais mon père lui courut après. Sur plus de six cents mètres dans la Septième Avenue de Greenwich Village, il courut après son agresseur (certains disent huit cents mètres, d'autres cinq cents, d'autres quatre cents), mais il fallut en tout cas cette distance entière pour que Dougy se rende compte qu'il ne rattraperait pas son homme et s'arrête. Ce fut alors seulement qu'il constata que du sang sortait de ses souliers et que la tête lui tournait un peu. Il pivota sur lui-même juste avant que la rue ne se mette elle-même à tourner autour de lui et constata qu'il était devant l'entrée du service des urgences de l'hôpital St. Vincent. Il comprit qu'il allait mal. Il haïssait les médecins et il haïssait les hôpitaux, mais il entra.

Le type de service au comptoir dut croire qu'il avait affaire à un ivrogne : un gigantesque bonhomme manifestement troublé et aux vêtements couverts d'une quantité considérable de sang titubait au-dessus de sa planche. Il lui enjoignit donc de s'asseoir et d'attendre son tour.

Alors que mon père se contentait en général de hocher du chef ou de froncer les sourcils tandis que ses amis racontaient cette histoire, à ce point du récit il lui arrivait parfois de prendre la parole lui-même. Quand j'étais petit, le regard d'absolue certitude meurtrière qui passait alors dans ses yeux était si excitant pour mes jeunes entrailles qu'une fois ou deux j'ai dû mouiller d'une goutte ma culotte. (Évidemment, devant si virile compagnie, c'est un secret que j'ai gardé pour moi.)

Mon père, dans son récit, saisissait un aide-soignant imaginaire par le devant de sa chemise, le bras tendu, tout raide, ses doigts étreignant le col comme si sa force l'avait presque abandonné mais que le peu qui lui en restait suffisait encore à projeter ce piètre échantillon d'humanité sans cœur à travers un mur.

— Occupe-toi de moi, disait Dougy Madden d'une voix basse, menaçante, mortelle, dans le salon de ma mère. Je suis blessé.

C'était un fait. Il resta à St. Vincent trois mois durant. Quand il en sortit, il avait les cheveux blancs et en avait soupé du syndicat. Je ne sais pas si ce long séjour à l'hôpital l'avait privé d'une partie de son massif culot, ou si les dirigeants irlandais avaient perdu la bataille. Peut-être que désormais son esprit était ailleurs, dans cet endroit lointain, plein de chagrin inexprimé, où il vécut le reste de ses jours. En ce sens, on peut dire qu'il avait pris sa retraite avant ma naissance. Peut-être portait-il seulement le deuil de son statut perdu, car il avait cessé d'être un dirigeant ouvrier et n'était plus qu'une armoire à glace. Quoi qu'il en soit, il emprunta de l'argent à des parents, ouvrit un bar en bordure de Sunrise Highway, à une soixantaine de kilomètres sur la côte Sud, et, pendant dix-huit ans, fut le propriétaire d'un établissement, qui se maintint sans prospérer ni faire faillite.

On imagine que la plupart des bars répondant à cette description sont gérés dans un esprit d'économie puisqu'en général ils sont vides. Mais mon père possédait un bar qui lui ressemblait, grand, plein de générosité et géré pour ainsi dire à moitié alors que Big Mac avait l'air du propriétaire de bar qui avait servi de modèle à tous les autres.

Il fut là pendant dix-huit ans avec son tablier blanc et ses cheveux prématurément blanchis, ses yeux bleus jaugeant les buveurs quand ils commençaient à faire du tapage, et la peau si rouge sous l'effet de la boisson (« C'est mon seul médicament », disait-il à ma mère) qu'il semblait toujours plus en colère qu'il ne l'était, féroce comme un homard qui tente son ultime plongeon hors de la marmite.

Il avait une bonne clientèle de semaine, une excellente clientèle du samedi, bien qu'elle se composât surtout de buveurs de bière, et une véritable foule en été, avec tous les amoureux qui venaient passer leurs fins de semaine à Long Island et les allées et venues incessantes des pêcheurs. Il aurait pu être prospère mais il buvait une partie des bénéfices, en restituait une autre sous forme de tournées, en distribuait une autre encore en offrant des verres aux quatre coins de la salle, autorisait à certains des ardoises si longues qu'elles auraient pu payer l'enterrement de leurs père, mère, oncles et tantes, et il prêtait de l'argent sans intérêt, qu'on ne lui rendait d'ailleurs pas toujours, et il en donnait, et il en perdait au jeu – bref, comme disent les Irlandais (ou sont-ce les juifs ?) : ça pouvait aller…

Tout le monde l'aimait, sauf ma mère. Elle l'aima de moins en moins avec les années. Je me suis longtemps demandé comment ils avaient bien pu se marier pour finir par conclure qu'elle devait être vierge quand ils se connurent. J'aurais tendance à croire que leur brève aventure dans ce qu'elle eut de plus amoureux (car longtemps après leur divorce ma mère avait encore des tremblements dans la voix lorsqu'elle évoquait leurs premières semaines ensemble) ne fut pas seulement stimulée par leur différence qui était extrême, mais aussi par le fait qu'elle était de gauche, et souhaitait défier les préjugés de ses parents contre les Irlandais, la classe ouvrière, et les odeurs de bière dans les bars. Ils se marièrent donc. Elle était petite, réservée, d'un physique agréable, maîtresse d'école dans une jolie ville du Connecticut, aussi délicate qu'il était grand, possédait d'excellentes manières et, pour lui, c'était une grande dame. Je crois qu'elle le demeura toujours à ses yeux. Et s'il n'avoua jamais que son propre préjugé secret était précisément celui-là, la haute élégance, la splendeur d'une main de dame dans un long gant montant jusqu'au coude, je crois qu'il l'adorait. Il était terriblement impressionné d'avoir pu épouser, lui, une telle femme. Hélas ! ils demeurèrent un couple triste. Pour utiliser sa propre expression à lui, ils ne purent jamais ni l'un ni l'autre se faire changer d'avis de l'épaisseur d'un poil de cul. Sans ma présence, ils auraient vite échoué dans la colère et l'ennui... Mais j'étais là, et leur ménage dura jusqu'à ma quinzième année.

Peut-être auraient-ils pu aller jusqu'au bout mais ma mère commit une erreur. Elle eut le dessus dans une discussion fondamentale avec mon père et réussit à le faire déménager de notre appartement au-dessus du bar pour une ville nommée Atlantic Lanes, et ce fut une catastrophe silencieuse. Le déménagement produisit sans aucun doute sur lui un choc équivalent à ce qu'avait été le départ d'Irlande pour son grand-père. Cette unique concession d'importance qu'il eût jamais consentie à ma mère était aussi la seule qu'il n'eût jamais dû consentir. Dougy se méfia d'Atlantic Lanes au premier coup d'œil. Je sais bien qu'on dirait le nom d'un *bowling*, mais les promoteurs le choisirent pour leur ville nouvelle parce qu'elle n'était pas à plus de trois kilomètres de l'océan et que nos rues avaient été dessinées de manière à comporter quelques courbes (ce qui en faisait des « allées », des *lanes).* Le serpentin de nos rues venait de la fantaisie de celui qui les avait dessinées. L'emplacement étant aussi plat qu'un parc de stationnement, tous ces virages en S ne répondaient à aucun autre besoin visible si ce n'est qu'ils permettaient d'ignorer plus facilement le pavillon des voisins, strictement identique à celui que l'on habitait soi-même. Ça a l'air d'une blague mais Dougy était incapable de retrouver son chemin quand il avait bu. Et ce n'était pas une blague. À nous tous qui avons grandi là-bas, quelque chose fut subtilement volé. Je ne puis nommer ce quelque chose. Sinon en disant qu'aux yeux de mon père, nous autres les gamins, nous étions horriblement civilisés. Nous ne traînions pas aux coins des rues – pas d'angles droits à Atlantic Lanes –, nous n'allions pas en bandes (nous avions, à la place, un meilleur ami), et, un jour que je m'étais lancé dans un pugilat, mon adversaire déclara au beau milieu : « D'accord, j'abandonne. » Nous arrêtâmes pour nous serrer la main. Ma mère ne fut pas mécontente que, premièrement, je fusse vainqueur, car elle avait appris avec les années que cela ferait plaisir à mon père, et, deuxièmement, que j'eusse agi comme un gentleman. J'avais donné une fort correcte poignée de main. Mon père se montra intrigué. C'était la vraie vie des banlieues chic. On pouvait déclencher une bagarre et déclarer « j'abandonne », et le vainqueur ne célébrait pas sa victoire en vous cognant la tête contre la chaussée. « J'aime mieux te dire que là où j'ai grandi, me dit-il (il se trouve que c'était dans la Quarante-huitième Rue, à l'ouest de la Dixième Avenue), on n'abandonnait jamais. Il aurait mieux valu dire "je meurs" ! »

Une fois, quelques années avant la fin de leur ménage, je surpris une conversation entre ma mère et mon père dans le salon, au cours d'une des rares soirées qu'il passait à la maison et non au bar. Je faisais de mon mieux pour ne pas les écouter, j'avais d'ailleurs réussi à demeurer à l'écart en allant faire mes devoirs dans la cuisine. Quand, lors de ces rares occasions, ils se retrouvaient seuls ensemble, ils étaient capables de rester des heures durant sans dire un mot. Et leur morosité respective devenait souvent si intense que le son même de la télé semblait trembler. Ce soir-là, ils devaient pourtant être proches l'un de l'autre car j'entendis ma mère dire d'une voix douce :

— Douglas, tu ne me dis jamais que tu m'aimes.

C'était on ne peut plus vrai. Pendant des années, c'était tout juste si je l'avais vu lui donner un baiser, et encore, toujours comme un avare tirant de sa poche l'unique ducat qu'il compte dépenser en un an. Ma pauvre mère. Elle qui était si affectueuse qu'elle m'embrassait tout le temps. (Hors de sa vue à lui.) Elle n'aurait jamais voulu qu'il jugeât mes habitudes peu viriles.

— Pas une seule fois, Douglas, l'entendis-je répéter. Jamais tu ne me dis que tu m'aimes.

Il resta sans répondre une bonne minute puis il parla avec un accent irlandais des rues – c'était sa déclaration d'amour à lui.

— Chuis ici, pas vrai ?

Et certes il était célèbre parmi ses amis pour cette vision ascétique. Du temps des docks, il avait mérité une autre légende, par le nombre de femmes qu'il pouvait séduire et le nombre de fois qu'il était capable de faire ça chaque nuit. Mais qu'importe, il plaçait sa fierté virile dans le fait que jamais il n'était obligé d'embrasser la fille. Qui saura jamais quelle chambre froide ma maigre grand-mère irlandaise avait pu lui installer dans le cœur ? Bref, il n'embrassait jamais. Une fois, peu après avoir été renvoyé d'Exeter, j'allai boire avec Dougy et ses plus vieux copains, et il fut leur tête de Turc au sujet des baisers. Ses amis étaient cousus de cicatrices et à demi édentés et, tous quinquagénaires, me semblaient d'une extrême vieillesse à moi qui n'avais que vingt ans, mais Dieu ce qu'ils pouvaient avoir l'esprit mal tourné. Dès qu'ils parlaient, ils se vautraient dans la salacité comme si elle leur collait aux chausses.

À cette époque, mon père n'était pas seulement divorcé de ma mère mais encore, dans la dégradation générale qui avait suivi le divorce, il avait perdu son bar. Il habitait une chambre meublée, voyait de temps à autre une petite amie, s'était engagé dans un bar et fréquentait énormément ses vieux amis.

Chacun de ces vieux amis, comme je ne tardai pas à le découvrir, avait un point faible, une bizarrerie, et la règle du jeu était de taper le plus fort possible sur ce point faible. Il y en avait qui étaient pingres, d'autres avaient des habitudes imbéciles, comme de parier sur les pires tocards, l'un d'entre eux vomissait toujours quand il avait bu (« J'ai l'estomac sensible », se plaignait-il. « Ouais, ben nous, c'est l'odorat », lui répliquaient les autres), et mon père y avait toujours droit pour cette histoire de baisers.

— Oh, Dougy, lui disait son vieux pote Dynamite Heffernon, hier soir j'étais avec une petite de dix-neuf ans qui avait la bouche la plus jolie, la plus juteuse, la plus douce, la plus gonflée que tu aies jamais vue. Et comme elle embrassait ! Ah, l'haleine humide de son joli sourire. Tu te rends compte de ce que tu perds ?

— Oh oui, quoi, Dougy, s'écriait un autre. Essaye au moins pour voir. C' que tu peux être têtu. Donne un baiser à ta poule !

Mon père était là, c'était le jeu, et il était prêt à le supporter. Mais ses lèvres minces ne manifestaient aucun plaisir.

Francis Frelagh, plus connu sous le nom de Frankie Frelon, essayait à son tour.

— Je me suis payé une veuve la semaine dernière, elle avait une langue ! lui disait-il. Et c'est qu'elle me la fourrait partout, dans les oreilles, dans la bouche, à m' lécher les amygdales. J' la laissais faire, elle me torchait les narines.

Devant le dégoût qui se peignait sur le visage de mon père, ils éclataient de rire comme des enfants de chœur, des rires aigus, haut perchés, ténors irlandais de la blague, cognant Dougy Madden là où ça lui faisait mal.

Il supportait tout. Quand ils avaient fini, il secouait la tête. Il n'aimait pas beaucoup être leur cible quand j'étais là – c'était la mesure de sa déchéance –, alors il disait :

— Vous dites des conneries, tous tant que vous êtes. Aucun d'entre vous n'a plus touché de femme depuis dix ans.

Et quand ils se récriaient en hurlant de rire devant sa colère, il abattait son poing contre sa paume.

— Je vous accorde, disait-il, le bénéfice du doute. Disons que vous connaissez une ou deux filles. Et disons qu'elles aiment embrasser. Et peut-être même qu'elles vous sucent la pomme. D'accord. On a déjà vu pire. Seulement demandez-vous un peu : la poule qui s'occupe de vous maintenant, sur quel morceau qu'elle s'est fait les dents la veille ? Où qu'elle était sa bouche alors ? Demandez-vous ça, bande de suceurs de nœuds. Parce qu'une nana qu'est capable de vous embrasser, moi je dis qu'elle peut aussi bien manger des étrons de chien.

Ce discours avait le don de plonger sa vieille bande dans l'extase.

— Je me demande qui peut bien être en train de l'embrasser en ce moment, lui chantonnaient-ils à l'oreille.

Il ne souriait jamais. Il savait qu'il avait raison. Telle était sa logique. Je la connaissais. J'avais grandi avec.

Mais je ne pus toutefois poursuivre plus avant mes réminiscences paternelles car la démangeaison de mon tatouage se mit à me distraire outre mesure. Un coup d'œil à la pendule m'apprit que c'était presque l'après-midi et je me levai dans l'idée d'aller faire une promenade, mais fus contraint de me rasseoir sous le poids de la peur qui s'abattit sur moi à la seule évocation de la possibilité de mettre le nez dehors.

Mais ce que je ressentais désormais c'était une véritable décomposition de moi-même, une descente de l'homme au chien. Je ne pouvais pas rester terré plus longtemps. J'endossai donc un blouson, traversai la maison et me retrouvai dans l'air humide de novembre avec le sentiment exalté d'avoir accompli un acte presque héroïque. Telles sont les déformations de la détresse. C'est une comédie assez basse.

Une fois dans la rue, cependant, je commençai à comprendre mes raisons, du moins pour cette peur nouvelle. Devant moi, à plus d'un kilomètre et demi, se dressait le monument de Provincetown, une flèche de pierre d'environ soixante-dix mètres de haut qui n'est pas sans ressembler à la tour des Offices de Florence. C'est la première vision que l'on a de notre ville lorsqu'on l'approche par la route ou par la mer pour entrer au port. Elle se dresse sur une colline en retrait du front de mer et occupe si bien le milieu de notre existence qu'on la voit tous les jours. Il est impossible de faire autrement. Aucun bâtiment n'est aussi haut avant Boston.

Évidemment, les indigènes ne la remarquent plus. Cela faisait probablement trois mois que je ne l'avais même pas regardée. Mais, ce jour-là, je n'avais pas sitôt pris la direction du centre que mon tatouage, semblable à quelque compteur enregistrant les pulsations de mon anxiété, se mit à me démanger comme s'il rampait à la surface de ma peau. En temps normal je regardais notre monument sans le voir, mais là, je le vis sans aucun doute. C'était cette même tour verticale dont j'avais tenté l'ascension par une nuit de soûlerie une vingtaine d'années auparavant. Et j'avais bien failli réussir, parvenant jusqu'au rebord en surplomb qui la ceinture à moins de dix mètres du sommet. J'étais monté à la verticale, trouvant des prises pour mes mains et mes pieds dans les blocs de granite, assez en tout cas pour le bout de mes doigts et l'extrémité de mes orteils. C'était une ascension qui m'éveillerait au beau milieu de plus d'une nuit des années encore par la suite, dans la mesure où, en plus d'un endroit, il m'avait fallu me hisser à la seule force des bras et, dans les pires moments, je n'avais trouvé que des rebords de quelques centimètres de large pour mes orteils et rien pour mes mains – élevant seulement les mains à plat contre la pierre. Je sais que c'est incroyable, mais j'étais assez ivre pour continuer à grimper jusqu'au rebord.

Depuis, j'ai eu l'occasion de parler à des varappeurs, et un ou deux ont même examiné la tour en ma présence. Quand je leur demandai si le franchissement du rebord leur semblait possible, ils ont tous répondu : « C'est du gâteau », en toute sincérité. L'un d'entre eux m'expliqua même la technique qu'il aurait utilisée mais je n'y compris rien. Je n'ai rien d'un alpiniste moi-même. Cette nuit-là reste la seule de mon existence que j'ai passée sur une paroi verticale à près de soixante mètres du sol. Mais elle s'est terminée si misérablement que je n'ai jamais eu le culot de remettre ça.

Car je me suis enfermé, comme ils disent, sous ce surplomb. Selon toute apparence, j'aurais dû faire confiance aux prises dont je disposais pour me pencher suffisamment en arrière et poser une main sur le parapet – le surplomb était petit ! – mais je fus incapable d'imaginer comment passer l'obstacle et choisis donc au contraire de me plaquer à l'intérieur d'une arche qui s'ouvrait juste en dessous, le dos appuyé contre une des deux colonnes qui la soutenaient, la plante de mes pieds contre l'autre, et je demeurai là, tout le corps engoncé à l'intérieur de la petite arche, juste en dessous du parapet, jusqu'à ce que mes forces commencent à m'abandonner, me persuadant que j'allais finir par tomber. Dois-je préciser que je jugeai impossible, étant donné la position dans laquelle je m'étais mis, de tenter de redescendre. Et j'avais raison. On m'a dit par la suite qu'il est plus facile d'escalader une paroi que de la redescendre quand on ne dispose pas de cordes. J'étais donc perché là, puis accroché là, tandis que toute la vapeur de l'alcool que j'avais ingurgité commençait à se dissiper. Je cessai bientôt d'être soûl et ma frayeur fut telle que je me mis à crier puis, j'imagine, à hurler, et, pour réduire ces souvenirs désagréables au minimum, disons que je fus sauvé par les pompiers volontaires au beau milieu de la nuit, en particulier par un gigantesque pêcheur accroché à une échelle de corde (c'était Baril en personne) qu'on fit descendre du balcon au-dessus de ma tête (ils étaient passés par l'escalier intérieur de la tour) jusqu'à ce qu'il soit capable de m'agripper tandis qu'on nous hissait tous les deux. Mais j'étais alors réduit à l'état d'un chat prisonnier d'un arbre depuis une semaine – j'avais reniflé l'odeur de ma propre mort – et on dit que je tentai de me débattre et voulus même le mordre quand il s'approcha. Je crois bien que c'est vrai car je découvris au matin une énorme bosse sur le côté de ma tête, là où il me l'avait cognée contre la pierre pour calmer un peu toute cette livide agitation.

Bah, j'ajoute que j'étais prêt à prendre le car ce matin-là, que j'avais bouclé mes valises et pensais quitter Provincetown à jamais lorsque quelques amis s'amenèrent, qui me traitèrent en figure valeureuse. Selon toute apparence, on ne me tenait pas pour un imbécile. Je demeurai donc et commençai à comprendre pourquoi Provincetown pouvait bien être l'endroit idéal pour moi : personne n'estimait que j'avais fait une folie, ni même quelque chose de particulièrement bizarre. Nous avons tous en nous de l'extraordinaire qui ne demande qu'à sortir, et voilà tout. Chacun est libre de s'y prendre comme il peut.

Je n'en conservai pas moins mon sac tout prêt sous mon lit au long des mois d'hiver que je passai là cette année, et je crois bien qu'il n'y eut pas une heure au cours de laquelle je ne fusse prêt à décamper – un seul ricanement au mauvais moment aurait suffi. N'était-ce pas la première fois de ma vie qu'il m'avait fallu reconnaître que mon équilibre mental n'avait rien d'automatique ?

Bien sûr, j'avais mon idée quant à ce qui pouvait être au cœur de tout cela. Des années plus tard, lisant la biographie de Freud par Ernest Jones, je tombai sur une allusion faite par Freud à ce qui fut, « sans l'ombre d'un doute, un accès de panique échevelée due à mon homosexualité latente », et je dus poser le livre car je fus aussitôt submergé par la pensée de cette nuit où j'avais tenté d'escalader le monument. Et pour l'heure mon tatouage s'était mis à palpiter. Cette *panique échevelée* vivait donc encore en moi ?

Oui, n'était-il pas vrai que tous les lieux renommés pour leurs colonies homosexuelles possédaient un monument comparable ? Je pensais aux hommes et aux adolescents qui draguent autour de l'obélisque de Central Park et aux invitations agrémentées de mensurations phalliques et de numéros de téléphone qui couvrent les cloisons des toilettes publiques au pied du monument à Washington. Qu'avais-je donc tenté d'extirper de moi-même par cette escalade démentielle ? *En toute sauvagerie – Études parmi les gens sains d'esprit*, par Timothy Madden.

Il y avait en ville un autre homme qui pouvait se considérer comme mon émule parce qu'il avait lui aussi tenté l'ascension du monument de Provincetown. Comme moi il n'avait pas su résoudre le problème du surplomb et avait été sauvé par les pompiers volontaires, mais cette fois – il y a des limites à la symétrie – ce n'était pas Baril qui était sur l'échelle de corde.

Voilà seulement quatre ans que sa tentative à lui a eu lieu, mais tant de gens perdent les pédales ou s'allument en feux de paille dans l'espèce d'immense tambour de machine à laver que devient Provincetown pendant l'été que personne ne se rappelle rien.

La légende de mon père l'aura accompagné tout le long de sa vie. Mais ici, quand Hank Nissen fit sa tentative, tout le monde avait oublié la mienne – on voit passer tant de gens ! –, et il m'arrive de penser que Nissen était le seul à se rappeler que j'avais moi aussi essayé.

Je regrettais toutefois que nos exploits fussent secrètement appariés car c'est un type que je ne peux supporter. Me comprendra-t-on mieux quand j'aurai dit que son surnom est l'Araignée ? Nissen l'Araignée. Henry Nissen, dit Hank Nissen, dit Nissen l'Araignée, ce dernier surnom lui collant au train comme une mauvaise odeur. Il avait d'ailleurs quelque chose de l'hyène – le même genre de lueur malsaine : « nous avons mangé de la charogne ensemble », qu'on voit brûler aux yeux de l'hyène derrière les barreaux de sa cage. Ainsi Nissen l'Araignée me regardait-il avec un petit ricanement comme si nous nous étions partagé une fille, nous asseyant sur sa tête à tour de rôle.

C'était prodigieux ce que ce type pouvait me mettre mal à l'aise. Je ne sais pas si c'est à cause de notre gloire et notre honte mutuelles sur le monument, mais il me suffisait de l'apercevoir dans la rue pour être de mauvais poil toute la journée. J'étais aussi mal à l'aise, physiquement mal à l'aise, en sa présence, que s'il avait trimbalé un couteau pour vous le planter sous les côtes, et d'ailleurs il avait effectivement un couteau. Il faut dire que c'était le genre de type à vous vendre en toute connaissance de cause de l'herbe trafiquée quand il avait besoin de fric pour sa coke. Bref, un sale type, et pourtant d'un bout de l'hiver à l'autre, tous les hivers, c'était l'un des vingt amis que je comptais en ville. En hiver, nous devions acquitter un péage guère différent de ce qui se passe en Alaska – un ami, c'est quelqu'un avec qui passer une heure contre le grand bonhomme de glace venu du nord. Dans le silence de nos hivers, les vagues connaissances, les ivrognes, les épaves et les emmerdeurs pouvaient s'élever à la dignité d'amis. Malgré toute l'antipathie que m'inspirait l'Araignée, nous étions proches, nous avions eu en commun une heure que personne d'autre ne pouvait comprendre, même si cette expérience d'une heure avait eu lieu à seize années d'intervalle.

Et puis c'était un écrivain. En hiver, nous avions besoin l'un de l'autre ne fût-ce que pour pouvoir critiquer nos contemporains. Tel soir nous recherchions les défauts de McGuane, le tour de DeLillo venait ensuite. Nous gardions Robert Stone et Harry Crews pour de grandes occasions. Notre rage contre le talent de ceux qui avaient notre âge mais réussissaient fit l'essentiel de plus d'une de nos soirées, alors même que je crois qu'il n'estimait guère mes écrits. Je sais que je n'aimais pas les siens. Mais bouche cousue. C'était un traître, un dégueulasse, un beau salaud, mon voisin et mon ami. Sans compter qu'on était bien obligé d'admirer une moitié de son esprit. Il tentait de lancer une série de romans dont le héros était un détective privé qui ne quittait jamais sa chambre, un paraplégique dans une chaise roulante qui s'arrangeait pour résoudre toutes les énigmes criminelles avec son ordinateur. Il piratait de gigantesques réseaux, mettait des nœuds dans les communications intérieures de la CIA, déconnait avec les Russes, mais l'homme de l'Araignée se chargeait aussi d'actes plus intimes en espionnant les ordinateurs privés. Il repérait les meurtriers en étudiant leurs listes de commissions. Bref, le protagoniste de l'Araignée était une véritable araignée. Je lui dis un jour :

— L'évolution a conduit des invertébrés aux vertébrés. Toi, tu nous emmènes vers les cérébrés.

Disant cela, je voyais des têtes munies de tentacules qui se substituaient aux torses et aux membres. Mais lui, son œil s'alluma comme lorsqu'on met dans le mille d'un jeu vidéo.

Autant que je vous dise à quoi il ressemble – il était désormais manifeste que j'étais en route pour aller chez lui. Il était grand et mince, avec des membres très longs et de longs et fins cheveux blonds qui étaient presque bleu-vert tant ils étaient crasseux ; de même que son jean délavé prenait presque une teinte jaunâtre. Il avait un long nez qui n'allait nulle part – c'est-à-dire qu'il ne se terminait pas. Il finissait seulement par deux narines fonctionnelles et une extrémité quelconque. Sa bouche était large et plate comme celle d'un crabe et ses yeux gris sombre. Les plafonds de sa maison étaient trop bas pour lui. Les poutres apparentes étaient seulement à deux mètres quarante du sol – encore une cabane de pêcheur d'Enferville ! – et l'endroit consistait en quatre petites pièces en haut d'un escalier caractéristique du Cap posé sur quatre autres petites pièces, le tout puant d'une espèce de remugle triste et humide, fait de choux, de pinard éventé, de sueur diabétique – je crois que sa nana avait le diabète – et de vieux os, un vieux clébard, de la mayonnaise tournée. C'était comme la pauvreté d'une chambre de vieille dame.

Cependant, en hiver, nous nous blottissions dans nos maisons comme si nous appartenions au siècle passé. Sa maison donnait dans une des allées étroites qui rejoignent nos deux longues rues et l'on n'en voyait même pas le toit avant d'avoir fait son entrée par le portail d'une haute haie. On se heurtait immédiatement à la porte. Il n'y avait pas de cour. Rien que la haie entourant la maison. Au rez-de-chaussée, par chacune des fenêtres, on n'apercevait que cette haie.

Je me rappelle m'être demandé en chemin pourquoi j'allais lui rendre visite et m'être remémoré bientôt que la dernière fois que j'étais chez lui, il avait découpé un chapeau dans un melon pour y verser de la vodka et nous le servir par la suite accompagné de biscuits au hasch. C'était la manière dont il avait taillé ce melon – une précision hautement chirurgicale dans le trajet de la lame – qui avait excité en moi le plaisir qu'il y a à se servir d'un couteau tout à fait comme le spectacle d'un homme mangeant avec un enthousiasme très raffiné peut vous inspirer le goût de la même nourriture.

Ce fut ainsi qu'en déambulant dans la rue, songeant au monument et à mon tatouage, je ne pensais pas seulement à Nissen l'Araignée mais encore au cri effrayant qu'il avait poussé au cours d'une séance de spiritisme un mois plus tôt et à l'événement rare qui s'était ensuivi : Patty Lareine avait fait aussitôt après une véritable crise d'hystérie qui ne lui ressemblait guère. En me fondant sur ce simple souvenir de sa manière d'utiliser un couteau et sur la certitude rapide mais immaculée (qui me vint comme le don d'un ange) qu'il pouvait savoir comment j'avais été tatoué, je fus soudain intimement persuadé que c'était le couteau de l'Araignée qui avait servi à séparer de son col une tête blonde.

Et tout cela d'un seul coup. Ce que la pression que j'avais sous le crâne avait de plus intolérable se relâcha alors. C'est une torture d'être privé de tout indice lorsqu'on se sait menacé d'un péril dont on ne peut mesurer la profondeur. Désormais, je disposais d'un point de départ. Il s'agissait d'aller observer mon ami l'Araignée. J'ai bien peur, malgré tout ce que je viens de dire de lui, d'avoir eu la générosité de l'emmener plusieurs fois avec moi dans mes expéditions jusqu'à mon carré de chanvre. La solitude de nos hivers est, comme je l'ai dit, la cause de la moitié de nos actes.

La femme de Nissen, Beth, ouvrit la porte quand j'eus actionné le heurtoir. J'ai déjà dit qu'il n'y avait aucun snobisme à Provincetown et c'est un fait, mais on y trouve encore un bon nombre de gens pour s'offenser. Par exemple, la plupart de mes amis d'hiver ne fermaient jamais leur porte quand ils étaient chez eux. Pas question de sonner ni de frapper. On faisait irruption sans s'annoncer. La porte fermée ne pouvait signifier qu'une seule chose – les amis étaient en train de baiser. Certains de mes amis aimaient d'ailleurs faire l'amour sans fermer la porte. Quand on entrait, on avait alors le choix de les regarder ou, selon les phases de la lune, de se joindre à eux. Il n'y a pas grand-chose à faire à Provincetown en hiver.

Mais Patty Lareine, elle, trouvait cela de mauvaise compagnie. Ses mœurs demeureront à tout jamais pour moi une énigme dans la mesure où je l'aurais crue capable de cohabiter avec un éléphant – mais seulement pour gagner un pari, un très gros pari. Là d'où elle venait, les petits Blancs les plus misérables ne cessaient de s'aventurer dans le pieu les uns des autres. En conséquence, si ma bonne épouse était femme à prendre en considération toutes sortes de propositions, encore fallait-il qu'elles fussent revêtues d'un rien de classe. Cette coutume de Provincetown selon laquelle un tiers odorant pouvait rejoindre deux dégueulasses sous leur couverture crasseuse l'écœurait. Ils pouvaient se le permettre parce que c'étaient tous des fils et des filles de famille qui cherchaient, comme Patty Lareine l'avait dit un jour, « à se venger de leurs vieux qui leur avaient donné le cancer ! ». Patty ne mangeait pas de ce pain-là. Son corps lui appartenait et elle en était fière. Elle adorait faire du nudisme sur la plage et aimait se tenir (sa touffe brune enduite de miel doré par le soleil) à vingt centimètres des yeux de quelque amant possible qui mangeait une saucisse sur le sable, un œil sur la chair rouge couverte de moutarde qui montait vers ses lèvres, l'autre sur la toison qu'elle avait entre les cuisses.

Elle pouvait cabrioler cul nu dans la mer, les bras autour de la taille de deux autres femmes nues, ses méchants doigts de fille du Sud leur pinçant les tétons – car la tape sur les fesses ou le pinçon du mamelon étaient des sports de brave fille dans les trous d'eau de son adolescence où l'on se jetait au bout d'une corde accrochée à la branche maîtresse d'un vieil arbre poussant sur le talus.

Elle aimait aussi se balader à travers la maison vêtue de ses seuls talons hauts, et cela la chatouillait dans ce qu'elle avait de plus sensible quand s'amenait un vieux parka avec un bonhomme à l'intérieur qui ouvrait la porte à la volée pour demander : « Tim est là ? »

— Mais bougre d'enfoiré sans éducation, disait-elle alors, on ne t'a jamais appris à frapper ?

Ainsi une règle était-elle imposée à nos amis : sonner avant d'entrer. Et nous – c'est-à-dire elle – la faisions respecter. On nous regardait de haut de nous montrer si collet monté mais, comme je l'ai indiqué, c'était le contraire du snobisme qui occupait notre ville en hiver.

C'est pourquoi j'avais tenu à frapper à la porte de l'Araignée et à adresser un signe de tête à sa femme, Beth, quand elle m'avait fait entrer. Elle se soumettait avec une telle abjection d'esclave à chacun des caprices de Nissen, que les plus déchaînées des femmes de la ville avaient fini par renoncer à la changer. Le plus drôle c'est que Beth faisait tourner la maison de Nissen. Laquelle lui appartenait d'ailleurs, ayant été achetée avec l'argent donné par ses parents à elle (le genre industriel, m'avait-on dit, des gens du Wisconsin). Cela n'empêchait pas l'Araignée de considérer le clapier comme son fief. Le fait que c'était son fric à elle qui avait servi à acheter sa 1200 cc Honda, sa télé Trinitron, son caméscope Sony, son magnétoscope Betamax et son ordinateur Apple, ne faisait en apparence que renforcer son pouvoir à lui. Le piètre sentiment qu'elle avait de sa propre valeur était vaguement entretenu par le fric qu'elle lui refilait. C'était une jeune femme silencieuse, pâle, furtive, couleur de muraille, qui parlait à voix basse et portait des lunettes, et j'avais toujours l'impression à l'instant où Beth et moi échangions un petit signe de tête et un sourire timide, qu'elle s'était débarrassée de propos délibéré des moindres charmes qui auraient pu s'attacher à sa personne. Elle était ingrate comme ces touffes d'herbe qui poussent sur les dunes. Et pourtant elle écrivait de la bonne poésie. En lisant le peu qu'elle acceptait de montrer, j'avais découvert qu'elle était aussi cruelle qu'un violeur de ghetto noir dans la brutalité de ses conceptions, rapide comme un acrobate dans ses métaphores, et toujours prête à vous transpercer le cœur d'un brusque filon de tendresse aussi suave qu'un brin de chèvrefeuille à la bouche d'un enfant. Et pourtant, j'étais seulement surpris, pas effaré. C'était une touffe d'herbe qui avait poussé sur un terrain radioactif, et voilà tout.

Il faut pourtant que je vous dise que sa vie sexuelle avec l'Araignée – connue de tous les amis – était sordide, même à nos yeux. À un moment quelconque de sa vie, Nissen s'était blessé le dos et souffrait désormais fréquemment d'un déplacement discal. Tous les deux ou trois mois il lui fallait s'allonger par terre pour quelques semaines, s'arranger pour écrire dans cette position, aussi pour y manger et pour y forniquer. Je crois que plus son dos lui faisait mal, plus il baisait. Ce qui ne pouvait que faire empirer l'état de sa colonne vertébrale. Il passait donc à la moulinette la chair, puis les os, et pour finir les tripes et les divers rebuts de l'attraction qu'ils éprouvaient l'un pour l'autre, comme si, pendant la durée de son incarcération sur le plancher – on peut dire qu'ils vivaient au ras des pâquerettes ! –, il lui fallait absolument pincer l'unique corde qui restait à son banjo jusqu'à s'en briser le dos ou jusqu'à ce que son esprit s'éjecte en hurlant dans l'espace intersidéral – ou jusqu'à ce qu'elle s'ouvre les poignets. Ils faisaient des bandes vidéo de leurs accouplements. Et une bonne douzaine d'entre nous probablement avaient été invités à profiter de ces bandes. Elle s'asseyait parmi nous comme une religieuse, en silence, tandis qu'il faisait la démonstration de ses techniques lombalgiques. Pour l'essentiel, l'Araignée était étendu sur le dos tandis que sa femme (et il était fier de la souplesse de ce corps qui ondulait sur le sien) se livrait à toutes sortes de tours. Tout cela se terminait généralement par la bouche de Beth refermée sur le manche de Nissen, dont la douleur dorsale se mettait à vibrer comme une queue de clebs tandis qu'il s'offrait tout entier à la caméra, jouissant enfin en un éclair, un spasme unique, pas plus, dernier filet de la dernière semence visible chez un homme qui par manque d'autres distractions avait baisé toute la journée. C'était épouvantable à voir. Il avait l'habitude de lui uriner dessus, et cela aussi nous était offert sur l'écran de la télé. Il s'était laissé pousser une petite moustache châtain à la d'Artagnan qu'il tortillait entre ses doigts comme un traître de comédie en la compissant. On me demandera peut-être pourquoi je regardais, et je suis en mesure de répondre : je savais que les vastes voûtes du Paradis sont réservées aux anges mais qu'il existe d'autres passages dans les cieux et des chemins de fer souterrains pour les démons. Et j'avais le sentiment que la maison de Nissen (encore que le nom du propriétaire fût celui de Beth, White, Beth Dietrich White) était une des gares sur cette ligne. Je restais donc pour voir, ne sachant pas si j'étais un complice ou un espion, jusqu'à ce qu'enfin, Dieu merci, son dos finisse par guérir, nous épargnant toutes ces séances de baise démentielle pleines de câbles qui se touchaient et de courts-circuits. Certes, en matière de compensation, il rédigeait désormais de longues descriptions détaillées de ses rapports avec Beth, et vous en imposait la lecture, suivie d'une discussion des mérites de l'auteur. C'était vraiment le fin du fin en matière d'atelier littéraire.

J'aurais pu le supporter, ce monstre, l'Araignée, qui partageait avec moi l'exploit d'avoir gravi les sept huitièmes du phallus de pierre du monument le plus élevé entre chez nous et Washington, si seulement il avait cru en Dieu, ou au diable, ou aux deux. S'il avait été une âme tourmentée, s'il avait souhaité assassiner Notre Seigneur, s'il avait baisé le cul du diable et était devenu son esclave, j'aurais pu m'accommoder de son hérésie, de sa fausseté, de ses parjures, de son arianisme, de son gnosticisme, de son manichéisme, de son simonisme, voire de son catharisme, mais je ne pouvais supporter ce salopard d'athée qui croyait que les esprits se présentaient sous forme de flux d'électrons. Je crois pouvoir ainsi résumer ses opinions théologiques : il y avait peut-être eu un dieu autrefois, mais désormais, pour on ne savait quelle raison, il avait disparu. Nous laissant une espèce d'entrepôt cosmique dans lequel nous pouvions fouiller à notre guise, enfonçant un doigt dans les diverses marchandises, piratant tous les systèmes. Oui, il était à l'avant-garde des cérébrés.

Ce jour-là, quand j'entrai, leur salon était plongé dans l'obscurité, les stores tirés. L'Araignée et deux autres hommes, dont je ne distinguai pas tout de suite le visage, regardaient les Patriots tenter de marquer depuis la ligne des dix mètres. On était donc dimanche, cela montrait à quel point je m'étais éloigné de tout ce qui m'entourait. Je ne m'en étais même pas aperçu. N'importe quel autre dimanche de novembre, j'aurais été parier, après avoir longtemps réfléchi, et je serais venu m'enfouir ici depuis le coup d'envoi. Dans la mesure où, je dois l'avouer, quelle que fût mon antipathie pour Nissen, et mon peu de goût pour les longues séances de télévision qui me laissent aussi vidé qu'un bon purgatif, quitte à regarder la télé, il n'existait pas de lieu comparable au petit salon de Nissen. L'odeur de chaussettes sales et de bière renversée s'y mêlait aux senteurs subtiles du matériel vidéo – câbles dénudés, carcassses de plastique. J'éprouvais le sentiment de me trouver dans quelque caverne, au bord de la civilisation future, parmi les cérébrés cavernicoles attendant le nouvel âge d'or. Si les dimanches après-midi se passaient dans la paix profonde, encore que fort déprimée, du temps perdu, cela n'empêchait pas les saisons de défiler et je connaissais un bonheur sourd à regarder les Patriots (football), les Celtics (basket), les Bruins (hockey sur glace) puis, en avril, les Red Sox (base-ball). Avec mai, l'atmosphère changeait. Notre hiver était fini, nous avions l'été en tête et le salon de Nissen cessait d'évoquer une caverne pour devenir une petite pièce mal aérée. Mais pour l'heure nous étions au début de l'hibernation. Si cet automne n'avait pas été si inhabituel pour moi, j'aurais été heureux (d'une manière un peu morose) d'apporter un paquet de six canettes de bière ou un litre de bourbon, ma contribution à la cave, et de me laisser tomber sans autre forme de procès sur un de ses deux divans ou de ses trois fauteuils défoncés (tout cela entassé dans une pièce qui ne faisait pas trois mètres sur quatre !), étalant mes croquenots sur son tapis pour me fondre avec toutes les couleurs de la pièce – les murs, la moquette et le mobilier, désormais fanés, assombris puis blanchis par les boissons renversées puis transformés par les taches en cette couleur universelle et décolorée qui n'était plus ni gris cendre, ni violet délavé, ni vert terni, ni brun pâle mais un mélange de tout cela. Que nous importait la couleur ? L'écran télé était notre autel de lumière et nous fixions tous les yeux sur lui avec de temps à autre un grognement ou une gorgée de bière.

Je ne puis vous dire à quel point cela produisit sur moi un effet apaisant. Pour quelqu'un qui avait vécu comme moi ces derniers jours, c'était un vrai soulagement de m'asseoir avec les invités de l'Araignée, deux mecs dont je me serais volontiers passé en temps ordinaire, mais qui ce jour-là formaient une compagnie qui en valait bien une autre. L'un des deux était Pete le Polak, notre bookie, qui était affublé d'un nom que personne, y compris lui-même, n'était capable de prononcer deux fois exactement de la même manière (je crois que ça pouvait bien s'épeler Peter Petrarciewisz) et pour lequel j'éprouvais une forte antipathie parce que ce fils de pute était malhonnête, âpre au gain et imposait un prélèvement de 20 % sur tous les paris perdants au lieu des 10 % qu'on pouvait obtenir auprès des bookies de Boston (« T'as qu'à téléphoner à Boston », disait-il, sachant que ses clients n'y avaient aucun crédit), sans compter qu'il n'hésitait pas à faire monter les enchères quand il croyait deviner la façon dont vous alliez parier, un jeune balèze hargneux, au visage amer, à la gueule d'étranger polyvalent : il pouvait aussi bien passer pour Italien, Irlandais, Polonais, Hongrois, Allemand ou Ukrainien selon la manière dont on vous l'aurait présenté. Il me rendait bien mon antipathie. J'étais l'un des rares qui pouvait obtenir du crédit à Boston.

La présence de Pete le Polak ne pouvait signifier qu'une chose : Nissen avait dû parier un paquet sur les Patriots. C'était troublant. Nissen pouvait se montrer insensible au point de pisser sur sa femme esclave mais il aurait léché les semelles de tout athlète assez divin pour jouer dans l'équipe des Pats. Son détective tétraplégique pouvait bien pirater les ordinateurs de la C I A et rouler amis et adversaires dans la farine avec le même panache, Nissen lui-même vouait à son équipe une fidélité si métaphysique que Pete pouvait la lui donner à six contre un quand j'en avais seulement donné trois à Boston. Combien de fois l'Araignée s'était-il fait piéger ! Je me dis qu'il devait avoir parié une telle somme ce jour-là que Pete était venu toucher son pognon en cas de gain. Et il ne me fallut pas cinq minutes pour savoir que j'avais vu juste : l'Araignée se mit bientôt à beugler des imprécations contre le récepteur. Avant peu, je me convainquis qu'il devait avoir parié au moins la valeur de sa motocyclette et que Pete était là pour saisir l'engin si Nissen perdait.

Il est peut-être intéressant de vous faire savoir aussi que Pete était parfaitement capable de laisser l'Araignée accumuler les pertes en échange de promesses – « Laisse-moi encore une semaine et je te ferai voir l'endroit où Madden garde sa came. » Mon dépôt devait bien valoir dans les deux mille dollars et Nissen le savait : il n'aurait pas hésité à s'en servir comme garantie.

L'autre type, je le connaissais à peine. C'était une espèce de loubard. Il avait les bras couverts de tatouages représentant des aigles et des sirènes, des cheveux noirs et raides, le front bas, le tarin ébréché, une moustache et il lui manquait une ou deux dents. Tout le monde l'appelait Stoodie, parce que, encore adolescent, il ne volait que des Studebaker d'un bout à l'autre du Cap. C'était la légende et elle était mensongère – il volait des bagnoles de toutes les marques –, mais on l'appelait Stoodie parce que c'était au volant d'une Studebaker volée qu'il s'était fait poisser. Il était devenu encaisseur de paris perdus pour Pete et, m'étais-je laissé dire, mécano et métallo (toutes choses apprises en taule à Walpole) d'un talent suffisant pour être capable de modifier les numéros de série sur le bloc moteur de bagnoles que d'autres volaient. En tout cas, je supposais que lui du moins ne connaîtrait pas mon lopin des bois de Truro.

Si je mentionne cela c'est que semblable à John Foster Dulles, qui – quelles que soient ses fautes – nous a laissé l'expression, j'étais en train de me livrer à une « révision déchirante ». J'aimais bien me considérer comme un écrivain en quête d'une vision un peu plus vaste de l'homme. Cela ne me faisait donc pas plaisir de ramener tous ceux que je rencontrais à deux catégories : ceux qui savaient et ceux qui ne savaient pas où Timothy Madden cachait sa provision de chanvre.

Mais pour l'heure, mon esprit n'était rien d'autre que cette liste. Nissen savait et, par conséquent, Beth savait. Patty savait. Son grand Noir savait. Autant que je sache, j'avais mené là-bas Jessica et M. Pangborn. Regency semblait assez au courant. Je pouvais en trouver d'autres. Je pouvais même ajouter mon père à la liste. Au long des années, il avait tenté plusieurs fois sans succès de cesser de boire en remplaçant l'alcool par l'herbe. En une occasion, il y avait de cela plus d'un an, lors de sa dernière visite chez Patty et moi, je l'avais emmené dans ma petite clairière et j'avais tenté de l'intéresser à ma récolte. Je me disais que s'il voyait les plants, il éprouverait peut-être pour eux autant de respect que pour le houblon. Et donc, oui, il fallait ajouter mon père à la liste.

Mais c'était comme de compisser Beth. Brusquement, je m'avisai du caractère monstrueux de ma nouvelle préoccupation. Les gens n'étaient plus que des rubriques dans un fichier d'ordinateur. Étais-je en train de devenir un cérébré ? Cette activité m'avait à un tel point envahi la tête que je me sentis semblable à un ordinateur vibrant sur ses fondations. Je ne cessais d'ôter puis de rajouter le nom de mon père à la liste. Franchement, j'aurais préféré être en mer par une forte tempête.

Je regardai le match aussi longtemps que j'en fus capable. Enfin, lors d'une interruption de jeu dans la première mi-temps, Nissen alla chercher des bières au réfrigérateur. Je lui emboîtai le pas.

Il n'existait qu'une seule façon de le traiter, et c'était sans cérémonie. Je n'avais aucune crainte de blesser par une question rapide un type qui était capable de vous faire regarder ses ébats conjugaux sous forme d'un millier de taches électroniques ou de vous demander, sur le point de mordre dans un sandwich, si par hasard vous étiez constipé. Je lui dis donc d'emblée :

— Oh, l'Araignée, tu te rappelles la séance ?

— Tu peux peut-être l'oublier, toi, mon pote, dit-il. Moi pas.

— C'était franchement bizarre.

— C'était totalement horrible, oui.

Il avala la bière en la faisant passer par l'emplacement d'une molaire qui lui manquait et ajouta :

— Ta femme et toi vous pouvez bien retourner à ce genre de saloperies. Moi, c'est fini. C'est trop déstructurant.

— Qu'est-ce que tu avais vu ?

— La même chose que ta femme.

— Oui, mais c'est à toi que je le demande.

— Oh, eh, tu ne vas pas m'en rendre responsable, hein ? Tout va bien, non ?

— Ça pourrait aller mieux.

— Exactement, dit-il.

— Alors pourquoi ne me le dis-tu pas ?

— Je ne veux pas retourner là-bas.

— Écoute, lui dis-je. Tu as besoin de garder ta pureté aujourd'hui. Tu as parié gros.

— Et alors ?

— Je te demande un service. Si tu sais garder ta pureté en te montrant réglo avec les copains, ton équipe va gagner.

— Oh, épargne-moi ta soupe mystique. C'est passé de mode en même temps que le L S D. Je ne vois pas en quoi je garderais ma pureté en répondant aux questions que t'as envie de poser. C'est désespéré, ton truc, mon pote, dégénéré, c'est pas comme ça qu'on parie. Moi, si je choisis les Patriots, c'est en toute objectivité, sur leur mérite.

— Tu auras besoin de mon aide aujourd'hui, lui dis-je en le regardant droit dans les yeux, comme si rien ne pouvait me faire céder.

— Tu es cinglé, dit-il. Combien de centaines de milliers de gens ont parié sur cette partie, plus de deux millions probablement, et il faudrait que je préserve ma pureté avec toi – ça influencerait les résultats dans le bon sens ? Écoute, Madden, tu déconnes, comme tous les fumeurs d'herbe. Mets-toi donc à la coke.

Il claqua la porte du réfrigérateur. Il était prêt à retourner devant la télé.

— Tu as tort, lui dis-je. Toi et moi, on peut les faire gagner si on arrive à mettre notre esprit au diapason.

— Je ne vois vraiment pas pourquoi je devrais compter particulièrement sur toi.

— Bah, dis-je, j'aurais mieux aimé ne pas t'en parler. Mais nous avons quelque chose en commun toi et moi que nous ne partageons avec aucun des deux millions d'autres parieurs.

— Ah oui.

— Nous avons été tous les deux dans un endroit bien particulier.

Comme je disais cela, il se produisit le phénomène le plus étrange. Je n'en avais jamais parlé à personne, pas même à moi-même pour ainsi dire : pendant l'heure où j'avais été coincé sous le surplomb, l'odeur la plus épouvantable avait filtré jusqu'à mes narines – je ne sais pas si c'était de la pierre ou de ma propre sueur –, mais en tout cas une odeur terrible s'était élevée, une odeur de pourriture, ce que devait sentir, peut-être, un champ de bataille jonché de morts, à moins que ce ne fût – et c'était bien ce dont j'avais peur – la proximité du diable s'apprêtant à me recevoir. C'était une odeur si terrible qu'une fois en sûreté sur le sol elle demeura ma pire crainte dans les jours qui suivirent jusqu'à ce que je finisse par me dire, et pour autant que je sache, cela aussi est vrai, que je devais tout simplement avoir reniflé de vieilles fientes de mouettes, magnifiées par ma propre terreur qui en avait fait la puanteur d'une bête satanique. Toujours est-il que, pour l'heure, à l'instant même où je disais ce qui n'aurait pas dû être dit : « Nous avons été tous les deux dans un endroit très particulier », une bouffée de cette odeur incroyable émana de Nissen, et je crois que nous sûmes l'un et l'autre que l'expérience avait été la même pour nous deux.

— Qu'as-tu vu, lui demandai-je de nouveau, au cours de cette séance ?

Je sentais qu'il était sur le point de me le dire. Et j'eus le bon sens de ne pas insister. Je sentais la vérité qui s'avançait alors même qu'il se passait la langue sur les lèvres.

Au cours de cette séance, nous étions six autour d'une table ronde en chêne, les mains bien à plat sur la surface, le pouce droit touchant le pouce gauche, et le petit doigt de chaque main en contact avec le petit doigt de notre voisin de droite et de gauche. Nous essayions d'obtenir que la table frappe des coups. De toute manière c'est sans importance maintenant, mais dans cette pièce plongée dans l'obscurité, non loin du rivage (car nous étions dans la maison d'une de nos riches connaissances à Truro et les vagues de l'océan se fracassaient contre le rivage à moins de deux cents mètres de là), il me semblait qu'avec chaque question la table était de plus en plus proche de se mettre à vibrer lorsque, brusquement, l'épouvantable cri de

Nissen rompit notre concentration collective. M'étant souvenu de tout cela, je devais le lui avoir fait remémorer en même temps car il dit alors :

— Je l'ai vue morte. J'ai vu ta femme morte, la tête coupée. Et la seconde suivante, elle s'est vue aussi. Nous regardions ça ensemble.

À cette seconde, l'odeur qui émanait de lui submergea tout et je perçus comme une réverbération de ma propre peur sous le surplomb. Je sus donc que, quelle que fût la violence avec laquelle je combattais cette impulsion, je n'avais pas le choix : je devais retourner jusqu'à mon arbre accroché à sa levée sablonneuse pour découvrir à qui appartenait la tête enterrée entre ses racines.

Cependant, un mépris incroyable se peignit alors sur le visage de Nissen qui tendit la main et m'étreignit le bras droit juste en dessous de l'épaule, de doigts qui s'enfoncèrent dans ma chair comme cinq épieux. Voyant que je reculais en tressaillant avec une grimace il se mit à rire.

— Ouais, dit-il, t'as bien un tatouage. Harpo disait la vérité.

— Qu'est-ce qu'il en sait, Harpo ?

— Qu'est-ce qu'il en sait ? Mon pauvre vieux. Tu es tellement pété que tu aurais besoin de ta femme. Il serait temps qu'elle rentre.

Il renifla violemment comme si quelques grains de cocaïne lui sortaient du nez.

— Ben tiens, dit-il, bien sûr, je suis pur. À toi de te purifier maintenant.

— Qu'est-ce qu'il en sait, Harpo ? répétai-je.

Harpo était un ami de Nissen qui faisait des courses de motos avec lui.

— Mais enfin, mon pote, dit l'Araignée, c'est lui qui te l'a fait, ce tatouage.

Sven Veriakis, dit Harpo. C'était un petit blond, Grec et Norvégien du côté de son père, Portugais par sa mère, bâti à peu près comme une bougie d'allumage. Il était le troisième des trois plus petits joueurs jamais licenciés par la Fédération de football (mais il n'avait tenu le coup qu'une saison). Il avait depuis peu déménagé à Wellfleet et on ne le voyait plus guère, mais c'était lui qui avait dirigé notre séance, ça je m'en souvenais.

— Qu'est-ce qu'il a dit ? demandai-je.

— Qui sait ? dit Nissen. Je ne comprends jamais un mot de ce qu'il raconte. Il est toujours aussi pété que toi.

Des cris nous parvinrent alors du salon, puis des imprécations. Les Patriots venaient de marquer de nouveau. Avec un hurlement de joie, l'Araignée m'entraîna.

Pendant le repos, à la mi-temps, Stoodie se mit à parler. Je ne l'avais encore jamais entendu en dire autant.

— J'aime bien rester réveillé dans mon lit, la nuit, et écouter les bruits de la rue, disait-il à Beth. Ça veut dire des tas de choses à ce moment-là. Il faut se donner un cadre mental approprié et tout se charge d'espace. Se charge de grâce, corrigea-t-il en hochant du chef avant de boire un peu de bière.

J'étais en train de me rappeler quelque chose que j'avais entendu dire à propos de Stoodie. Il avait l'habitude de suspendre sa femme par les chevilles à des crochets qu'il avait installés dans une poutre du plafond. Puis il la caressait. À sa manière.

— J'admire la situation naturelle du Cap, disait-il maintenant à Beth. Je crois qu'il n'y a rien de plus beau que l'été indien. En me baladant parmi les dunes, j'ai déjà eu la chance d'apercevoir d'autres êtres humains, hommes ou femmes, sur une autre dune, distante parfois de près de huit à neuf cents mètres. Mais le rayonnement du soleil était sur eux. Et on sait qu'ils sont aussi pleins d'amour pour toute cette bonté dorée qu'on l'est soi-même au même moment. C'est un don de Dieu, une bénédiction. Y a pas moyen d'y échapper. C'est la beauté inexorable.

Il reprit son souffle.

— Je veux dire la beauté exaltée.

Ce fut exactement alors que je pris la décision d'ajouter Stoodie à ma liste.

4

Je n'appris pas cet après-midi-là qui remporta le match car je quittai la maison de Nissen à la mi-temps (les Patriots menaient) et parcourus en bagnole les vingt-cinq kilomètres qui séparent Provincetown de Wellfleet pour aller voir Harpo qui habitait un vaste atelier au-dessus d'une mercerie dans une rue isolée. Je dis rue isolée mais il faut préciser qu'à Wellfleet aucune rue ne semble en relation avec les autres, comme si le jour de la fondation, voilà quelque deux cents ans et plus, cinq matelots, trimbalant chacun sa gourde de rhum, s'étaient éloignés du rivage de la baie en serpentant le long des ruisseaux et entre les tourbières et que la population les avait suivis pour tracer les routes au gré des divagations des cinq marins. En conséquence, je ne connais personne à Provincetown qui soit capable de trouver quiconque à Wellfleet et, d'ailleurs, nous essayons bien rarement. Wellfleet est devenue une ville véritable désormais, et l'on n'y rencontre que des Yankees au tarin long comme un canon de fusil qui semblent vous ajuster entre les poils de leurs menaçantes narines jumelées. Certains d'entre nous ne cessaient donc de demander à Harpo comment il avait bien pu quitter Provincetown pour Wellfleet, et il répondait :

— Je n'aimais pas la déformation. Cette foutue déformation n'allait pas tarder à m'avoir. Il a fallu que je déménage.

Parce qu'il possédait une tignasse blonde et bouclée couronnant un visage de caoutchouc semblable à celui du grand comique (mais couturé de cicatrices : après le football professionnel il avait continué en amateur et il jouait sans casque), on oubliait que le surnom de Harpo lui venait du harpon et non de Harpo Marx car Harpo Veriakis était célèbre pour dire fréquemment : « Visez-moi un peu c'te belle fille, là-bas. Ah, si seulement j'étais vraiment un homme, je te la harponnerais, tu verrais ça. » Du coup, certains l'avaient baptisé le Harponneur, et d'autres continuaient à l'appeler Harpon de préférence à Harpo. Si je raconte tout cela, c'est pour faire comprendre à quel point il pouvait être difficile de s'enquérir de lui alors qu'il avait plusieurs noms. Sur le Cap, en hiver, rien ne vient jamais à point.

Pourtant, je découvris sa tanière, et il était au gîte, ce qui me fit double surprise, mais je ne croyais toujours pas que c'était lui qui m'avait tatoué dans la mesure où je ne savais même pas qu'il pratiquait cet art et que je ne comprenais vraiment pas comment j'avais pu dénicher son logement en pleine nuit, alors que j'étais soûl. Pourtant, quand j'eus gravi l'escalier extérieur qui menait à son grenier, mes doutes s'envolèrent. Il leva les yeux de ce qu'il était en train de faire (nourrir ses chats car il vivait avec cinq de ces petits félins en lieu et place d'une belle fille) et la première chose qu'il dit fut :

— Ton bras s'est infecté ?

— Ça démange.

Sans ajouter un mot à mon intention, il continua de vider le contenu d'une boîte de conserve avec une cuiller et parla avec une ou deux de ces créatures qui se frottaient contre ses chevilles comme des petits morceaux de fourrure lubrique puis, quand il eut fini, il se lava les mains, ôta mon bandage, sortit un flacon de plastique d'un quelconque désinfectant et m'en baigna le haut du biceps.

— Ça n'a pas l'air trop infecté, dit-il, tant mieux ! J'étais inquiet. Je n'aime pas manier les aiguilles quand l'atmosphère me fout en l'air.

— Quelque chose s'est mal passé ? demandai-je.

— Tu tirais une gueule franchement merdeuse.

— Et alors ? Je picole et ça me fait tirer une gueule merdeuse. Ça n'est pas nouveau, que je sache.

— Écoute, Mac, tu as même voulu te bagarrer avec moi.

— Je devais être cinglé (il était assez fort pour soulever une bagnole à bout de bras par l'arrière).

Franchement, j'ai vraiment voulu me battre avec toi ? demandai-je.

— Bah, en tout cas tu la ramenais vachement.

— J'avais une bonne femme avec moi ?

— Je ne sais pas. Elle était peut-être restée dans la bagnole. Tu n'arrêtais pas de gueuler par la fenêtre.

— Qu'est-ce que je disais ?

— Tu n'arrêtais pas de gueuler par la fenêtre : « Vous allez perdre votre pari. »

— Tu as entendu quelqu'un répondre ?

Une des vertus des gens parmi lesquels je vis est qu'aucun d'entre nous ne s'étonne jamais qu'un ami soit absolument incapable de se rappeler des heures pourtant mouvementées.

— Il y avait beaucoup de vent, dit Harpo. Si c'était une femme, je peux dire qu'elle se marrait comme une baleine.

— Tu crois qu'il y avait une femme dans ma bagnole ?

— Je ne sais pas, dit-il d'une voix sépulcrale. Parfois ce sont les bois qui me rient au nez. J'entends des tas de bruits.

Il rangea la bouteille de désinfectant et secoua la tête.

— Écoute, Mac, je t'ai supplié de ne pas te faire faire ce tatouage. Tout allait vraiment mal à faire peur. Avant que t'arrives, j'avais bien failli aller sur le toit.

S'il y avait eu des éclairs, j'aurais pas pu faire autrement.

Certains diraient que Harpo est un médium. D'autres qu'il a reçu trop de coups sur la tête en jouant sans casque, mais moi je pense qu'il y a des deux et que les deux se renforcent mutuellement. D'ailleurs, il a fait la guerre au Viêt Nam et son meilleur copain, à ce qu'on raconte, a sauté sur une mine à vingt mètres de Harpo. « Du coup, je suis dérangé », a-t-il confié à quelques-uns. Il s'est mis à vivre dans les cieux et la parole des anges et des démons constitue un événement pour lui. Plusieurs fois par an, quand les divers clans qui menacent notre existence se massent parmi les bancs de nuages comme des armées médiévales et que la foudre vient avec de grosses averses, Harpo grimpe au faîte de son toit et défie les forces d'en haut. « Quand ils savent que je monte la garde, ils manifestent leur respect. Je ne sais pas si je suis capable de les exorciser. Mais ça me fait chialer comme un mouflet. Je te le dis, Mac, c'est vachement impressionnant. »

— Je croyais que tu sortais sur le toit seulement quand il pleut des cordes.

— Il ne faut jamais porter une règle jusqu'à l'absolu, dit-il d'une voix rauque.

Je pouvais rarement être certain d'avoir parfaitement compris ce qu'il voulait dire. Il avait une voix profonde et caverneuse, gonflée de tant d'échos (comme si sa tête résonnait encore de collisions que ni vous ni moi n'eussions supportées), qu'il lui suffisait de demander une cigarette pour qu'on croie à quelque prophétie. Il était capable aussi des aveux les plus extraordinaires. Il faisait penser à ces athlètes qui parlent d'eux-mêmes à la troisième personne. (« Hugo Blacktower vaut un million de dollars comme avant-centre de la NBA », déclare Hugo Blacktower.) Harpo était, lui, capable de transformer la première personne en troisième. « Ta femme est très séduisante », me dit-il au cours d'une de nos fêtes un été, « mais elle me fait peur. Jamais j'arriverais à bander avec elle. Je te respecte parce que tu en es capable. »

Les déclarations les plus extraordinaires jaillissaient de lui comme un coup de dés. Pour l'heure, il dit :

— Le jour de l'ouragan, je suis resté sur le toit trois heures durant. C'est pour ça que l'ouragan ne s'est pas abattu.

— C'est toi qui l'as empêché de tomber ?

— Je sais que ça va me foutre en l'air. Il a fallu que je fasse un serment.

— Mais tu as tenu l'ouragan en respect ?

— Jusqu'à un certain degré.

Quiconque autre que lui aurait pensé que ma question suivante était une moquerie. Mais lui savait que tel n'était pas le cas.

— Est-ce que les Patriots vont gagner aujourd'hui ? lui demandai-je.

— Oui.

— C'est un pronostic de professionnel ?

Il secoua la tête.

— Non, c'est mon impression. Je l'ai entendu dans le vent.

— Le vent se trompe souvent ?

— Pour les affaires ordinaires une fois sur sept.

— Et pour les affaires extraordinaires ?

— Une fois sur mille. Parce que là, il s'intéresse au problème.

Il m'agrippa par le poignet.

— Pourquoi, me demanda-t-il comme si nous n'en avions pas déjà parlé, as-tu moissonné ton herbe juste avant la tempête ?

— Qui te l'a dit ?

— Patty Lareine.

— Et toi, que lui as-tu dit ? demandai-je.

Il était comme les enfants. Lorsqu'il était prêt à parler, il disait tout.

— Je lui ai dit de te mettre en garde, répliqua-t-il de sa voix la plus grave. Il aurait mieux valu perdre ta récolte que de moissonner si subitement.

— Et qu'est-ce qu'elle a dit ?

— Elle a dit que tu ne l'écouterais pas. Je l'ai crue. C'est pour ça que je ne me suis pas vexé quand tu t'es amené ici il y a deux jours en tirant une gueule merdeuse. Je me suis dit que tu devais avoir fumé ta production personnelle. Elle est pleine de *mal*, ta production.

Il prononçait le mot comme si le mal était un câble à haute tension tombé par terre qui se tordrait sous ses yeux dans un fracas d'étincelles.

— Je venais ici pour te demander un tatouage ?

— Non, dit-il en secouant la tête avec véhémence. Les gens ne savent pas que je suis tatoueur. Je ne travaille que pour ceux que j'honore.

Il me dévisagea d'un air sombre.

— Je t'honore, dit alors Harpo, parce que tu es un homme. Suffisamment pour baiser ta femme. Les belles femmes me rendent timide.

— Tu dis bien, répondis-je, que je ne suis pas venu ici pour un tatouage ?

— Non, répéta-t-il, je t'aurais montré la porte.

— Mais alors, qu'est-ce que je voulais ?

— Tu m'as demandé une séance. Tu m'as dit que tu voulais découvrir la raison pour laquelle ta femme avait fait une crise d'hystérie pendant la séance précédente.

— Et tu n'as pas voulu ?

— Oh non, dit-il. Tu n'aurais pas pu choisir une nuit plus mauvaise.

— Et alors tu as refusé ?

— J'ai refusé. Et alors tu m'as traité d'imposteur. Tu as dit des choses terribles. Et puis tu as vu ma trousse. Mes aiguilles étaient sur la table. T'as dit que tu voulais un tatouage. « Je partirai pas les mains vides », que t'as dit.

— Et tu as accepté ?

— Pas tout de suite. Je t'ai dit qu'il fallait respecter les tatouages. Seulement tu n'arrêtais pas d'aller à la fenêtre et de gueuler « j'arrive ! » Moi j'ai pensé que tu leur parlais à *eux*, mais il y avait peut-être quelqu'un. Et puis tu t'es mis à chialer.

— Oh merde, dis-je.

— Tu m'as dit comme ça que si tu ne pouvais pas avoir ta séance, il fallait que je te donne le tatouage. « Je lui dois bien ça », tu disais. « Je l'ai maltraitée. Il faut que je porte son nom. »

Il hocha du chef.

— Ça, je comprenais. Tu cherchais le pardon de quelqu'un. Alors j'ai accepté. Te voilà qui cours à la fenêtre et qui gueules : « Vous allez perdre votre pari ! » Ça m'a mis en rogne. J'ai douté de ta sincérité. Mais tu n'avais pas l'air de comprendre que j'étais en rogne. « Mets le nom que je t'avais donné à la séance de Truro. » Je t'ai demandé quel nom c'était. Tu te rappelles, Tim ?

— Ce n'est pas avec Mary Hardwood, la cousine de ma mère, que je voulais entrer en contact pendant cette séance ?

— C'est c'que t'as dit pour les autres, mais tu m'as chuchoté le vrai nom c'est Laurel. Dis-leur que c'est Mary Hardwood mais pense à Laurel.

— C'est bien ça que je t'ai dit ?

— Tu as ajouté : « Laurel est morte. Je voudrais entrer en contact avec elle mais elle est morte. »

— Pourquoi j'aurais dit ça, lui dis-je alors. Puisque j'espérais découvrir l'endroit où elle se trouve.

— Si tu la pensais en vie, alors tu as essayé de tricher avec la séance.

— Ça se peut bien.

— Ça pourrait expliquer le chaos.

Il poussa un soupir devant l'étendue de la perversité des hommes.

— Il y a deux jours, au moment même où je commençais le tatouage, tu m'as dit : « Je ne peux pas me foutre de ta gueule comme ça – la fille ne s'appelle pas vraiment Laurel. Elle s'appelle Madeleine. » Ça c'était vraiment un sale coup. J'essaye d'être en contact avec les forces qui m'entourent, quand je plante la première aiguille. C'est une protection essentielle pour nous tous. T'as fichu en l'air ma concentration. Et puis, une seconde après, t'as encore dit : « J'ai changé d'avis. Va pour Laurel, après tout. » T'as déconné avec ton propre tatouage. T'as déconné deux fois de suite.

Je me tus comme par respect pour ce qu'il venait de dire. Quand j'eus le sentiment d'avoir laissé passer suffisamment de temps, je demandai :

— Qu'est-ce que j'ai dit d'autre ?

— Rien du tout. Tu t'es endormi. Quand j'ai terminé le tatouage, tu t'es réveillé. T'es descendu, t'es monté dans ta bagnole, et t'es parti.

— Tu es venu avec moi ?

— Non.

— Tu as regardé par la fenêtre ?

— Non. Mais je crois qu'il y avait des gens avec toi. Parce que, une fois dehors, tu as fait un boucan terrible. Je crois bien avoir entendu un homme et une femme qui cherchaient à te calmer. Et puis vous êtes partis tous ensemble.

— Tous les trois dans ma Porsche ?

Harpo connaissait le bruit des moteurs.

— Il n'y avait que ta bagnole.

— Comment est-ce que j'ai pu faire tenir deux personnes dans un siège-baquet ?

Il haussa les épaules. Je m'apprêtais à partir quand il dit :

— Cette fille, là, que tu appelles Laurel, peut-être qu'elle est encore vivante.

— Tu en es sûr ?

— Je sens qu'elle est sur le Cap. Elle est endommagée mais elle n'est pas morte.

— Bah, si c'est le vent qui te le dit, alors tu as raison à six contre un.

Dehors il faisait tout noir et la route du retour vers Provincetown était fouettée par les dernières feuilles mortes qui la traversaient d'un côté de la forêt à l'autre. Le vent était déchaîné, comme si la pauvre plaisanterie sur laquelle j'avais pris congé de Harpo l'avait mis en fureur. Et des rafales à faire chavirer un voilier venaient cogner les flancs de la voiture.

Un soir, un ou deux ans plus tôt, j'avais assisté à une autre séance. Un ami de Harpo avait été tué dans un accident de voiture sur cette route-là et Harpo m'avait invité en même temps que deux hommes et deux femmes que je ne connaissais pas. Nous nous étions assis dans un cercle de lumière tamisée autour d'une petite table aux pieds minces. Nos paumes étaient sur la table, nos petits doigts tendus se touchaient. Puis Harpo donna ses instructions à la table. Il lui parlait comme s'il ne faisait aucun doute que sa voix serait entendue et il lui enjoignit de basculer sur le côté puis de se redresser de manière à heurter le plancher une fois pour signifier oui. Si la table souhaitait dire non, il faudrait qu'elle bascule et retombe deux fois.

— Est-ce que tu comprends ? demanda Harpo.

La table se dressa sur deux pieds avec la docilité d'un chien dressé auquel on dit de faire le beau. Puis elle heurta le plancher. À partir de là, Harpo exposa un code fort simple. Un coup pour A, deux pour B, jusqu'à vingt-six pour Z.

Pour être bien certain de parler à l'ami qui avait été tué la semaine précédant la séance, il commença par demander :

— Es-tu là, Fred ?

La table, après un silence, frappa une fois. Pour le vérifier, Harpo demanda :

— Quelle est la première lettre de ton nom ? La table frappa lentement six coups pour indiquer la lettre F.

Nous poursuivîmes. C'était une nuit de novembre. Nous demeurâmes autour de cette table de neuf heures du soir à deux heures du matin et, en dehors de Harpo, nous étions tous des inconnus les uns pour les autres. Il y avait vraiment tout le temps de détecter la moindre apparence de truquage. Mais je n'en vis aucune. Nos genoux étaient visibles et nos mains reposaient légèrement sur la surface, trop légèrement pour que quiconque pût faire basculer la table. Nous étions si près les uns des autres que nous aurions immédiatement perçu l'éventuel effort physique de l'un d'entre nous. Non, la table basculait en réponse à nos questions aussi naturellement qu'on transvase de l'eau d'un verre dans un autre. Ce n'était même pas impressionnant. Plutôt ennuyeux. Il fallait un temps fou pour épeler chaque mot.

— Comment c'est, demanda Harpo, là où tu es ?

Dix coups. Nous avions un J. Un silence, puis une nouvelle série de coups frappés lentement, la table basculant sur deux pattes, à trente bons centimètres du plancher, mais lentement, s'élevant avec la lenteur d'un pont basculant. Et puis, tout aussi lentement, redescendant pour heurter. La séquence suivante fut de quinze coups, ce qui prit plusieurs minutes. Nous avions un O. Cela faisait J O…

— Joli ? demanda Harpo.

La table heurta par deux fois : non !

— Pardon, dit Harpo. Continue.

Il fallut attendre vingt-cinq coups. Nous avions un J, un O et un Y. Alors seulement, Harpo fut en mesure de dire :

— Joyeux ?

Et la table répondit par un coup unique.

— C'est joyeux, vraiment, Fred ? demanda Harpo.

De nouveau la table se souleva, de nouveau elle retomba. Cela ressemblait assez à une conversation avec un ordinateur.

Nous poursuivîmes ainsi cinq heures durant et bénéficiâmes de quelques bavardages sur la nouvelle condition de Fred dans l'autre monde. Nous n'obtînmes aucun renseignement de nature à ébranler les fondements de l'eschatologie ou du karma. Ce fut seulement après deux heures du matin, sur le chemin du retour, en voiture, avec un vent qui soufflait en tempête, que je me rendis compte qu'une table ordinaire, au mépris de nombreuses lois de la physique, avait été capable de se soulever et de retomber des centaines de fois pour faire parvenir un mot ou deux à travers un abîme dont je n'étais plus en mesure de sonder la profondeur. Ce fut alors, seul sur la route, que je sentis les cheveux se dresser sur ma nuque et que je compris que j'avais assisté à une soirée étrange et incompréhensible. Ce qui l'avait rendue possible – quoi que ce fût – pouvait très bien être encore présent dans l'air autour de moi. Et j'étais seul avec *ça* sur une route balayée par le vent non loin des profondeurs de l'océan – non, jamais de ma vie je ne m'étais encore senti aussi seul. La terreur sacrée que je n'avais pas connue pendant l'expérience me cernait désormais de toutes parts sur la route.

Le lendemain, je me retrouvai pourtant aussi apathique que si l'on avait cogné mon foie contre un mur de ciment et plongé à vrai dire dans une telle déprime que je n'étais jamais retourné assister à une séance jusqu'à cette soirée de Truro qui s'était terminée par un fiasco. J'étais prêt à croire que l'on pouvait communiquer avec les morts. Le problème, c'était que je n'en avais pas les moyens.

De retour chez moi, j'allumai un feu, me versai un verre et venais à peine de me lancer dans la recherche des souvenirs que je pouvais avoir gardés d'un trajet jusqu'à Wellfleet, deux jours auparavant, avec deux passagers entassés dans ma petite Porsche, lorsque résonna un coup de heurtoir, en tout cas je l'aurais juré, et que la porte s'ouvrit toute grande.

J'ignore ce qui put bien entrer, comme j'ignore si cela repartit quand je tirai le verrou, mais j'entendis ce coup frappé à ma porte comme une convocation. Il me vint de nouveau une bouffée de cette intolérable odeur de corruption que j'avais humée sous le surplomb et j'aurais pu hurler devant le caractère inexorablement logique de l'exigence qui pesait sur moi. Car, avec toute la force d'un décret que je ne pouvais refuser, m'était venue l'injonction de retourner dans les bois de Truro.

Je résistai aussi longtemps que je pus. Je finis mon verre et m'en servis un autre, convaincu que cela pourrait prendre une heure ou trois jours, et que j'irais en pleine possession de mes moyens ou tellement soûl que j'aurais pu traverser un mur de flammes, mais que de toute façon, il faudrait bien que j'aille de nouveau fouiller le terrier. Je ne connaîtrais nul répit avant de l'avoir fait. La force qui s'était manifestée dans les mouvements de la table s'était désormais emparée de moi – elle me tenait par le cœur et par les entrailles. Je n'avais pas le choix. Rien n'aurait pu être pire que de demeurer sur place pour vivre les heures de la nuit qui s'annonçait.

Je le savais bien. Une fois déjà j'avais été prisonnier d'un impératif qui me dépassait : ç'avait été la semaine, vingt ans auparavant, où j'avais marché chaque jour jusqu'au monument de Provincetown, les poumons pleins d'huile froide, le ventre grouillant d'asticots malades, pour lever les yeux vers l'escalade et constater, avec une tristesse aussi sinistre que la perte de toute raison, qu'elle était possible. Aussi haut que portaient mes regards, prise après prise, je découvrais des brèches dans le mortier et de petites irrégularités formant des rebords dans les blocs de granite. C'était faisable. Je pouvais le faire. Et je me perdais si intensément dans la contemplation de la base que – me croira-t-on ? – je ne vis jamais le surplomb. Tout ce que je savais, c'est qu'il me fallait entreprendre l'escalade. Si je ne me lançais pas dans l'entreprise, quelque chose de plus redoutable que la panique me tomberait dessus. Peut-être n'avais-je rien appris d'autre de ces vieux accès de terreur qui me prenaient au beau milieu de la nuit et me faisaient me redresser comme un ressort pour m'asseoir dans mon lit, mais du moins y avais-je acquis – si j'ose m'exprimer ainsi – une certaine compassion pour tous ceux qui sont accablés d'une impulsion irrésistible de sortir faire ce qui ne doit en aucun cas être fait – suborner les petits garçons ou violer les adolescentes – mais je connaissais le cauchemar qui brûle sous la stupéfaction de ceux qui n'osent jamais s'approcher d'eux-mêmes de peur du désastre qui pourrait s'ensuivre. Et ainsi tout au long de cette semaine au cours de laquelle je me débattis contre cette étrange volonté si extérieure à la mienne, cherchant à convaincre cette présence étrangère en moi que je n'étais pas tenu d'escalader le monument, j'appris aussi les diverses formes que peut revêtir l'isolement humain. Car pour éviter de rencontrer le démon tapi dans le kundalini, à la base de notre épine dorsale, nous nous réfugions dans l'alcool, l'herbe, la coke, la nicotine, les tranquillisants et les barbituriques, nos habitudes et nos Églises, nos préjugés et nos étroites certitudes, notre idéologie, notre bêtise elle-même – le plus vital des moyens d'isolement ! –, et je fis connaissance avec la quasi-totalité d'entre eux au cours de la semaine qui précéda ma tentative d'escalade du monument, la tentative de vaincre ce qu'il y avait d'absolument réfractaire en moi. Puis, le cerveau embrasé par les amphétamines, incliné d'un côté par l'herbe et de l'autre par la boisson, geignant intérieurement comme un enfant à naître étreint par la terreur d'étouffer avant d'avoir vu la lumière, aussi meurtrièrement déterminé qu'un samouraï, je pris ce mur à bras-le-corps et découvris, aussi absurde que fût le résultat, que je me sentais mieux après coup. Ne fût-ce que par la diminution de la terreur qui me visitait dans le sommeil.

Et donc cela avait valu le coup. Je savais qu'il devait en aller de même pour l'heure. Il fallait que je retourne regarder en face le visage de la blonde qui était morte. Je devais le faire sans même savoir si la mort lui était venue de mes mains ou par d'autres. Me comprendra-t-on si je dis que cette connaissance, pourtant si cruciale pour moi – avais-je à redouter les représentants de la loi, ou au contraire tout ce qui était en dehors de la loi ? – n'était pourtant pas ce qui me poussait à me mettre en route. C'était plus la pure et simple impulsion : née du signal le plus profond que je fusse en mesure de reconnaître – l'importance du voyage se mesurait à la terreur qu'il m'inspirait.

Je vous épargnerai le récit de ces heures au cours desquelles ma volonté vacillait. Je dirai seulement qu'il était près de minuit quand je finis par vaincre suffisamment ma terreur pour entamer le voyage par l'esprit et donc quand je fus prêt, du moins en imagination, à quitter la maison pour monter dans ma voiture et prendre la direction de l'autoroute où les feuilles emportées par le vent semblaient à cette heure un essaim tourbillonnant d'esprits. Et voilà qu'avec chacun des détails de ce trajet entrevu à l'avance, voilà qu'en composant une expédition dans ma pensée, avant même de l'avoir entreprise, je découvris au centre de ma terreur le calme de la parfaite maîtrise de soi. J'étais donc enfin armé pour me mettre en route et me trouvai derrière la porte prêt à retrouver l'air réel de la nuit quand j'entendis de nouveau heurter aussi violemment qu'un coup de marteau sur ma tombe.

Certaines interruptions sont trop profondes pour nous faire perdre la face. On n'est pas contraint de trembler de tous ses membres quand on rencontre le bourreau. Repoussant le verrou, j'ouvris la porte.

Regency entra. Le premier instant, voyant son visage tendu et la vive lueur de colère qui brillait dans ses yeux, j'eus l'idée qu'il était venu m'arrêter. Debout dans le vestibule, il examinait le mobilier du salon en secouant la tête mais si longtemps que je finis par comprendre qu'il tournait le cou contre l'étreinte de sa propre tension.

— Je ne suis pas venu ici pour boire un verre, mon gars.

— Je peux t'en servir un quand même.

— Plus tard. Parlons d'abord.

Il planta la lueur coléreuse de son regard dans le mien puis, surpris – car je ne crois pas qu'il m'eût jamais vu manifester une telle résolution –, il détourna les yeux. Il ne pouvait évidemment savoir ce à quoi je venais de me préparer.

— Tu travailles donc le dimanche ? demandai-je.

— Tu n'as pas été dans le West End, aujourd'hui, dit-il. N'est-ce pas ?

Je secouai la tête.

— Tu ne sais donc pas ce qui s'y passe ?

— Non.

— Tous les flics de la ville jusqu'au dernier étaient au Widow's Walk. Tous, jusqu'au dernier.

Il regardait au-delà de moi comme si j'étais transparent.

— Tu permets que je m'asseye ?

D'un geste vague, j'indiquai que je lui accordais et que je ne lui accordais pas cette faveur.

Il s'assit.

— Écoute, Madden, me dit-il, je sais que tu mènes une existence très affairée mais peut-être te souviendras-tu tout de même d'un coup de téléphone reçu ce matin de Mervyn Finney ?

— Le propriétaire du Widow's Walk ?

— Tu y manges tous les jours et tu ne connais pas encore le nom du type ?

— Eh, lui dis-je, ne me casse pas les côtes pour si peu.

— C'est juste, c'est juste, dit-il. Pourquoi ne t'assieds-tu pas aussi ?

— Parce que je m'apprêtais à sortir.

— Finney t'a appelé à propos d'une voiture, c'est bien ça ?

— Elle est toujours là-bas ?

— Tu as dit à Mervyn Finney, reprit Alvin Luther, que tu ne te rappelais pas le nom de la femme qui était avec Pangborn.

— Je ne me le rappelle toujours pas. C'est important ?

— Probablement pas. À moins qu'elle ne soit sa femme.

— Je ne le crois pas.

— Ma foi tant mieux. Tu es assez perspicace quand il s'agit de juger les gens.

— Je ne le suis pourtant pas assez pour comprendre ce qui se passe en ce moment.

— Oh, je pourrais te le dire, dit-il, mais je ne veux pas risquer d'influencer ton opinion.

Il me regarda de nouveau dans les yeux.

— Que penses-tu de Pangborn ?

— Avocat d'affaires. Malin. En balade avec une blonde.

— Tu lui vois un défaut ?

— Pas sympathique, tout simplement.

— Pourquoi ?

— Parce que j'aurais voulu arriver à quelque chose avec Jessica et qu'il était en travers du chemin.

Je m'interrompis net. Bravo Regency, on peut dire que tu as des qualités de flic. Tu sais soumettre ton interlocuteur à une pression constante. À ce régime-là, l'erreur est fatale et elle arrive vite.

— Tiens, dis-je, c'est son nom. Voilà qu'il m'est revenu. Jessica.

Il le nota.

— Et son nom de famille ?

— J'ai un trou. Peut-être qu'elle ne me l'a jamais dit.

— À quoi ressemblait-elle ?

— Une grande dame. Mais enfin, de la bonne société du sud de la Californie. Pas la vraie classe. Seulement du fric.

— Mais elle te plaisait ?

— J'avais l'impression qu'au pieu elle se conduirait comme une star du porno.

J'avais dit ça pour le choquer. Mais le résultat passa mes espérances.

— Je suis contre les films porno, me dit-il. Je n'y vais jamais. Ça ne me dérangerait pas de massacrer une petite dizaine de ces stars-là, pourtant.

— C'est ça qui me plaît dans les forces de l'ordre, lui dis-je. Tu mets un tueur sous l'uniforme et il n'a plus le droit de tuer.

Il dressa la tête.

— C'est de la philosophie hippie à deux sous, dit-il.

— Tu ne soutiendrais pas la discussion, lui dis-je. Tu as le cerveau comme un champ de mines.

— C'est bien possible, dit-il d'un air rusé en clignant de l'œil. Revenons à Pangborn. Te paraissait-il agité ?

— Pas particulièrement. Je serais tenté de dire pas du tout.

— Oui, eh ben résiste à la tentation.

— Résiste à la tentation ?

— Est-ce que tu lui as trouvé un côté tantouze ?

— Bof, c'était le genre à se laver les mains après avoir fait l'amour, oui, mais sinon je ne dirais pas que c'est une tante.

— Était-il amoureux de Jessica ?

— Je dirais plutôt qu'il aimait bien ce qu'elle avait à offrir mais commençait peut-être à se fatiguer. Elle était peut-être trop femme pour lui.

— Tu ne penses pas qu'il était désespérément amoureux d'elle ?

J'étais sur le point de dire : « Ce n'est pas mon impression », quand je décidai plutôt de demander :

— Qu'entends-tu par désespérément ?

— J'entends quand on aime quelqu'un à un tel point qu'on n'est plus maître de ses actes.

Quelque part dans un coin de mon esprit, je me livrai à un calcul mesquin.

— Dis donc, Alvin, où veux-tu en venir ? Est-ce que Pangborn l'a tuée ?

— Je ne sais pas, dit Regency. Personne ne l'a vue.

— Bon, et où est-il ?

— Mervyn Finney a appelé cet après-midi pour demander l'enlèvement du véhicule. Mais il était garé devant chez lui en toute légalité. Je lui ai donc répondu que nous devions d'abord coller un avertissement sur le pare-brise. Un peu plus tard, comme je faisais un petit tour, j'ai décidé d'aller y jeter un coup d'œil. Il y avait quelque chose qui clochait à mes yeux. Il y a comme ça des voitures vides qui ne disent rien qui vaillent. J'ai essayé le coffre à tout hasard. Il n'était pas fermé à clé. Pangborn était dedans.

— Assassiné ?

— C'est intéressant que tu dises ça, dit Regency. Non, mon vieux, c'est un suicide.

— Comment ça ?

— Il est entré dans le coffre et l'a refermé. Et puis il s'est collé sous une couverture, il s'est flanqué un flingue dans la bouche et il a appuyé sur la détente.

— Si on prenait un verre, dis-je.

— C'est pas de refus.

La fureur lui faisait les yeux fixes.

— Une bien drôle d'affaire, dit-il.

Je fus incapable de me retenir. Al Regency était fort.

— Tu es sûr que c'est un suicide ? lui demandai-je, alors même que je ne voyais vraiment pas l'intérêt que j'avais à poser cette question.

Pire. Nos regards se rencontrèrent en toute clarté, c'était tangible : cela arrive quand deux personnes se rappellent exactement la même vision. Je revoyais le siège de ma voiture couvert de sang. Il garda un moment le silence avant de dire :

— Le suicide ne fait aucun doute. Il a des traces de poudre tout autour de la bouche et sur le palais. À moins qu'on l'ait d'abord drogué – Regency reprit son calepin et y nota quelques mots –, seulement je ne vois pas comment on pourrait fourrer un revolver dans la bouche de quelqu'un, le descendre et ensuite disposer son corps sans être trahi par l'épanchement du sang. La dispersion du sang sur le plancher et les parois du coffre colle parfaitement avec la thèse du suicide.

Il hocha du chef.

— Mais, ajouta-t-il, je dois dire que tu me déçois. Tu t'es fourré le doigt dans l'œil jusqu'au coude à propos de Pangborn.

— Je n'aurais certainement pas prévu son suicide.

— Oublie ça. C'est une pédale, un dégénéré. Franchement, Madden, tu as mis complètement à côté.

Voilà qu'il se mit à examiner le salon comme pour en compter les portes et faire la liste du mobilier. Et ce n'était pas confortable de voir soudain les lieux par ses yeux. La plupart des meubles avaient été choisis par Patty et elle avait des goûts assez dispendieux et tapageurs, l'argent de Tampa Beach – c'est-à-dire que les meubles étaient blancs avec plein de taches de couleurs vives formées par les coussins, les tentures et les tapis. Les tissus étaient surchargés de fleurs, il y avait partout des tabourets de bar couverts de cuir fantaisie – rose, jaune citron, orange et ivoire dans son boudoir et son salon –, une vraie bonbonnière pour Provincetown en hiver. Se formera-t-on une idée de mon état si je reconnais que la plupart des jours mon humeur ne me permettait même pas de distinguer la différence des couleurs de l'appartement de Nissen et du mien ?

Regency étudiait donc notre mobilier. « Pédale, dégénéré », fumait encore sur ses lèvres. Je ne pouvais pas en rester là.

— Qu'est-ce qui te rend si sûr que Pangborn était homosexuel ?

— Ce n'est pas le terme que j'utiliserais à ta place, je dirais *gay*, si j'étais toi.

On voyait bien que ce mot le scandalisait, et à quel point. C'est syndrome de Kaposi qu'il devrait dire.

Il tira une lettre de sa poche.

— Ça se dit *gay* et ça se balade pour contaminer systématiquement le monde. C'est une épidémie, un fléau.

— Oh ça va, ça va. Chacun ses fléaux, hein !

Il était si convaincu d'avoir raison que cela m'aurait fait plaisir de discuter – toi tu as la pollution nucléaire, moi l'herpès, chacun ses goûts. Mais ce n'était pas le moment.

— Regarde un peu ce qu'il y a dans l'enveloppe, dit-il. Tu verras bien que Pangborn était *gay*. Tu n'as qu'à lire !

— Tu es certain que c'est lui qui l'a écrite ?

— J'ai comparé l'écriture avec celle de son carnet d'adresses. C'est bien lui qui a écrit la lettre, tu peux m'en croire. Il y a un mois environ. Elle est datée. Mais il ne l'a jamais envoyée. Il aura dû commettre l'erreur de la relire. Je t'assure qu'il y a de quoi s'enfoncer le canon dans la gorge et faire feu.

— À qui écrivait-il ?

— Oh, tu connais les pédés. Ils sont si intimes entre eux qu'ils ne prennent même plus la peine de s'appeler par leur nom. Bavardage à cœur ouvert et patati et patata. Parfois, peut-être vers la fin, il peut leur arriver de citer une seule fois le nom de leur correspondant. Pour que la pauvre petite fleur qui reçoit la missive sache que le fumier est tombé dans le bon pot.

Et il partit de son hennissement. Je lus la lettre. Elle était écrite d'une main ferme, d'une belle écriture ronde à l'encre violette.

Je viens de me plonger dans ton volume de vers. Je ne suis pas très calé en poésie ni en musique classique, mais je sais ce qui me plaît. J'aime que les symphonies aient l'air de monter des entrailles. J'aime Sibelius, Schubert, Saint-Saëns, et tous les S. Je sais que j'aime tes poèmes parce que je suis tenté de t'écrire pour que ça te chatouille, fripouille. Oui, je sais que tu détestes mon côté vulgaire mais, ne l'oublions jamais, Lonnie est sorti du ruisseau et il lui a fallu pas mal nager avant d'épouser son héritière d'une chaîne de magasins. Parlons-en des chaînes du mariage ! J'ai aimé ton poème « À bout » parce qu'il m'a fait m'attendrir sur toi. Je t'ai vu raide, crispé, tendu, inquiet comme toujours de toi-même, bloqué, si terriblement renfermé - mais il est vrai que tu étais en taule, pendant que moi je patrouillais la mer de Chine au Viêt Nam. Connais-tu les couchers de soleil là-bas ? Tu parles si joliment de l'arc-en-ciel qui passe devant tes yeux quand tu es « à bout », mais moi ces arcs-en-ciel je les ai vécus. Tu ne peux pas savoir à quel point tes vers me font penser aux mois de luxe et de luxure que j'ai passés à

Saigon. Tu écris à propos des caïds qui t'entourent et tu me dis : « Je sens qu'ils brûlent d'un feu intérieur, un feu bien nourri, qu'on voit luire à travers la peau, chauffant l'air de l'été. » Eh bien, fiston, figure-toi que cela n'est pas vrai seulement de tes criminels endurcis. Il m'est venu les mêmes pensées à propos de plus d'un marin que j'ai rencontré. Et je me suis réchauffé les mains et le visage à nombre de ces feux. Tu as failli craquer à force de te refuser ce que tu veux, mais il est vrai que tu es un gentleman. Dans ton genre. Mais moi j'ai cherché et *j'ai trouvé*. J'ai suborné tous azimuts, jouant la traînée mâle. Je me suis nourri comme le cochon d'un clown en tétant la longue tétine de caoutchouc du biberon géant. Pas question que Lonnie craque, merci. Il est assez malin pour tirer le parti maximum du drôle de sang qui coule dans ses veines de tante.

Ce que tu as pu manquer dans ces mers de Chine ! Je me rappelle Carmino les yeux noirs, venant jusqu'à la porte du préfa près de Da Nang et appelant doucement : « Lonnie chéri, viens par ici ! » Je me rappelle le grand blond mince de Beaumont, dans le Texas, qui m'apportait les lettres qu'il écrivait à sa femme. Elle le quittait et moi je devais lire sa lettre, j'étais chargé de la *censurer*, et comme il s'attardait à la limite du quartier des officiers quand l'obscurité tombait, et j'adore la façon qu'il a eue de parler de son élevage de poulets, jusqu'à ce que je tende la main pour le caresser, et alors il s'est couché, détendu, et crois-moi, petit, il n'a plus eu d'inquiétude pour son élevage de poulets jusqu'au soir suivant, quand il est revenu hanter le quartier des officiers jusqu'au retour de l'obscurité, quand moi qui avais faim, j'ai pu soulager sa faim à lui. Et je me rappelle le ravissant garçon d'Ypsilanti, le nommé Thorne, et le goût de xérès tout imprégné d'amour qu'il avait sur les lèvres, ces yeux ravissants, sa discrétion, et la tendre, la pauvre grammaire hésitante, la grammaire de certificat d'études de la douce lettre qu'il m'écrivit le jour où je quittai le bateau et qu'il vint sur le pont pour me la donner. Ou le timonier de Marion, dans l'Illinois, qui m'adressa ses premières avances amoureuses en sémaphore, ignorant que j'étais capable de suivre à la vitesse à laquelle il émettait : « Eh, mon joli, qu'est-ce que tu dirais de venir me retrouver dans mon bateau ce soir ? » Et ma réponse : « À quelle heure, mon joli ? » Je vois encore la surprise qui se peignit sur son visage. Et son odeur glorieuse – sueur et Aqua Velva.

Tout ce qu'ils peuvent évoquer, tes poèmes ! Ah, c'étaient les jours de gloire. Pas de dépôts de conclusion. Pas de rejetons de la bonne société – ne le prends pas pour toi – à vampiriser. Rien que des amiraux et des matafs. Quel dommage que tu n'aies jamais connu un marine. Ou un béret vert. Ils sont trop verts, chéri, mais retiens ton feu jusqu'à ce que tu aperçoives le rose de leur intimité ! Je n'ai pas eu le loisir de penser à ces choses depuis des éternités. Mais je vais m'y mettre. Tes poèmes évoquent tout cela. Je pense au quartier-maître chef infirmier que j'ai rencontré à l'Éléphant Bleu, sur un boulevard de Saigon, et je me rappelle plus tard la chambre où je l'ai emmené dans un hôtel à demi éventré et les splendides giclées de son épanchement jusqu'à ce qu'il m'attrape pour boire un peu à son tour parce qu'il lui fallait désaltérer la grande soif que son déversement lui avait donnée. Et il a cherché mon nom dans ma casquette pour pouvoir me revoir alors que ce n'était pas ce dont j'avais envie et que je le lui avais dit. Mon nez enfoncé dans son sac et son odeur affolée me faisant perdre conscience derechef.

Oui, ils brûlaient d'un feu intérieur qui réchauffait l'air sensuel. Cohortes de belles grandes bites implorantes, pleureuses, rouges, violacées comme les caroncules d'un dindon. Ah, jours de gloire et de délices, tandis que tu te languissais dans la prison de Reading, pauvre Wardley, luttant contre la dépression nerveuse parce que tu refusais ce que ton cœur te hurlait de faire.

Peut-être que je ferais mieux de cesser de lire tes beaux poèmes. Tu vois comme ils me rendent méchant. Il ne faut jamais rejeter un aussi cher ami que moi, sinon, attention, tu me perdras pour toujours. Mais il est vrai que c'est fait ! ! ! Cette fois-ci, ça n'est pas un aviateur de passage pour la fin de semaine, et je ne suis pas non plus, oh, si discret, pour protéger quelque pédale d'église avide de la plus goulue indiscrétion, non, c'est la plus grande surprise de tous les temps, Wardley. Je suis avec une créature blonde. Tu vas penser que je suis horriblement soûl ? C'est vrai.

N'aie pas peur. Cette femme semble aussi féminine que Lana Turner, mais peut-être ne l'est-elle pas, pas tout à fait. Peut-être a-t-elle changé de sexe ? Le crois-tu ? Un de nos amis mutuels l'a vue avec moi et a eu le culot de dire qu'étant si splendide, il fallait qu'elle fût un mensonge. A-t-*elle* été autrefois un il, demandait-on. Ma foi, mauvaise nouvelle pour vous tous, répondis-je. C'est non. Une vraie femme de bon aloi, face de foutre ! Voilà ce que je lui ai dit à notre ami mutuel. En fait, c'est la *première* femme que j'aie eue depuis que j'ai épousé mon héritière et sa chaîne de Tout à 10 cents. Et donc les chaînes, ça me connaît. Des années que je suis dedans. Et permets-moi de te dire, Wardley, que c'est le paradis d'en être débarrassé. C'est aussi charnel avec cette femme que ça l'était à Saigon, purement charnel, c'est le rut, la copulation, le foutre, la succion, le paradis pour une pédale – devrais-je dire une ex-pédale ? – dans mon genre. C'est grisant d'avoir franchi la grande barrière. Wardley, pour cette femme je suis un homme. Elle dit qu'elle n'en a jamais connu de meilleur. Chéri, ça a réveillé en moi des énergies à n'y pas croire. On est excité ou on ne l'est pas, mais moi je le suis follement. Si quelqu'un cherchait à me prendre ma blonde, je tuerais.

Tu vois ce que je veux dire ? Excité ! Mais pourquoi t'inquiéter, c'est un chemin que tu as suivi, pas vrai, Wardley ? Tu as vécu avec ta blonde, toi aussi. Bah, ne nous fâchons pas. Nous sommes peut-être d'anciens camarades de cœur, mais sachons rester de chers vieux amis. Reçois les salutations du don de Dieu aux femmes, ton Lonnie.

P.S. As-tu déjà vu la pub pour le rasoir électrique… ? Je laisse le nom en blanc parce que je n'oserais te dire lequel. Je suis leur avocat, après tout. Mais tu sais lequel je veux dire. Essaye de la voir à la télé. Il y a un garçon de vingt et un ans – Monsieur Physique ! – qui se rase en se regardant avec plaisir et concupiscence tout le temps qu'il le fait. Tu connais son secret ? Je le tiens de lui. Il pense à ce rasoir électrique comme si c'était une belle grosse queue. Il pense à son amant qui lui frotterait ce beau pénis renflé sur le visage. Les gens de la pub n'en peuvent plus tellement ce film-là est bon. Oh et puis zut, me voici intoxiqué à l'hétéro et il faut que je dise adieu à tout ça.

P.P.S. Je connais bien ce garçon de vingt et un ans. Crois-le si tu voudras, c'est le fils de ma blonde. En fait, l'amant auquel il pense, c'est moi. Ne crois-tu pas qu'il risque d'être un peu jaloux maintenant de sa maman et de moi ?

PPPS. Tout cela est évidemment ultrasecret superconfidentiel.

Je lui rendis la lettre. Je crois que nous fîmes l'un et l'autre un effort pour ne pas nous regarder dans les yeux mais nos regards se croisèrent tout de même. Certes, ils s'écartèrent aussitôt comme deux aimants rapprochés par le même pôle. L'homosexualité était installée entre Regency et moi, aussi réelle que la sueur que l'on respire quand la violence ne va pas tarder à surgir entre deux personnes.

— Je tiens ma vengeance, dit le Seigneur, dit Regency.

Il remit la lettre dans sa poche de poitrine et respira bruyamment.

— Je voudrais les tuer, ces tantes. Toutes jusqu'à la dernière.

— Prends donc un autre verre.

— Il y a de la corruption, dans cette lettre, dit-il en se frappant la poitrine. Ça laisse un goût qu'aucune boisson ne pourrait effacer.

— Je suis mal placé pour tenir ce discours, dis-je. Mais t'es-tu jamais demandé si tu es bien à ta place comme chef de la police ?

— Pourquoi dire ça ? demanda-t-il.

Brusquement, il était tout entier sur ses gardes.

— Tu devrais le savoir. Tu ne débarques pas. En été, cette ville attire un énorme contingent d'homosexuels. Tant que les Portugais désireront leur fric, il faudra que tu acceptes leurs habitudes.

— Ça pourrait t'intéresser de savoir que j'ai cessé de faire fonction de chef de la police.

— Depuis quand ?

— Depuis cet après-midi. Quand j'ai lu cette lettre. Écoute, je suis un type de la campagne. Tu sais ce que je connais des boulevards de Saigon ? Deux putes par nuit pendant dix nuits, voilà tout.

— Allons donc.

— J'ai vu un tas de types formidables se faire tuer. Je ne connais aucun béret vert avec des intimités roses. Une chance que Pangborn soit mort. Je m'en serais chargé en personne.

On pouvait le croire. La foudre menaçait de tomber à chaque instant.

— Tu as donné ta démission officiellement ? demandai-je.

Il tendit les mains comme pour refuser toute question.

— Je ne veux pas parler de ça. Je n'ai jamais été censé devenir chef de la police. C'est le Portugais qui est sous mes ordres qui fait tout le boulot.

— Qu'est-ce que tu racontes ? Ton titre était une couverture, alors ?

Il tira de sa poche un mouchoir et se moucha. Ce faisant, il secoua la tête d'un côté à l'autre. C'était sa façon de me dire oui. Quelle histoire. Il devait être de la brigade des stupéfiants, alors.

— Crois-tu en Dieu ? me demanda-t-il.

— Oui.

— Bon. Je savais que nous pourrions avoir une conversation. Décidons de le faire assez vite. Prendre une bonne cuite et parler.

— Entendu.

— Je veux servir Dieu, dit-il. Ce que les gens ne comprennent pas, c'est que quand on veut servir, il faut avoir les couilles assez grosses pour être capable d'endosser Ses attributs. Cela comporte la lourde responsabilité d'exercer la vengeance.

— Nous en parlerons, dis-je.

— Très bien.

Il se leva pour partir. « As-tu la moindre idée de qui pourrait être ce Wardley ? »

— Je suppose que ça doit être un ancien amant. Une espèce de riche aristocrate campagnard.

— Décidément, ta perspicacité me plaît. Ha ha ha ha. Dis donc, j'ai entendu ce nom-là quelque part. Il est trop remarquable pour que je l'oublie. Quelqu'un l'avait prononcé en passant. Se pourrait-il que ce soit ta femme ?

— Demande-le-lui.

— Quand je la verrai je le lui demanderai.

Il sortit son calepin et écrivit quelque chose.

— Où, dit-il, penses-tu que puisse être cette Jessica ?

— Elle est peut-être retournée en Californie.

— C'est ce que nous sommes en train de vérifier.

Il passa son bras autour de mon épaule comme pour me consoler de je ne sais quoi et nous marchâmes de conserve à travers le salon jusqu'à la porte. Vu ma taille, je n'ai jamais à me considérer comme un petit homme. Mais il ne fait aucun doute qu'il était plus grand que moi.

Arrivé à la porte, il se tourna vers moi et dit :

— Je dois te transmettre des salutations. De la part de ma femme.

— Je connais le nom de ta femme ?

— Elle s'appelle Madeleine.

— Oh, dis-je. Madeleine Falco ?

— C'est cela même.

Quelle est la première maxime que l'on entend dans la rue ? Si tu veux crever d'une bastos dans le dos, t'as qu'à déconner avec la femme d'un poulet. Que savait Regency du passé de sa femme ?

— Oui, dis-je. Elle venait de temps en temps prendre un verre dans un établissement où j'ai été barman autrefois. Voilà bien des années. Mais je ne l'ai pas oubliée. C'était une fille ravissante. Et très distinguée.

— Merci, dit-il. Nous avons deux enfants adorables.

— C'est une surprise, dis-je. Je ne savais pas… que tu avais des enfants.

Ce n'était pas passé loin. J'avais failli dire : « Je ne savais pas que Madeleine pouvait avoir des enfants. »

— Oh mais oui, dit-il, tirant son portefeuille de sa poche. Voilà une photo de nous tous.

Je regardai Regency et Madeleine – c'était incontestablement Madeleine, avec dix ans de plus que lorsque je l'avais rencontrée – avec deux garçons aux cheveux filasse qui lui ressemblaient un peu à lui et pas du tout à elle.

— Charmant, dis-je. Dis bonjour à Madeleine pour moi.

— *Sayonara*, dit Regency.

Et il s'en fut.

Je ne pouvais plus espérer me rendre dans les bois de Truro. J'étais incapable de retrouver un tel degré de concentration à partir de zéro. Pas à une heure pareille. Mon esprit hurlait comme le vent à travers les collines. Je ne savais plus s'il me fallait penser à Lonnie Pangborn, à Wardley, à Jessica ou à Madeleine. Puis le chagrin s'abattit sur moi. Tout le chagrin que l'on peut avoir quand on songe à une femme que l'on a aimée. Quand l'amour n'est plus là, alors que jamais il n'aurait dû être perdu.

Mes ruminations se fixèrent sur Madeleine. Une heure plus tard peut-être, je montai au dernier étage, ouvris un tiroir de classeur et, parmi un tas de vieux manuscrits, trouvai les pages que je cherchais pour les relire. Il y avait presque douze ans qu'elles avaient été rédigées – avais-je vingt-sept ans quand je les avais écrites ? – et elles étaient tout à fait dans le style du jeune homme arrogant que je tentais d'être alors, mais cela n'avait pas d'importance. Quand on n'est plus un homme, mais un simple rassemblement de fragments, dotés chacun de sa manière propre, le simple fait de regarder un écrit datant d'une période où l'on était plein d'identité (même artificielle) peut vous redonner une cohésion passagère, et c'est ce qui se produisit quand je relus ces pages. Dès que j'eus terminé, je fus toutefois baigné d'une vieille douleur. Car j'avais commis l'erreur de montrer le manuscrit à Madeleine, voilà des années, et cela avait contribué à notre rupture :

La meilleure description de chatte que j'aie jamais rencontrée se trouve dans une brève œuvre de John Updike, intitulée « La femme du prochain » :

Chaque poil est précieux et individualisé, jouant un rôle distinct dans la disposition d'ensemble : blond jusqu'à l'invisibilité là où la cuisse et l'abdomen se rejoignent, sombre jusqu'à l'opacité là où les tendres lèvres demandent protection, vigoureux et dru comme une barbe de forestier sous le renflement du ventre, sombre et épars comme les rouflaquettes d'un Machiavel là où le périnée s'incurve furtivement en arrière vers l'anus. Ma chatte change avec les heures du jour et selon le tissu de ma culotte. Elle possède ses satellites. Cette ligne de poils capricieuse qui monte jusqu'à mon nombril et y plonge, les baisers fourrés à l'intérieur de mes cuisses, le doux chatoiement du duvet qui orne de sa mousse la fente de mon fondement. Ambre, ébène, acajou, bai, châtain, cannelle, noisette, fauve, tabac, henné, bronze, platine, pêche, cendre, flamme et gris souris ; telles sont quelques-unes seulement des couleurs de ma chatte.

C'est une belle description de forêt qui fait réfléchir aux mystères de l'échelle. Quelqu'un a écrit un jour que Cézanne jouait sur notre perception de la taille au point qu'une serviette blanche sur une table devenait semblable aux neiges ombrées de bleu dans les ravins d'une montagne, et que le traitement d'un petit carré de peau faisait songer à une vallée déserte. Idée intéressante. J'ai toujours vu plus dans Cézanne, par la suite, tout comme je me suis rendu compte que je n'avais jamais regardé convenablement une chatte avant d'avoir lu Updike. Pour cette seule raison, John serait déjà l'un de mes auteurs favoris.

On dit que Updike était peintre, que cela se voit dans son style. Personne n'étudie les surfaces d'aussi près que lui, et il utilise des adjectifs avec plus de discrimination que quiconque prétend écrire l'anglais aujourd'hui. Hemingway proscrivait leur usage et Hemingway avait raison. L'adjectif n'est que l'opinion de l'auteur sur ce qui se passe et rien de plus. Si j'écris : « Un homme très fort entra dans la pièce », cela signifie seulement qu'il est fort par rapport à moi. À moins de m'être déjà bien fait connaître du lecteur, je risque bien d'être le seul client du bar que la carrure du nouvel arrivant impressionne. Mieux vaut écrire : « Un homme entra. Il portait une canne et, pour je ne sais quelle raison, la brisa brusquement en deux comme une brindille. » Certes, cela est plus long à raconter. Et donc les adjectifs permettent une écriture rapide du genre je vais vous apprendre à vivre, moi. La publicité prospère là-dessus. « Un appareil à cinq vitesses super-efficace, puissant, silencieux, sensuel. » Vous pouvez bien mettre vingt adjectifs avant le nom, personne ne saura que vous êtes en train de décrire un étron. Les adjectifs mènent le lecteur en bateau. Et donc, permettez-moi de le souligner, Updike est l'un des rares écrivains capable de rehausser son œuvre avec des adjectifs plutôt que de lui faire du tort. Il possède un talent rare. Pourtant il m'ennuie. Même sa description d'une chatte. Ça pourrait aussi bien être un arbre. (Le velours de la mousse à la naissance fendue de mes membres, le voile des algues sur les terrasses de mon écorce, etc.) J'aimerais bien ne fût-ce qu'une fois qu'il me guide jusqu'à l'intérieur d'un con.

En ce moment, par exemple, mon esprit envisage la différence qui existe entre la description d'une chatte par Updike et un con bien réel, c'est-à-dire celui auquel je pense à l'instant même. C'est celui de Madeleine Falco, et comme elle est assise près de moi, il me suffirait de tendre la main droite pour sentir sous mes doigts le corrélatif objectif. Cependant, je préfère demeurer dans la condition plus simple de l'écrivain perdu dans une rêverie. Je ne serais rien si je n'étais animé d'un esprit de compétition – quel auteur encore méconnu ne l'est pas ? –, et donc je voudrais traduire le manifeste de son con en des mots bien choisis, plantant ainsi mon petit étendard de prose sur l'immense plage de la littérature à conquérir. C'est pourquoi je ne m'attarderai pas sur le pelage de sa chatte. Il est noir, si noir sur le blanc cimetière de sa peau, que mes entrailles et mes couilles résonnent les unes contre les autres comme des cymbales chaque fois que sa toison m'apparaît. Mais il est vrai qu'elle adore la montrer. Elle possède une petite bouche rose à l'intérieur de la grande (comme le gouverneur Nelson Rockefeller) et c'est une vraie fleur qui pantelle dans la rosée de ses chaleurs. Excité, le con de Madeleine semble surgir d'entre ses fesses et la petite bouche reste rose aussi large qu'elle ouvre les cuisses, tandis que la chair extérieure de son vagin – la grande bouche – révèle une lubrification boudeuse et que le périnée (que nous appelions nique, quand j'étais gamin à Long Island – ni con ni cul, ha ha) est une plantation luisante. On ne sait plus s'il faut la manger, la dévorer, la révérer ou s'y planter. J'avais l'habitude de lui dire dans un souffle : « Ne bouge pas, ne bouge pas, je te tuerai, je suis sur le point de jouir. » Oh les bruits innombrables qu'elle faisait en réponse. Chaque fois que j'étais en Madeleine, l'autre fille qu'elle était d'ordinaire, la jolie brune qui se promenait à mon bras dans la rue, cessait d'exister. Son ventre et sa matrice devenaient la totalité de son être – ce monceau tremblotant de délices temporelles, unguineuses, ointes, sébacées, grasses, savonneuses. Ah je ne saurais prétendre me passer d'adjectifs quand il s'agit de méditer sur le con. Quand je la baisais, je flottais parmi toutes les danseuses du ventre, toutes les concubines moricaudes du monde – je connaissais leur lubricité, leur avidité, leurs prétentions sur toutes les ambitions les plus brunes du Cosmos, tout cela était en moi. Dieu sait par quelles circonvolutions du karma mon foutre était aspiré dans son ventre. Son con avait plus de réalité pour moi que son visage.

Parvenue à ce point de sa lecture, Madeleine dit :

— Comment as-tu pu écrire de telles horreurs sur moi ? Et elle se mit à sangloter d'une manière qui m'était intolérable.

— Ce n'est que de l'écriture, lui dis-je. Ce ne sont pas les sentiments que tu m'inspires. Je ne suis pas assez bon écrivain pour décrire mes sentiments réels.

Mais je la détestais de me contraindre à désavouer mes écrits. D'ailleurs, notre situation était mauvaise de toute façon. Elle lut ces pages tout juste une semaine avant que nous nous décidions à nous embarquer dans une manière de demi-orgie échangiste (je ne vois pas comment en donner une description plus rapide) à laquelle je convainquis Madeleine de participer avec moi et pour laquelle il nous fallut descendre en voiture de New York jusqu'en Caroline du Nord, chez des inconnus. Tout ce que nous possédions était une petite annonce dans *Screw*, agrémentée d'une boîte postale :

Couple blanc, jeune mais mûr, lui, gynécologue, désire passer week-end amusant. Ni sport aquatique, ni cuir, ni sadomaso, envoyer photos. Non mariés s'abstenir.

Je répondis sans prévenir Madeleine et envoyai une photo de nous deux revêtus de nos plus beaux atours, en balade dans une rue. Je reçus leur Polaroïd en échange. Ils étaient en maillot de bain. L'homme était grand et demi-chauve avec un long nez triste, des genoux en boulets, une petite brioche, et paraissait jaunâtre.

Madeleine déclara en regardant sa photo :

— Il doit posséder la plus longue bite de toute la chrétienté.

— Pourquoi dis-tu ça ?

— Je ne lui vois pas d'autre justification.

L'épouse était jeune et portait un costume de bain à volants. Elle avait l'air dessalée. Elle avait un je ne sais quoi qui m'alla droit au cœur même sur la photographie. Pris d'une impulsion, je dis :

— On y va.

Madeleine approuva de la tête. Elle avait de grands yeux noirs qui étaient lumineux et pleins de connaissance tragique – sa famille avait un certain rang dans la mafia et fit pleuvoir les malédictions sur sa tête lorsqu'elle quitta le domicile familial (de Queens) pour aller à Manhattan. Elle portait ses blessures du départ comme une cape de velours. Elle avait de la gravité, et afin de la contrebalancer, j'étais prêt à aller très loin pour la faire rire, j'ai même essayé de marcher sur les mains, dans notre petit meublé. Un instant de gaieté chez elle donnait à mon humeur un bouquet qui pouvait durer des heures. C'était pour cela que j'en étais devenu amoureux. Elle possédait en ses profondeurs une tendre moelle que je n'avais trouvée chez nulle autre femme.

Mais nous étions trop proches. Je finis par me rassasier d'elle. Comme j'ai dû lui paraître dur et irlandais. Après deux années vécues ensemble, nous étions dans cette saison où l'on se marie si l'on ne veut pas se quitter. Nous parlions de sortir avec d'autres. Je la trompais de temps en temps et elle avait toute la nuit pour choisir de me rendre la pareille car je travaillais au bar quatre jours par semaine de cinq heures du soir à cinq heures du matin – et c'est beaucoup d'amour que l'on peut faire en douze heures.

C'est pourquoi, lorsqu'elle eut hoché du chef en manière d'approbation, il ne m'en fallut pas plus pour décider de cette excursion vers le sud. Elle était douée pour tout exprimer par un simple petit mouvement de tête ironique et sec. « Et maintenant, annonce-moi les mauvaises nouvelles », disait-elle.

Et nous allâmes donc en Caroline du Nord. Nous nous assurâmes mutuellement que nous n'éprouverions probablement pas de sympathie pour l'autre couple et que nous serions vite repartis. Alors nous pourrions nous offrir un petit extra sur le chemin du retour.

— Nous nous arrêterons à Chincoteague, lui dis-je. On essaiera de monter un poney.

Et je lui expliquai que c'était à peu de chose près les derniers chevaux sauvages que l'on trouvait encore à l'est du Mississippi.

— Chincoteague, dit-elle. Ça me plairait.

Elle possédait une riche voix de gorge un peu voilée dont le timbre résonnait dans ma poitrine. Et elle me laissa me bercer sur chaque syllabe de Chincoteague. Ainsi étendîmes-nous du baume sur l'incision que nous nous apprêtions à pratiquer dans notre propre chair. Et nous partîmes.

Ce fut ma première rencontre avec Patty Lareine. (C'était longtemps avant qu'elle ne fît la connaissance de Wardley.) C'était elle l'épouse de Gros Minet (comme elle l'appelait). Quant à Gros Minet, il se révéla, premièrement, possesseur d'une vraiment longue bite et, deuxièmement, un menteur car, loin d'être le gynécologue le plus prospère du comté, il était ostéopathe. C'était aussi un prodigieux amateur de chattes. Peut-on imaginer à quelles profondeurs il plongea dans le coffre aux trésors de Madeleine ?

Dans la chambre mitoyenne (car il abordait l'échangisme en hygiéniste – point de trio ni de partie carrée !), Patty Erleen – qui ne s'était pas encore rebaptisée Lareine – et moi-même, entamâmes notre propre week-end. Je trouverai peut-être un jour la force de le décrire, mais, pour l'instant, qu'il me suffise de dire que je pensais à elle sur le trajet du retour vers New York et que Madeleine et moi ne nous arrêtâmes jamais à Chincoteague. Je ne fumais pas non plus pendant cette période. C'était ma première tentative pour me débarrasser de l'accoutumance. Ce qui fait que j'avais connu pas mal d'ascensions vertigineuses et de chutes libres du Moi en traversant deux jours et une nuit d'échangisme (Gros Minet ne sut jamais que Madeleine et moi n'étions pas mariés mais, à vrai dire, vu les dommages que cela causa, nous l'étions) sans pouvoir allumer une cigarette dans les instants où j'avais l'impression d'être *empalé* – c'est le mot juste pour décrire l'obligation d'écouter ma femme donner de la voix à son plaisir (et comme Madeleine pouvait gémir !) pendant qu'un autre homme était en elle. Il n'est pas un moi masculin qui puisse rester le même après avoir entendu le cri du plaisir féminin auquel il est habitué offert à une nouvelle bite inconnue (et très longue). « Mieux vaut être maso que pédé », me dis-je à plus d'une reprise pendant ces deux jours, mais il est vrai que je connus des heures glorieuses à mon propre compte, dans la mesure où l'épouse de l'ostéopathe, autrefois son infirmière, cette Patty Erleen, possédait un corps aussi pneumatique qu'un mannequin de dix-neuf ans de *Play Boy* qui se dresserait soudain devant vous dans toute son incroyable réalité, et nous connûmes une véritable aventure exploratoire, c'est-à-dire que je ne cessais de la pousser à poser la bouche en divers endroits où elle jurait ses grands dieux ne l'avoir encore jamais posée, ce qui nous maintint dans les fosses et domaines l'un de l'autre tant nous avions d'atomes véritablement crochus, vilains, intimes, durables et méchants et sources d'un plaisir d'autant plus grand qu'il était méchant. Dieu que Patty Erleen était chouette, on pouvait la baiser à en mourir. Et aujourd'hui encore, onze ans plus tard, je me retrouvais proche de cette première nuit et n'aurais pas voulu l'être, comme si penser du bien de Patty eût été tromper Madeleine une fois encore.

Au lieu de quoi je choisis de m'infliger le souvenir du long retour de Madeleine Falco et de moi-même jusqu'à New York. Ce fut un très long retour. Nous nous querellions, et Madeleine glapissait des imprécations contre moi (ce qui ne lui ressemblait pas du tout) chaque fois que je prenais un tournant un peu vite, et pour finir – cela m'apprendra à vouloir jouer la froide décontraction sans cigarette – je perdis la bagnole dans un tournant particulièrement difficile. C'était un grand bateau de Dodge, ou une Buick, ou une Mercury – qui s'en souvient ? C'étaient toutes les mêmes, elles se comportaient comme des éponges dans les tournants difficiles. Et nous patinâmes dans un grand crissement sur une centaine de mètres d'asphalte avant de nous écraser contre un arbre.

Je sentais que mon corps était dans le même état que la bagnole. Une partie était écrasée, une autre distendue, et un fracas épouvantable, comme celui d'un pot d'échappement à la traîne, cognait à mes oreilles. À l'extérieur, silence. Un de ces silences campagnards quand les insectes dérangés vibrent à travers champs.

Madeleine était en plus piètre état que moi. Elle ne me le dit jamais, mais j'appris que sa matrice avait été blessée. Et il y avait effectivement une effrayante cicatrice sur son ventre quand elle sortit de l'hôpital.

Nous avons encore tenu le coup un an, nous éloignant de plus en plus l'un de l'autre au cours des mois qui suivirent. Nous nous mîmes à la cocaïne. Cela comblait la faille. Et puis, pour ainsi dire, l'habitude se figea, elle gela à fendre la pierre de notre relation, et la faille s'en trouva élargie. Ce fut après notre rupture que je me fis poisser pour trafic de cocaïne.

Pour l'heure, assis dans mon bureau chez moi à Provincetown, je sirotais un bourbon sec. Se pouvait-il que ces souffrances passées, additionnées d'un peu de bourbon, se révèlent un sédatif pour trois jours de choc, de sursauts, de coups de théâtre, et de mise en pièces de tout ce que je comprenais ? Assis dans mon fauteuil, je sentis le sommeil venir comme une bénédiction. Le murmure de ce qui n'est plus m'enveloppa comme une infusion et les couleurs du passé prirent plus de profondeur que le présent. Le sommeil était-il l'entrée d'une caverne ?

L'instant suivant, je fus arraché au sommeil. Que pouvais-je bien faire quand la plus simple de mes métaphores voyait encore l'entrée d'une caverne ? Voilà qui n'était pas fait pour entraîner mon esprit loin de mon terrier des bois de Truro.

Tout de même, je n'en continuais pas moins de boire mon bourbon et quelques ressources me revinrent. Avais-je commencé à digérer l'impact du suicide de M. Pangborn ? Car il ne semblait plus désormais improbable que Pangborn fût le maniaque qui avait fait le coup. Sa lettre pouvait sans aucun doute passer pour l'annonce d'un crime. « Si quelqu'un cherchait à me prendre ma blonde, je tuerais. » Mais qui ? Le nouvel amant ou la dame ?

Cela, qui constituait une hypothèse de départ, devint, ajouté au bourbon, le sédatif dont j'avais besoin et je sombrai enfin dans un profond sommeil, aussi agité que si j'avais encore joué comme avant dans cette équipe d'Exeter qui ne savait pas faire une passe et je descendis à de telles profondeurs dans le sommeil que les voix d'Enferville elles-mêmes n'étaient plus avec moi quand je m'éveillais. Au contraire, je repris conscience avec le souvenir très net que trois nuits plus tôt – oui, c'était certain ! – Jessica, Lonnie et moi avions quitté le Widow's Walk à peu près en même temps, eux sortant de la salle à manger, moi du bar, et que là, dans ce parc de stationnement, notre conversation avait repris – au grand dam de Pangborn et au grand plaisir de Jessica, et que cette dernière et moi-même avions ri si fort et si vite que nous avions bientôt décidé de nous rendre chez moi pour un dernier verre.

Alors avait commencé une discussion à propos de voitures. Fallait-il en prendre deux ou une ? Jessica était pour deux, Lonnie dans sa conduite intérieure de location et elle et moi dans la Porsche, mais il n'était pas aveugle et ne désirait nullement être laissé pour compte, il résolut donc la question en prenant place sur le siège du passager de ma Porsche, sur quoi elle fut obligée de s'installer au-dessus et tout autour de lui, ce qu'elle s'arrangea pour faire en étendant les jambes en travers de mes genoux, de manière à ce qu'il me fût impossible de changer de vitesse sans manœuvrer ma main tout autour de ses genoux et sous ses cuisses, mais il est vrai qu'il n'y avait qu'un peu plus de trois kilomètres jusque chez moi et, une fois là, nous avons longuement parlé de la valeur des propriétés à Provincetown et expliqué pourquoi notre vieille ruine branlante à Patty et moi valait tant alors qu'elle consistait en deux clapiers juxtaposés agrémentés de deux appentis et d'une tour que nous avions bâtie nous-mêmes pour mon studio du deuxième étage. Mais c'était la façade, le front de mer, leur dis-je, qui était déterminant. Nous possédions trente mètres de façade sur la baie et toute la longueur de notre maison était parallèle au rivage, ce qui était rare dans notre ville.

— Oui, avait dit Jessica, c'est merveilleux.

Et je jure qu'elle avait écarté encore un peu plus les genoux.

Évidemment je ne puis dire s'il s'agit d'un souvenir ou d'un rêve. Car si l'épisode possédait toute la clarté d'un événement réel, sa logique semblait appartenir à ce théâtre du sommeil où prennent place seulement ces actions impossibles qui sont trop incisives pour le jour. Ce dont je me souvenais désormais, c'était qu'à mesure que nous buvions assis dans mon salon, je m'étais mis à renifler quelque chose sous chacun des gestes de Lonnie. Plus il s'enfonçait dans la boisson, moins sa façade d'avocat semblait capable de maintenir l'image de sa masculinité. Et ce fut là-dessus que je m'éveillais dans mon fauteuil : le troisième matin après leur disparition, prêt à témoigner sous serment que cette nuit-là, en les regardant tous les deux dans mon salon, je m'étais mis à bander prodigieusement – une de ces érections dont nous nous rappelons avec une fierté excessive – et ma compréhension de ce genre de don du ciel était si péremptoire que je tins absolument à défaire ma braguette au milieu d'un long et riche silence assez chargé de signification, je dois le dire. Oui, je la sortis et la leur brandis sous le nez, comme un gamin de six ans ou un doux dingue en disant : « Lequel de vous deux a droit à la première bouchée ? » – remarque cataclysmique s'il en fut car le risque était grand de les voir mettre les bouts plutôt que de sucer le mien, mais si ce souvenir est fidèle, elle se leva, vint s'agenouiller près de moi, posa sa tête blonde dans mon giron et sa bouche rouge sur ma bite tandis que Lonnie laissait échapper un bruit qui était fait pour moitié de joie et pour moitié d'atroce souffrance.

Ensuite, semble-t-il, nous nous retrouvions tous dans ma Porsche pour une folle virée à Wellfleet. À un moment donné, j'arrêtai la voiture dans les bois, un peu avant d'arriver à la maison de Harpo, et je lui fis l'amour sur l'aile avant, oui, parce que ce matin-là, en m'éveillant dans le fauteuil du deuxième étage, la mémoire m'étant revenue, je sentais encore l'étreinte des parois de son vagin sur ma monstrueuse érection. Comme j'avais besoin de la baiser ! À bas Patty Lareine ! C'était comme si Jessica et moi avions été conçus dans quelque atelier céleste, pièce par pièce, nos sexes étaient inséparables, et que pouvait faire Lonnie sinon nous regarder ! Il pleurait, si je m'en souviens bien, et jamais je ne m'étais senti plus brutal. Sa misère valait le sang pour mes tissus érectiles. Tel était l'état de mes émotions près de quatre semaines après que ma femme m'avait abandonné.

Et nous revoilà tous les trois à bavarder dans la voiture. Il dit qu'il avait besoin de rester seul avec la femme, il fallait qu'il lui parle – consentai-je à les laisser parler ? Aurais-je la pudeur de les laisser parler ?

— Oui, répondis-je, mais il faut que nous assistions à une séance ensuite.

Pourquoi, je n'en savais rien.

— Je vous parie, dis-je encore, qu'elle sera encore avec moi quand vous aurez parlé.

Et je me rappelle avoir gravi l'escalier de Harpo, et le tatouage, oui, Harpo fredonnait en maniant les aiguilles et son bon visage ravagé avait des expressions de cousette. Et puis – non, je ne me rappelais pas m'être arrêté dans les bois de Truro pour leur montrer mon lopin de chanvre, mais cela devait avoir eu lieu – oui, je ne voyais pas comment j'aurais pu manquer de le faire.

Que s'était-il passé ensuite ? L'avais-je laissée seule avec lui ? Comme j'étais moins porté à l'amour en m'éveillant ce matin-là qu'à la défense de mes intérêts ! Voilà que j'espérais l'avoir laissée avec lui et que c'était sa tête – malgré toute ma dévotion pour les jolies chattes quand j'avais fumé –, oui, c'était sa tête que je souhaitais découvrir dans le terrier. Car si elle y était – et désormais j'étais convaincu que ce devait être Jessica –, eh bien, alors, j'allais être en mesure de découvrir d'autres indices. S'il l'avait tuée dans une quelconque chambre de motel pour transporter son corps (ou était-ce seulement sa tête ?) jusqu'à mon lopin, il y aurait encore des traces de pneus sur les bas-côtés de la route sablonneuse. Je pouvais passer en voiture devant la sienne, où qu'elle eût été mise en fourrière, et voir le dessin des pneus, oui, je m'étais enfin mis à penser en limier ; et tout cela, comme j'allais m'en rendre compte rapidement, était un exercice qui pousserait ma psyché contre la paroi verticale de ma peur jusqu'à ce que je me sentisse assez fort, oui, assez remonté encore une fois, pour faire un second voyage par l'esprit de manière à être capable de faire le premier dans la réalité. Ainsi, m'éveillant à huit heures du matin dans mon fauteuil, rafraîchi par toutes les stimulations charnelles de Jessica, je pus convertir la dure adrénaline de chaque pensée lubrique en volonté de m'extraire de mon marasme. Et il me fallut la totalité de la journée, toute la matinée et tout l'après-midi. Alors même que je ne souhaitais pas y retourner dans le noir, j'y fus contraint. Car pendant des heures ma volonté se tut ce jour-là et je demeurai assis dans mon fauteuil ou parcourus la plage à marée basse, souffrant autant que si j'avais dû escalader de nouveau le monument. Quand vint le soir, toutefois, j'avais réussi à regagner l'état dans lequel j'étais quand Regency avait frappé à ma porte près de vingt-quatre heures auparavant. Et je montai donc dans ma Porsche, oui, une fois de plus, songeant même que Pangborn, après s'être débarrassé de Jessica, pouvait fort bien être revenu à ma voiture pour maculer le siège du passager avec le reste de son sang – comment pourrais-je jamais prouver une chose pareille ? – puis je gagnai les bois, me rangeai, suivis le sentier, et le cœur battant comme un bélier contre une porte de cathédrale, la transpiration ruisselant sur mon visage comme des fontaines d'eau éternelle, j'aspirai la brume de l'air nocturne de Truro, ôtai la pierre, tendis le bras à l'intérieur et l'en ressortis la main vide. Je ne saurais vous dire comment je fouillai ce terrier. J'aurais pu y brûler un trou avec le rond lumineux de ma lampe de poche, mais quand j'en eus retiré ma malle, il n'y resta plus rien. Il n'y avait rien. La tête avait disparu. Il ne restait que la malle et son contenu de bocaux de chanvre. Je fuis ces bois avant que les esprits qui commençaient à s'y assembler aient le temps de m'entourer.

5

Cependant, quand j'atteignis la route, la panique m'avait abandonné. Si plus d'une nuit de beuverie m'avait par plus d'une sinistre matinée mené bien près de me faire interner volontairement (parce que je ne me rappelais presque rien de ce que j'avais fait), il me semblait pour l'heure que, depuis ma soirée au Widow's Walk, je n'avais pas – malgré mon agitation – été de nouveau coupé de ma mémoire. Si c'était vrai, ce n'était donc pas moi qui avais fait disparaître cette tête blonde de mon terrier. Quelqu'un d'autre s'en était mêlé. Il était même vraisemblable que le meurtre n'avait pas été mon fait non plus.

Certes, je n'aurais pu jurer être demeuré dans mon lit toutes les nuits. Mais d'un autre côté, personne ne m'avait jamais encore accusé de somnambulisme. Semblable au froissement qui parcourt la plage à l'instant où la marée s'inverse (pour ceux qui ont des oreilles pour l'entendre), une espèce de confiance commençait à me revenir, une croyance, si l'on peut l'appeler ainsi, au fait que je n'avais pas perdu les derniers restes de ma veine (exactement le genre de foi qui ramène un perdant vers les tables de jeu).

Dans mon cas, c'était l'incroyable audace de croire que je pouvais rentrer chez moi, ne pas me poivrer, et dormir. Et ce fut bel et bien ce que je fis, ne manquant pas d'en être impressionné au matin comme par une espèce de petite merveille. Mais bien sûr, il faut dire que j'avais un but et des intentions quand je m'étais mis au lit. Il s'agissait de débattre (dans les plus profondes régions du sommeil) si je devais essayer ou non de revoir Madeleine. La facilité avec laquelle je m'étais mis au lit et la profondeur de mon sommeil témoignaient du sérieux de ces intentions.

Au matin, la question ne se posait plus. En ce vingt-huitième jour du départ de Patty, j'irais voir Madeleine. Tout le reste pouvait attendre. J'avalai un petit déjeuner et nettoyai l'écuelle du chien, constatant que la peur qu'il avait de moi avait été remplacée par une extrême réserve. Pourtant, sans prendre le temps de réfléchir à la perte de son amitié, ce qui eût risqué du même coup d'entamer mon humeur, je pris l'annuaire du Cap Cod et y trouvai le numéro d'Alvin Luther Regency dans la ville de Barnstabble.

Il était neuf heures, une bonne heure pour appeler. Regency avait probablement déjà parcouru les soixante-dix kilomètres qui le séparaient de Provincetown et, sinon, devait être encore sur la route.

Je ne me trompais pas. J'eus Madeleine au bout du fil. Je sus qu'elle était seule.

— Allô, dit-elle.

Oui, elle était seule. Elle avait la voix claire. Quand il y avait quelqu'un d'autre avec elle dans une pièce, sa voix trahissait toujours un certain embarras. J'attendis comme pour souligner l'occasion puis je dis :

— J'apprends que tu me fais transmettre tes salutations.

– Tim.

— Oui, c'est Tim.

— L'homme de ma vie, dit-elle.

Elle avait parlé avec une intonation moqueuse que je n'avais pas entendue depuis bien longtemps. Oh oui, sa voix éveillait bien des échos.

— Comment vas-tu ? demandai-je.

— Fort bien, dit-elle, mais je n'ai pas le souvenir de t'avoir fait transmettre de salutations.

— Je le tiens pourtant d'une source autorisée.

— Oui c'est bien Tim, dit-elle. Oh, mon Dieu !

Comme si, maintenant qu'elle le répétait, elle avait enfin compris – oui, Tim, au téléphone, après tant d'années.

— Non mon chéri, dit-elle, je ne t'ai pas envoyé de salutations.

— J'apprends que tu es mariée ?

— Oui.

Nous nous tûmes. Il y eut un instant où je sentis chez elle une impulsion de raccrocher et ma nuque se mit à transpirer. Tout l'espoir de cette journée serait anéanti si elle reposait le combiné, et pourtant mon instinct me disait de ne pas parler.

— Où habites-tu ? demanda-t-elle enfin.

— Comment, tu ne le sais pas ?

— Oh, eh, l'ami, c'est pour « Quitte ou double » ? Non, je ne sais pas.

— Oh, s'il vous plaît, madame, ne soyez pas trop dure.

— Va te faire voir. Je suis là en train de rassembler mes idées – cela signifiait que j'avais interrompu sa première prise du matin – et tu téléphones comme si tu étais le type d'hier soir.

— Attends un peu, dis-je. Tu ne sais pas que j'habite Provincetown ?

— Je n'y connais personne, et d'après ce que j'entends dire, je ne m'en porte que mieux.

— Ça c'est bien vrai, dis-je. Chaque fois que la pendule résonne ton mari alpague un de tes anciens petits copains trafiquants.

— N'est-ce pas ? répondit-elle. Épouvantable, vous êtes de mon avis.

— Toi, comment as-tu pu épouser un flic ?

— Vous n'avez plus de monnaie ? Essayez d'appeler en P C V.

Elle avait raccroché. Je sautai dans ma bagnole.

Il fallait que je la voie. C'était une chose de souffler sur les braises d'une vieille histoire d'amour, c'en était une tout autre que de percevoir la promesse d'une réponse. J'eus à cet instant une espèce d'aperçu éclair jusqu'à la racine de l'obsession elle-même. Pas étonnant que nous ne puissions supporter les questions dont la réponse n'est pas accessible. Elles occupent le cerveau comme ces grands trous creusés pour les fondations de bâtiments jamais construits. Tout ce qu'il peut y avoir d'humide, de pourri et de mort s'y rassemble pour stagner. Compte tes caries et tu connaîtras le nombre d'obsessions qui t'ont fait retomber dans la boisson. Et donc, pas de question. Il fallait que je la voie.

À quelle vitesse je traversais le paysage ! C'était exactement le jour dont j'avais besoin. À la sortie de Provincetown, un soleil falot de novembre projetait une lumière pâle sur les dunes et l'on aurait dit les collines du Paradis. Le vent soulevait suffisamment de sable pour que les sommets disparaissent dans une manière de brume lumineuse et angélique. Et, de l'autre côté de la route, en direction de la baie, toutes les petites cabanes blanches destinées aux estivants s'alignaient comme les niches d'un gigantesque chenil bien tenu. Pour l'heure, avec leurs fenêtres masquées de planches, elles avaient un air d'outrage muet. Mais après tout les arbres étaient nus, eux, et arboraient des teintes aussi usées que le pelage d'animaux confrontés à un long hiver dans une contrée sans fourrage.

Je pris des risques et conduisis à une vitesse qui m'aurait expédié droit en taule pour peu qu'un garde national capte mon image sur son radar. Mais je ne fis pourtant pas une très bonne moyenne, car je m'avisai soudain au beau milieu de cette course de vitesse du fait que Barnstabble était une ville assez petite pour qu'un conducteur de Porsche se faisant indiquer la demeure de Regency ne passe pas inaperçu. Et je ne voulais pas qu'un voisin d'Alvin Luther allât lui demander le soir qui était l'ami qui avait garé sa voiture de sport à trois cents mètres de chez lui. Dans cette partie du Cap, la population hivernale, à l'œil aussi perçant, vif et malveillant que les oiseaux, petits-bourgeois amateurs d'ordre, prend note de votre numéro d'immatriculation dès qu'elle aperçoit une voiture inconnue. À ses yeux tout inconnu est un suspect. Je garai donc la voiture à Hyannis et louai une de ces grandes péniches anonymes couleur de muraille, une Galaxy, ou était-ce une Cutlass ? – une Cutlass, je crois, quelle importance ? J'eus le militantisme marginal de blaguer avec la jeune écervelée de chez Hertz sur l'uniformité ubiquiste de l'automobile américaine – elle a dû croire que j'étais sous L S D. En tout cas elle a bien pris son temps pour vérifier ma carte de crédit, me faisant attendre dix bonnes minutes mortelles avant de raccrocher le téléphone et de me rendre le petit morceau de plastique. Cela me fournit l'occasion de ruminer un peu ma situation financière. Patty Lareine avait vidé notre compte en banque quand elle était partie et m'avait fait retirer ma Visa, ma Master Card et ma carte de l'American Express, comme je l'avais découvert avant la fin de la première semaine. Mais les époux de mon acabit ont des ressources que même les épouses du genre de Patty Lareine sont incapables d'annihiler entièrement – en l'occurrence, ma vieille carte du Diners Club, que j'avais pris grand soin de renouveler sans jamais m'en servir, de telle sorte qu'elle en avait négligé l'existence. De sa validité dépendaient désormais mes fournitures en vivres, boisson, essence, etc., et maintenant cette bagnole de location et – bah, ça ne faisait pas loin d'un mois –, tôt ou tard, Patty Lareine recevrait quelques factures. Alors, quand elle aurait annulé cette carte-là aussi, le manque d'argent risquait de devenir ma préoccupation. Peu m'importait. Je vendrais les meubles. L'argent était un jeu auquel jouaient les autres, jeu que je tentais quant à moi d'éviter en en ayant tout juste assez pour ne pas y jouer. Personne ne vous croit jamais quand vous prétendez ce genre de choses mais – voyez-vous ? – je me crois moi-même.

Tout cela nous écarte du sujet mais plus je m'approchais de Barnstabble plus mon esprit redoutait d'envisager ce qu'il me faudrait faire si Madeleine refusait de me recevoir. Ce malaise fut toutefois bientôt remplacé par la nécessité de me concentrer sur l'itinéraire. Il n'avait rien de facile ou d'automatique dans le coin. Au cours de la dernière décennie, les environs de Barnstabble se sont couverts de routes étroites mais fraîchement asphaltées et de lotissements nouveaux taillés parmi les pins rabougris qui couvrent la plus grande partie du paysage. Il est de plus en plus fréquent que les plus vieux habitants n'aient jamais entendu parler de rues neuves à moins de deux kilomètres de leur demeure. Je pris donc la précaution de m'arrêter dans une agence à Hyannis, où ils possédaient une grande carte récente du comté, sur laquelle il me fut possible de localiser la petite allée d'Alvin Luther. Comme je m'en étais douté, et toujours d'après la carte, elle ne semblait guère mesurer plus de cent mètres de long, étant l'une des six minirues semblables et parallèles dépendant toutes d'une même portion de route avec laquelle elles formaient comme les six tétines d'une truie ou, serait-il plus gentil de dire, comme les six cylindres d'un moteur conçu pour le genre de voiture que je conduisais ? Comme on pouvait s'y attendre, cette courte artère se terminait par un petit rond-point en cul-de-sac autour duquel étaient disposées cinq maisons de bois identiques, dans le style de Cap Cod, mais considérablement modifiées, avec chacune un pin planté sur la pelouse, des gouttières de plastique, une boîte aux lettres peinte d'une couleur différente, des poubelles modernes, des tricycles sur le gazon… Je me garai juste avant le rond-point.

Cela ne manquerait pas d'attirer l'attention d'être vu parcourant cinquante pas inutiles jusqu'à sa porte. Je pouvais difficilement aller tirer sa sonnette puis plus tard regagner ma voiture sans être observé. Cependant il eût été pire encore d'abandonner la voiture devant une autre maison dont cela n'aurait pas manqué d'inquiéter le propriétaire. Quelle solitude était suspendue sur cette enclave parmi les tristes bois de pins rabougris ! Je pensais aux vieilles sépultures indiennes qui avaient dû occuper jadis ces landes couvertes de broussailles. C'était bien de Madeleine d'accepter une situation dont la morosité correspondait à ses pires accès de mauvaise humeur – pour elle c'était un point de départ. Tandis que demeurer dans une maison comme celle de Patty, où l'on risquait de tomber en chute libre sous la gaieté des couleurs – rien, pour Madeleine, n'aurait pu être pire. J'actionnai la sonnette.

J'attendis d'entendre son pas pour oser être certain qu'elle était chez elle. Elle se mit à trembler dès qu'elle me vit. L'intensité de son trouble me traversa aussi clairement que si elle avait parlé. Elle était enchantée, elle était furieuse, mais elle n'était pas surprise. Elle s'était maquillée, et je sus ainsi (car elle ne prenait en général aucun soin de son visage avant le soir) qu'elle attendait un visiteur, moi, sans aucun doute.

L'accueil ne fut pourtant pas très engageant.

— Pauvre type, dit-elle, j'aurais dû m'attendre à ce genre de conneries de ta part.

— Écoute, Madeleine, si tu ne voulais pas me voir venir, tu n'aurais pas dû raccrocher.

— Je t'ai rappelé, ça ne répondait plus.

— Tu as trouvé mon nom dans l'annuaire ?

— Son nom, tu veux dire.

Elle m'examina des pieds à la tête.

— Ça ne te va pas du tout d'être entretenu, conclut-elle.

Madeleine avait travaillé comme hôtesse pendant des années dans un bon restaurant-bar de New York, et elle n'aimait pas beaucoup perdre contenance. Elle avait indiscutablement cessé de trembler, mais sa voix n'était pas encore placée normalement.

— Il faut donc que je te mette les points sur les I, dit-elle. Tu peux rester ici cinq minutes environ avant que les voisins ne commencent à se téléphoner pour chercher à savoir qui tu es.

Elle jeta un coup d'œil par la fenêtre.

— Tu es venu à pied ?

— Ma voiture est un peu plus loin dans la rue.

— Génial. Je crois qu'il vaut mieux que tu t'en ailles tout de suite. Tu t'es égaré et tu es venu me demander ton chemin, d'ac ?

— Qui sont donc ces voisins qui inspirent un tel respect ?

— Tu as la famille d'un garde national à gauche, et un couple de retraités à droite, M. et Mme Piplet.

— Ah bon, je pensais que c'étaient peut-être des vieux amis de la mafia.

— Mon pauvre Madden, dit-elle. Dix ans se sont écoulés et tu n'as toujours pas de classe.

— Il faut que je te parle.

— Trouvons une chambre d'hôtel à Boston.

C'était sa façon à elle de me dire d'aller me faire voir.

— Je t'aime encore, lui dis-je.

Elle se mit à pleurer.

— Tu es un tel salaud, dit-elle. Vraiment, tu es pourri.

J'avais envie de la prendre dans mes bras. J'avais envie, s'il faut dire la vérité, de recoucher aussitôt avec elle, mais ce n'était pas le moment. J'avais au moins appris ça en dix ans.

— Entre, dit-elle. Assieds-toi.

Son salon allait avec le reste de la maison. Il était haut de plafond avec des boiseries industrielles, un tapis synthétique et des tas de meubles qui devaient provenir du centre commercial de Hyannis. Il n'y avait rien d'elle-même. Ce n'était pas surprenant. Elle prenait grand soin de son corps, de ses vêtements, de son maquillage, de sa voix et des expressions de son visage en forme de cœur. Elle était capable de marquer par les plus subtils mouvements de sa belle bouche toutes les nuances du sarcasme, du dédain, du mystère, de la tendresse et de l'expérience qu'elle pouvait avoir besoin d'exprimer. Elle était à elle-même son propre chef-d'œuvre brun. C'était ainsi qu'elle se présentait. Mais son cadre, c'était une autre paire de manches. Quand j'avais fait la connaissance de Madeleine, elle habitait un logement si terne qu'il me suffirait de décrire de nouveau celui de Nissen. C'était chouette. J'avais une reine qui était indépendante de son habitat. Je puis vous dire que c'était l'une des bonnes raisons pour lesquelles je m'étais fatigué d'elle en deux ans. Une reine italienne et pas plus facile à vivre qu'une princesse juive.

Je lui dis alors :

— C'est Alvin qui a acheté tout ça ?

— C'est comme ça que tu l'appelles ? Alvin ?

— Et toi, comment l'appelles-tu ?

— Peut-être bien que je l'appelle le Vainqueur, dit-elle.

— C'est le Vainqueur qui m'a dit que tu l'avais chargé de me transmettre tes salutations.

Elle n'était pas assez vive pour me cacher la nouvelle.

— Jamais je n'ai prononcé ton nom devant lui, dit-elle.

Je songeai que cela devait être vrai. Quand je la connaissais, elle ne parlait de personne devant moi.

— Et alors, dis-je, comment ton mari a-t-il découvert que je te connaissais ?

— Cherche encore. Tu trouveras bien une réponse.

— Tu penses que Patty Lareine le lui a dit ?

Madeleine haussa les épaules.

— Comment sais-tu, lui demandai-je, que Patty Lareine le connaît ?

— Oh, il m'a dit comment il avait fait votre connaissance à tous les deux. Il lui arrive de me dire des tas de choses. Nous sommes très seuls ici.

— Alors tu savais que j'étais à Provincetown.

— Je m'étais arrangée pour l'oublier.

— Pourquoi êtes-vous solitaires ? demandai-je.

Elle secoua la tête.

— Tu as deux fils. Ça devrait être suffisant pour t'occuper.

— Qu'est-ce que tu racontes ?

Mon instinct restait bon. Je ne croyais pas qu'il y avait des enfants dans cette maison.

— Ton mari, dis-je, m'a montré une photo de toi avec deux petits garçons.

— Ce sont les enfants de son frère. Je n'en ai pas. Tu sais bien que je ne peux pas.

— Pourquoi me mentirait-il ?

— C'est un menteur, dit Madeleine. En voilà une affaire. C'est le cas de la plupart des flics, non ?

— On dirait qu'il ne t'est pas très sympathique.

— C'est un salopard cruel et tyrannique.

— Je comprends.

— Mais il m'est sympathique.

— Ah bon.

Elle se mit à rire. Puis elle se mit à pleurer.

— Excuse-moi, dit-elle.

Et elle gagna la salle de bains qui donnait sur le vestibule. J'entrai au salon. Il n'y avait ni gravures ni tableaux mais une trentaine de photographies encadrées ornaient un mur : Regency sous divers uniformes. Béret vert, garde national, d'autres que je ne reconnus pas. Sur certaines, on le voyait serrer la main à des représentants politiques et à des hommes qui semblaient des hauts fonctionnaires. Et il y en avait deux dans lesquels j'aurais vu de hauts responsables du FBI. Tantôt Regency recevait une quelconque coupe sportive ou commémorative, tantôt c'était lui qui les remettait. Au centre, il y avait un grand portrait photographique de Madeleine en robe de velours très décolletée. Elle était belle.

Au mur d'en face, un râtelier. Je ne m'y connais pas assez pour dire si c'était une belle collection mais il y avait trois fusils de chasse et dix carabines. À côté, une vitrine protégée d'un grillage métallique contenait un autre râtelier où l'on voyait deux six-coups et trois grosses armes de poing qui me semblèrent être des Magnum.

Comme elle ne sortait toujours pas, je m'offris un rapide voyage à l'étage, traversant la chambre à coucher de maître et la chambre d'amis. Encore des meubles de centre commercial. Tout était propre et en ordre. Les lits étaient faits. On ne pouvait pas dire que ce fût franchement typique de Madeleine.

Au coin d'un miroir on avait glissé une feuille de papier sur laquelle était écrit :

La vengeance est un plat que les gens
de goût dégustent froid.
(Vieux dicton italien)

C'était son écriture.

Je redescendis juste avant qu'elle ne réapparaisse.

— Tu te sens bien ? lui demandai-je.

Elle fit oui de la tête. Elle s'assit dans un des fauteuils. Je pris place dans l'autre.

— Salut, Tim, dit-elle.

Je ne savais pas si je pouvais lui faire confiance. Combien j'avais besoin de parler, je commençais tout juste à m'en rendre compte. Mais si Madeleine ne se révélait pas la meilleure confidente possible, alors elle serait presque certainement la pire. Je dis :

— Écoute, Madeleine, je t'aime encore.

— Affaire suivante, dit-elle.

— Pourquoi as-tu épousé Regency ?

J'avais eu tort d'utiliser son nom de famille. Elle se raidit comme si j'avais attaqué son ménage lui-même. Mais j'en avais déjà marre de faire référence à lui en l'appelant le Vainqueur.

— C'est de ta faute, dit-elle. Tu n'étais pas obligé de me présenter à Gros Minet.

Il était inutile qu'elle aille jusqu'au bout de sa pensée. Je connaissais les mots qu'elle avait failli prononcer puis retenus. Mais ce fut plus fort qu'elle. Sa voix résonna en une piètre imitation de Patty Lareine. Mais sa colère était trop forte et, du coup, l'imitation un peu forcée.

— Eh oui, mon bonhomme, dit-elle. Depuis Gros Minet, je me suis découvert le goût des braquemarts géants.

— Il t'arrive d'offrir à boire ? demandai-je.

— Il est temps que tu partes. Je peux encore te faire passer pour un représentant en assurances.

— Mais dis, c'est que tu as bel et bien la trouille de Regency.

Elle n'était pas trop difficile à manipuler, en définitive. Sa fierté devait rester intacte. Elle répliqua donc :

— C'est après toi qu'il en aura.

Je ne dis rien. Je tentai de calculer les proportions de la colère d'Alvin Luther.

— Tu crois qu'il serait mauvais ?

— Oublie-moi, petit. Il n'est pas dans ta catégorie.

— Ce qui signifie ?

— Il peut être mauvais, oui.

— Je n'ai aucune envie de le regarder te couper la tête.

Là, elle sursauta.

— Il t'a parlé de ça ?

— Oui, mentis-je.

— Du Viêt Nam ?

J'approuvai de la tête.

— Bah, dit-elle, un homme qui est capable de décapiter un Vietcong d'un seul coup de machette n'est pas un adversaire négligeable.

Elle n'était pas totalement horrifiée par un tel acte. Pas totalement. Cela me rappela les profondeurs de son sens de la vengeance. Une ou deux fois, une amie l'avait insultée à propos de ce qui me semblait une broutille. Elle n'avait jamais pardonné. Oui, une exécution au Viêt Nam pouvait bien l'atteindre là où nichait sa haine.

— Je crois comprendre que tu es très malheureux avec Patty Lareine ? me dit alors Madeleine.

— Oui.

— Ça fait un mois qu'elle t'a laissé ?

— Oui.

— Tu voudrais qu'elle revienne ?

— J'ai peur de ce que je pourrais faire.

— Bah, c'est toi qui l'as choisie.

Il y avait une carafe de bourbon sur une étagère. Elle la prit et revint bientôt avec deux verres dans lesquels elle nous servit à chacun un doigt d'alcool sans eau ni glace. C'était un rite de notre passé. « Notre potion du matin », comme nous disions à l'époque. Et ce jour-là comme autrefois, elle frissonna quand elle en eut aspiré une gorgée.

« Comment diable as-tu pu la préférer à moi ? » Voilà ce que Madeleine avait envie de dire. J'entendais ces mots plus clairement que si elle les avait prononcés.

C'était la seule question qu'elle ne poserait jamais à haute voix et je lui en étais reconnaissant. Qu'aurais-je pu répondre ? Aurais-je pu dire : « Appelons ça une question de fellation comparée, mon cher cœur. Toi, Madeleine, quand tu prenais une bite dans la bouche, c'était avec un sanglot, ou un doux grognement, comme si l'enfer y présidait. C'était beau comme le Moyen Âge. Alors que Patty Lareine était chef des supporters de l'équipe de foot de mon lycée, toujours prête à vous tailler une pipe. Avec une adresse innée, cependant. Ça se ramène en définitive à savoir si l'on souhaite une femme pudique ou insatiable. J'ai choisi Patty Lareine. Elle était aussi insatiable que notre bonne vieille Amérique elle-même et j'avais envie d'avoir mon pays au bout du zob. »

Certes, ma dame médiévale depuis si longtemps perdue s'était désormais découvert le goût des hommes capables de vous trancher le col d'un seul coup.

L'aspect le plus positif de ma vie avec Madeleine avait été la manière que nous avions de nous asseoir ensemble dans une pièce et d'entendre les pensées l'un de l'autre si clairement que nous semblions les tirer d'un même puits. Ce fut donc comme si elle avait entendu le petit discours que je n'avais pas tenu. Je le vis au pli méchant qui lui tordit la bouche. Lorsqu'elle me regarda de nouveau, Madeleine débordait de haine.

— Je n'ai pas parlé de toi à Al, dit-elle.

— C'est donc ainsi que tu l'appelles ? dis-je pour la tenir en lisière. Al ?

— Oh, ferme-la, dit-elle. Je ne lui ai pas parlé de toi parce que je n'en avais aucune raison. Il t'a effacé de moi en un rien de temps. C'est un étalon, Regency.

Aucune femme ne m'avait encore blessé aussi habilement avec ce mot. Patty Lareine pouvait toujours s'aligner.

— Oui, poursuivit Madeleine, toi et moi nous nous aimions, mais quand M. Regency et moi avons commencé notre petite aventure, il baisait cinq fois par nuit, et la cinquième, c'était aussi bon que la première. Dans ton meilleur jour, tu n'approcheras jamais du record de mon Cinq-coups. Oui, c'est comme ça que je l'appelle, pauvre con.

En contradiction absolue avec toutes les fibres de ma volonté, la douleur que m'infligea ce petit discours me fit monter les larmes aux yeux. C'était comme si on avait nettoyé une plaie avec du sable. Et pourtant, en cet instant même, je redevins entièrement amoureux d'elle. Ses paroles m'apprendraient à regarder où je mets les pieds – et ce pour le restant de mes jours. Elle éveilla aussi une fierté que je croyais morte. Car je fis aussitôt le vœu qu'un soir, avant d'en avoir fini, j'anéantirais son admiration pour Cinq-coups.

Avant que je ne reparte, notre conversation prit toutefois un tour nouveau. Nous demeurâmes d'abord assis en silence un certain temps, puis plus longtemps encore. Ce fut peut-être une demi-heure plus tard que les larmes lui vinrent aux yeux, faisant couler son mascara. Au bout d'un moment, elle dut s'essuyer le visage.

— Tim, je voudrais que tu t'en ailles, dit-elle.

— D'accord, je reviendrai.

— Téléphone d'abord.

— D'accord.

Elle m'accompagna à la porte. Puis elle s'arrêta et dit :

— Il y a encore une chose que je devrais te dire.

Elle hocha du chef comme pour elle-même.

— Seulement, si je te le dis, poursuivit-elle, tu vas vouloir rester pour en parler.

— Je te promets que non.

— Non, tu ne tiendras pas ta promesse. Attends. Attends ici, dit-elle, et elle se dirigea vers une copie de centre commercial d'un bureau de style colonial qui occupait un coin du salon où elle inscrivit quelques mots sur un bout de papier, le mit dans une enveloppe, qu'elle ferma en revenant vers moi.

— Cette promesse-là, tu pourras la tenir. Je ne veux pas que tu ouvres cette enveloppe avant d'avoir parcouru plus de la moitié du chemin pour rentrer chez toi, dit-elle. Ensuite, tu pourras l'ouvrir. Réfléchis. Inutile de me téléphoner pour en parler. Je t'ai dit là tout ce que je sais. Inutile de me demander comment je le sais.

— Ça fait au moins six promesses, ça, dis-je.

— Je t'appellerai M. Six-coups, dit-elle. Puis elle s'approcha et me donna sa bouche.

Ce fut un des baisers les plus remarquables que j'aie échangés, et pourtant il y entrait peu de passion. Mais toute la tendresse de son cœur et toute sa rage passèrent en moi, et j'avoue que j'en fus abasourdi comme si un bon boxeur venait de me cueillir d'un rude crochet du gauche suivi d'une droite stupéfiante, ce qui n'est pas une bonne façon de décrire un baiser car elle n'exprime rien du baume qu'il mit en même temps sur mon cœur. Mais je le dis pour qu'on comprenne que j'avais les jambes en caoutchouc quand je repassai devant chez les voisins pour regagner ma bagnole.

Je tins mes six promesses et n'ouvris le billet que longtemps après avoir restitué ma péniche et récupéré ma Porsche à Hyannis puis couvert encore le trajet qui me séparait d'Eastham. Là, je me rangeai sur le bas-côté de la route pour déchiffrer le message, et cela me prit trois secondes. Je ne lui téléphonai pas, me contentant de relire : « Mon mari a une aventure avec ta femme. N'en parlons que si tu es prêt à les tuer tous les deux. » Oui, bah, j'ai redémarré. Mais on ne sera guère surpris d'apprendre que je n'étais plus très capable de me concentrer sur la conduite et, quand j'arrivais devant un écriteau indiquant la direction de la station Marconi du service des parcs nationaux, je quittai la route six et conduisis jusqu'aux contreforts qui dominent l'océan Atlantique. Garant mes quatre roues entre les rangées de lignes blanches mises en place par le service des parcs, je partis à pied m'asseoir au sommet d'une dune basse, et là, filtrant le sable entre mes doigts, je méditai à propos des pèlerins, me demandant si c'était juste au droit de cette côte qu'ils avaient viré au nord pour contourner l'extrémité du Cap jusqu'à Provincetown. Ce promontoire était l'endroit rêvé pour les premiers télégrammes « sans fil » que Marconi expédia à travers l'océan. Et pourtant, contemplant d'aussi vastes idées, mon esprit se vida et, poussant un soupir, je songeai à ces autres messages sans fil qui avaient circulé entre Jeanne d'Arc et Gilles de Rais, Élisabeth et Essex, la tsarine et Raspoutine. Et dans notre modeste mesure, entre Madeleine et moi-même. Assis au sommet de cette dune basse, passant du sable d'une main dans l'autre, je tentai de faire le point de ma situation maintenant que j'avais vu Madeleine.

Tout cela se ramenait-il à Alvin Luther Regency ?

Je m'avisai brusquement que je savais tout juste me servir d'une carabine et n'avais pratiquement pas la moindre compétence dans le maniement de mon pistolet. Et d'ailleurs, cela faisait bien cinq ans que je ne m'étais jamais bagarré avec personne. Avec la boisson et, depuis peu, le tabac, je devais avoir un foie suffisant pour deux. Et pourtant, à l'idée d'affronter Regency, je sentais aussi me revenir un peu du sang chaud d'autrefois. Je n'avais pas commencé comme un véritable battant et ce n'était pas non plus comme ça que je semblais finir, mais les années médianes pendant lesquelles j'avais tenu un bar m'avaient permis d'apprendre quelques trucs et tactiques utiles, connaissances que j'avais doublées en taule – j'étais une manière d'anthologie vivante des coups en vache –, et puis pour finir ça n'avait plus d'importance. J'étais devenu si mauvais dans mes dernières bagarres de rue qu'il avait toujours fallu plusieurs types pour m'arracher à mon adversaire. Un peu du sang de mon père avait passé dans mes veines et j'avais selon toute apparence adopté son code : les vrais durs ne dansent pas.

Les vrais durs ne dansent pas. Sur cette curieuse proposition, ma mémoire, comme un bateau contournant la bouée pour rentrer au port, revint à mon adolescence, et je me retrouvais plongé en plein dans ma dix-septième année, quand j'avais fréquenté les Gants d'Or. C'était bien loin de l'endroit où je me retrouvais désormais avec le petit mot de Madeleine. Mais en étais-je bien sûr après tout ? C'était aux Gants d'Or que j'avais essayé pour la première fois de faire mal à quelqu'un pour de bon et, assis sur cette plage d'Eastham, je me pris à sourire. Car j'étais capable de me voir comme je me voyais alors – à seize ans, ;e me voyais toujours comme un dur. N'avais-je pas le père le plus dur de tout le quartier ? Si je savais, même alors, que je ne serais jamais son égal, je savais aussi que je lui ressemblais suffisamment pour accéder à l'équipe première de football américain dès mon arrivée à la fac. C'était un exploit ! Et je me rappelle que cet hiver-là, après la saison du football, j'éprouvais à l'encontre du monde entier une mauvaise et farouche hostilité qu'il m'était presque impossible de maîtriser. (Ce fut l'année du divorce de mes parents.) Je me mis à fréquenter une salle de boxe voisine du bar de mon père. C'était inévitable. Le fils de Dougy Madden était voué aux Gants d'Or.

Un juif que j'ai connu à Exeter m'a confié que l'année de ses treize ans fut la pire de son existence. Il la consacra à la préparation de sa bar-mitsvah, sans jamais savoir, chaque soir, s'il parviendrait à s'endormir ou resterait réveillé toute la nuit, répétant inlassablement le discours qu'il allait devoir prononcer l'hiver suivant à la synagogue devant deux cents amis de sa famille.

Ce n'était pas aussi terrible, crus-je pouvoir lui répondre, que la première soirée aux Gants d'Or.

— D'abord, lui dis-je, tu t'amènes à moitié à poil et personne ne t'avait préparé à ça. Il y a là cinq cents spectateurs. Certains ne t'aiment pas. Ils sont pour l'autre. Et ils ne t'épargnent pas les critiques pendant qu'ils t'examinent. Et puis tu vois ton adversaire. On dirait un paquet de dynamite.

— Qu'est-ce qui t'a permis de le faire ? demanda mon ami.

Je lui dis la vérité.

— Je voulais faire plaisir à mon père.

Pour un gamin animé d'intentions si louables, je n'en avais pas moins un estomac rudement nerveux au vestiaire. (Que je partageais avec quinze autres combattants.) Comme moi, ils étaient destinés au coin bleu. De l'autre côté d'une cloison, il y avait un vestiaire avec quinze autres boxeurs, ceux du coin rouge. Toutes les dix minutes, l'un de nous gagnait la salle tandis qu'un autre revenait. Il n'y a rien comme la perspective d'une humiliation éventuelle pour bâtir de rapides alliances. Nous ne nous connaissions pas, mais nous ne cessions de souhaiter bonne chance à chaque type. Avec dévotion. Toutes les dix minutes, comme je l'ai dit, un petit gars sortait et, peu après, le précédent revenait. Il était béat s'il avait gagné, effondré s'il avait perdu, mais du moins c'était fini. L'un des gosses revint sur une civière et l'on appela une ambulance. Il avait été envoyé au tapis pour le compte par un cogneur noir doté d'une réputation flatteuse. À cette minute, je songeai à déclarer forfait. Seule la pensée de mon père assis au premier rang me retint de le faire. « D'ac, papa, dis-je *in petto*, je te dédie ma mort. »

Quand le combat eut débuté, je découvris que le noble art est une culture comme les autres, qu'il faut des années pour acquérir et, aussitôt, je perdis le peu que j'en possédais déjà. J'avais une telle frousse que je n'arrêtais pas de décocher des coups. Mon adversaire, qui était gras et noir, avait aussi peur que moi et n'arrêtait pas non plus. À la cloche, nous ne pouvions plus bouger ni l'un ni l'autre. J'avais le sentiment que mon cœur allait éclater. Quand arriva la seconde reprise, nous ne pouvions plus rien faire. Nous restions sur place, nous nous foudroyions du regard, nous bloquions les coups avec la tête parce que nous étions trop fatigués pour nous baisser – cela coûte moins d'être frappé que de bouger. Nous devions avoir l'air de deux dockers trop soûls pour se battre. Nous saignions tous les deux du nez et je sentais l'odeur de son sang. J'appris ce soir-là que le sang possède une odeur aussi personnelle que le corps. Ce fut une reprise horrible. Quand je regagnai mon coin, j'avais le sentiment d'être un moteur surchauffé dont toutes les pièces allaient bloquer.

— Il faut que tu fasses mieux, sinon on ne va pas gagner, dit l'entraîneur.

C'était un ami de mon père. Quand j'eus recouvré ma voix, je lui dis aussi cérémonieusement que je le pus – on m'aurait cru déjà à la fac :

— Si vous désirez mettre fin au combat, je me rangerai à votre avis.

Le regard que je vis passer dans ses yeux m'apprit qu'il répéterait ma remarque jusqu'à la fin de ses jours.

— Allez, p'tit gars, tu vas aller m' le cogner celui-là, se contenta de me dire mon entraîneur.

La cloche sonna. Il me fourra mon protège-dents dans la bouche et me propulsa d'une bourrade vers le centre de l'estrade.

Je me battis avec désespoir. Il fallait que je ravale ma remarque, que je la fasse oublier. Mon père braillait si fort que je crus même que j'allais gagner. Boum ! Je courus à la rencontre d'une bombe. C'était comme si j'avais bloqué avec le côté de la tête une batte de base-ball lancée à toute volée. J'imagine que j'ai dû rebondir à travers l'estrade parce que je ne voyais plus l'autre boxeur que par moments. J'étais là et l'instant d'après j'étais ailleurs.

Ce coup dut libérer des flots d'adrénaline. Mes jambes reprirent vie. Je me mis à lui tourner autour en décochant des directs. Je courais, j'esquivais et je frappais (exactement ce que j'aurais dû faire dès le début).

J'étais enfin à même de reconnaître que mon adversaire en savait encore moins que moi ! À la seconde où je prenais sa mesure pour un crochet définitif (car j'avais découvert maintenant qu'il baissait sa droite chaque fois que je feintais au corps avec ma gauche), tu parles, voilà la cloche qui sonne. Le combat était fini. Ce fut sa main à lui qu'on leva.

Par la suite, quand tous les copains bien intentionnés furent partis et que je me retrouvai seul avec mon père dans un café, alors qu'une nouvelle vague de douleurs commençait, Big Mac marmonna :

— T'aurais dû gagner.

— J'ai cru que j'avais gagné. Tout le monde le dit.

— C'est les amis.

Il secoua la tête.

— T'as perdu à la dernière reprise.

Non, maintenant que c'était fini, et que j'avais perdu, je pensais avoir gagné.

— Tout le monde a dit que c'était magnifique la façon dont j'ai encaissé et continué à bouger.

— Les amis.

Il le dit d'un ton de voix si lugubre qu'on aurait cru que c'étaient les amis et pas l'alcool qui faisaient le malheur des Irlandais.

Jamais je n'eus plus envie de discuter avec mon père. Il n'est rien de pire que de se trimbaler à moitié sonné, le torse, les membres et les organes brûlants et pleins de plomb, le cœur gonflé de consternation à l'idée qu'on a peut-être perdu le combat qui selon les amis vous a été volé. De ma bouche tuméfiée, je tins donc moi-même ce discours, et jamais mon père ne dut me trouver plus impertinent :

— Mon erreur, c'est le jeu de jambes, j'ai pas assez dansé. J'aurais dû y aller dès la cloche pour le clouer sur place. Comme ça : paf ! paf ! et j' te glisse, dis-je, bougeant les mains, et hop un demi-tour en arrière, et hop j'attaque de nouveau avec des directs. J'esquive en dansant pour me mettre hors de portée. Et je reviens. Fallait lui tourner autour, le clouer sur place !

Je hochai du chef mon approbation à ce joli plan de guerre.

— Après, quand il aurait été mûr, j'aurais plus eu qu'à le cueillir, ce minable.

Le visage de mon père était dépourvu de toute expression.

— Tu te rappelles Frank Costello ? demanda-t-il.

— Le roi de la pègre, dis-je avec admiration.

— Un soir, Frank Costello était assis dans une boîte de nuit avec sa blonde, une gentille poulette, et il avait aussi à sa table Rocky Marciano, Tony Canzoneri et Tony Galento, dit Deux-tonnes. C'était une soirée ritale. L'orchestre attaque, alors voilà mon Frank qui dit à Galento : « Hé, Deux-tonnes, j'ai envie que tu fasses danser Gloria. » Ça lui plaît pas trop à Galento. Qui voudrait danser avec la poule au caïd ? Des fois qu'elle le trouve à son goût ? « Eh, m'sieur Costello, qu'y dit Deux-tonnes, vous savez bien que j' sais pas danser. » « Pose-moi c'te bière », qu'y dit Frank, « et va donc en suer une là-bas. Chuis sûr que tu seras très bien. » Alors mon Deux-tonnes se lève et voilà qu'il promène Gloria à bout de bras tout autour de la piste et quand il revient, Costello dit à Canzoneri comme quoi c'est à lui maintenant de faire danser Gloria. Et puis arrive le tour de Rocky. Marciano se croit lui-même assez caïd dans sa partie pour appeler Costello par son p'tit nom et il lui dit donc : « Vous savez, m'sieur Frank, nous autres poids lourds, on n'est pas grand-chose sur une piste de danse. » « Va donc travailler ton jeu de jambes », qu'il lui dit Costello. Pendant que Rocky y est, Gloria profite de l'occasion pour lui glisser comme ça à l'oreille : « Eh champion, fais-moi plaisir. Vois un peu si tu peux pas convaincre Oncle Frank de danser avec moi. »

« Bon, alors quand la danse est finie, voilà mon Rocky qui la reconduit jusqu'à la table. Il se sent mieux et les autres sont déjà moins inquiets. Ils se mettent à asticoter le caïd, en faisant gaffe, tu m' comprends, juste un p'tit charre comme ça, prudent. « Hé, m'sieur Costello, qu'y disent, allez m'sieur Costello, pourquoi qu' vous offrez pas une danse à vot' dame ? » « Oh oui, s'il te plaît », qu'a demande Gloria. « C'est vot' tour, m'sieur Frank », qu'ils disent. Et alors Costello, conclut mon père, secoue la tête. « Les vrais durs dansent pas », qu'y dit comme ça.

Or mon père, figurez-vous, disposait ainsi de quatre ou cinq remarques qu'il ne vous assenait jamais jusqu'au jour où boum. « *Inter faeces et urinam nascimur* » devint la dernière et la plus malheureuse, tandis que « Parle pas tant, tu vas écarter le vent des voiles » fut toujours la plus heureuse. Cependant, tout au long de mon adolescence, c'était : « Les vrais durs ne dansent pas. »

À seize ans, petit catho irlandais de Long Island, je ne connaissais pas les maîtres zen et leurs koan, sinon, j'aurais dit que cette remarque était un koan, parce que je ne la comprenais pas mais qu'elle s'attacha à moi et que, plus je vieillissais, plus elle me semblait receler de signification. Jusqu'à ce jour où assis sur la plage d'Eastham, contemplant le ressac qui roulait jusqu'à moi au bout du voyage de cinq mille kilomètres des vagues, je songeai de nouveau aux merveilles d'érosion que Patty Lareine avait infligées à ma personnalité. Les puits de l'auto-apitoiement s'emplirent inévitablement et je me dis qu'il était temps de cesser de ruminer mon koan, à moins d'être capable d'y introduire un nouveau cycle de pensées.

Il ne faisait aucun doute que mon père avait voulu dire quelque chose de plus subtil que simplement il convient de faire face quand il y a des ennuis sans céder un pouce de terrain, quelque chose de plus subtil qu'il ne pouvait sans doute, ou ne voulait, exprimer, mais était là, constitutif de son code. Il fallait que ce fût à tout le moins un serment. Manquais-je à discerner quelque principe insaisissable autour duquel sa philosophie avait cristallisé ?

Ce fut alors que je vis un homme qui se dirigeait vers moi sur la plage. À mesure qu'il approchait, je croyais mieux le reconnaître et la plupart de mes autres préoccupations s'estompèrent.

Il était grand mais son allure n'était pas menaçante. À vrai dire, il était grassouillet et ressemblerait bientôt à une poire car il était affublé d'une brioche et n'avait guère d'épaules. De surcroît, sa démarche sur le sable était comique. Il était fort bien vêtu d'un costume trois-pièces de flanelle gris anthracite finement rayée de blanc, avec un col blanc sur une chemise rayée, une cravate club et une petite pochette rouge dans sa poche de poitrine. Un manteau en poil de chameau était plié sur son bras. Pour éviter de gâter ses escarpins bruns, il les portait à la main, et s'avançait donc en chaussettes écossaises sur le sable glacial de novembre. Cela lui donnait la démarche saccadée et piaffante d'un cheval de cirque sur des pavés mouillés.

— Tim, comment va ? me lança l'homme.

— Wardley !

J'étais doublement stupéfait. Et d'une parce qu'il avait tellement grossi – il était mince la dernière fois que je l'avais vu devant le juge des divorces –, et deux que nous nous rencontrions sur cette plage d'Eastham où je n'avais pas mis les pieds depuis cinq ans.

Wardley se pencha et tendit la main dans la direction générale de l'endroit où j'étais assis.

— Écoute, Tim, dit-il. Tu as agi comme un parfait salaud. Mais je tiens à ce que tu saches que je ne suis pas homme à bercer longtemps de mauvais sentiments. Comme nos amis ne cessent de nous le rappeler, la vie est trop courte pour ça.

Je lui serrai donc la main. Si ça lui chantait, je ne voyais pas comment j'aurais pu refuser. Après tout, sa femme m'avait retrouvé complètement fauché dans un bar de Tampa – c'était la première fois qu'elle me voyait depuis près de cinq ans –, m'avait fait entrer chez eux comme chauffeur, avait couché avec moi sous son nez, reprenant ainsi les possibilités romanesques que nous avions entrevues lors de notre nuit de Caroline du Nord, et avait réussi ensuite à me motiver suffisamment pour que j'essaye au moins de mettre au point une méthode sûre pour l'assassiner. Cela ne s'étant pas fait, j'allais témoigner contre lui dans leur procès en divorce, montant à la barre pour jurer – et il se trouve que c'était vrai pour une part – qu'il m'avait proposé de témoigner contre elle moyennant une somme fort coquette. J'avais ajouté qu'il proposait que j'emmène Patty Lareine dans une maison de Key West, qu'il serait prêt à investir avec un inspecteur de police et un photographe. Légalement, ce n'était pas vrai. Il avait simplement envisagé une telle possibilité. Je dis aussi qu'il m'avait demandé de la séduire dans le but de devenir ensuite un témoin de l'accusation, et là c'était carrément un faux témoignage réussi. Il est bien possible que ma déposition ait fait autant pour Patty Lareine que l'avocat et ses méthodes de formation accélérée avec vidéo. Les avocats de Wardley, en tout cas, me traitèrent comme un témoin vedette et firent de leur mieux pour me dépeindre sous les traits d'un repris de justice et d'un aventurier des plages. Ils se montrèrent aussi vicelards qu'on pouvait s'y attendre, mais comment aurais-je pu conserver quant à moi une once de bonne conscience à l'égard de mon rôle ? Tout au long de cet épisode où j'avais été chauffeur chez lui, Wardley n'avait cessé de me traiter comme un ancien camarade d'Exeter momentanément dans la débine. Ce n'était vraiment pas une façon de le remercier.

— Oui, dit-il, je suis resté blessé un certain temps, mais Meeks me disait toujours : « Wardley, débarrasse-toi de tout apitoiement sur toi-même. C'est une émotion que nous n'avons pas les moyens de nous offrir dans la famille. Et j'espère bien que Meeks est en train de rôtir en enfer, mais là n'est pas la question. Il faut prendre les conseils d'où et quand ils viennent. »

Il avait vraiment une voix pas possible. Je vous la décrirai dans un instant mais, pour l'heure, son visage était juste au-dessus du mien. Comme beaucoup de gens peu séduisants, il avait l'habitude, lorsqu'il s'adressait à quelqu'un qui était assis, de se plier en deux à partir de la ceinture pour coller sa gueule tout près de celle de son interlocuteur de manière à ce que ce dernier soit perpétuellement mal à l'aise dans la crainte d'être aspergé de ses aristocratiques postillons. Avec le soleil sur le visage et surtout vu de si près, il avait l'air d'un reste de croûton. Il aurait été répugnant s'il n'était tiré à quatre épingles, car ses rares cheveux noirs étaient raides et ses traits, abandonnés à eux-mêmes, étaient bouffis, boudeurs, manquant de force, mais il avait des yeux saisissants. Ils étaient lumineux et doués de la curieuse capacité de lui sortir brusquement de la tête en s'allumant sur une quelconque remarque, comme si le diable en personne venait de lui enfoncer un doigt dans le cul.

Ainsi ses yeux faisaient-ils de leur mieux pour vous posséder. Il avait la manie de vous regarder sous le nez comme si vous étiez la première âme qu'il eût jamais rencontrée qui présentât la moindre ressemblance avec la sienne.

Et puis donc il y avait sa voix. Mon père l'aurait certainement détestée. Dieu utilisait certainement la voix de Wardley pour manifester ses bonnes manières. Tout ce qui pouvait manquer à Wardley par bien d'autres côtés était largement compensé par ses diphtongues. Tous les snobs fondaient devant ces diphtongues-là.

Si j'ai pris un certain temps pour décrire mon vieux camarade d'études, c'est que j'étais encore sous le choc. J'avais longtemps cru à l'infinie possibilité des coïncidences, j'allais même si loin, à vrai dire, que j'estimais qu'il faut toujours s'attendre aux événements les plus extraordinaires ou les plus épouvantables – idée bizarre mais pas dépourvue de vigueur que j'espère parvenir à expliquer. Toutefois, que Wardley choisît de se montrer sur cette plage-là en cet instant-là, ma foi, j'aurais été plus heureux d'abord qu'il existât une explication rationnelle.

— C'est incroyable que tu sois ici, dis-je malgré moi.

Il fit oui de la tête.

— J'ai une foi absolue dans les rencontres de hasard. Si j'avais une sainte patronne, son nom serait coïncidence.

— Tu sembles heureux de me voir.

Il y réfléchit, les yeux intensément fixés sur moi.

— Sais-tu, dit-il, tout bien considéré, je crois que oui.

— Wardley, tu as vraiment une bonne nature. Assieds-toi, je t'en prie.

Il s'exécuta, ce qui me fut un soulagement. Je n'étais plus contraint de le regarder constamment dans les yeux. Mais sa cuisse, qui avait autant gonflé que tout le reste de sa personne, reposait contre la mienne, gros objet physique, doux et engageant. La vérité est que si l'on s'était senti ce genre de vocation, on n'aurait eu qu'à le saisir, etc. Sa chair possédait ce genre de passivité nubile qui ne demande qu'à être violentée. En prison, je m'en souvenais alors, on l'appelait le duc de Windsor. Et j'entendais souvent des codétenus déclarer de Wardley : « Ah, le duc de Windsor il a le trou du cul en porte cochère. »

— Tu n'as pas l'air dans ton assiette, murmura Wardley.

Je laissai passer avant d'interroger à mon tour :

— Depuis combien de temps es-tu dans les parages ?

Cela pouvait signifier Marconi, Eastham, le Cap, la Nouvelle-Angleterre, voire tout aussi bien l'ensemble de l'État de New York et de Philadelphie, mais il se contenta d'agiter la main.

— Parlons plutôt, me dit-il, de sujets qui sont d'une importance vitale.

— C'est plus facile.

— Plus facile, Mac, tu as raison. J'ai toujours dit – en fait, c'est à Patty Lareine que je le disais : « Tim est doué d'un instinct pour les bonnes manières. Comme toi, il dit les choses telles qu'elles sont. Mais il s'arrange toujours pour les présenter de la meilleure façon possible. » J'essayais bien sûr de faire passer en fraude une idée dans cette tête de bois. Combien j'ai pu essayer de lui apprendre à se tenir.

Il rit. C'était avec le grand plaisir dont font preuve les gens qui ont passé leur vie à rire aux éclats dès qu'ils étaient seuls et donc, s'il y avait beaucoup de solitude dans son rire, il contenait aussi un individualisme extraordinaire, comme s'il se fichait bien de révéler les plus épouvantables rouages de sa machinerie interne. La liberté d'être absolument soi-même valait le reste.

Quand il cessa enfin de rire, alors que je commençais à me demander ce qu'il pouvait bien trouver d'aussi amusant, il dit :

— Puisque Patty, toi et moi nous sommes déjà trouvés dans ce genre de situation auparavant, gagnons du temps : que dirais-tu de lui faire son affaire ?

Il avait dans les yeux une lueur joyeuse, comme s'il me proposait de voler le Koh-I-Noor.

— Son affaire ? Définitivement ?

— Bien entendu.

— On peut dire que tu vas droit au but.

— C'est le second conseil que j'ai retenu de mon père. Il me disait : « Plus important est le sujet, plus vite tu dois l'aborder. Sinon, son importance même commencera à te peser dessus et tu n'oseras plus le proposer. »

— Peut-être bien que ton père avait raison.

— C'est évident.

Il s'en remettait manifestement à moi de poursuivre ou non cette conversation.

— J'aurais tendance à demander combien.

— Combien veux-tu ?

— Je me rappelle que Patty Lareine me promettait la lune, dis-je. « Tu n'as qu'à te débarrasser de cette horrible pédale, disait-elle, et tu auras la moitié de tout ce qui m'appartiendra. »

Je cherchais à être aussi grossier que possible avec lui. Son compliment sur mes bonnes manières m'avait agacé. Il me faisait vraiment de la lèche un peu trop ostensiblement. Ma réponse avait donc pour but de voir si ses plaies s'étaient refermées. Je ne suis pas sûr que tel fût bien le cas. Il cligna rapidement des yeux, comme pour tenir en respect les larmes éventuelles et dit :

— Bah, je me demande si elle a aujourd'hui des choses aussi agréables à dire à ton propos.

Je me mis à rire. Bien obligé. J'avais toujours supposé que lorsque tout serait fini entre nous, Patty Lareine se montrerait plus gentille à mon égard qu'elle ne l'avait été, c'était peut-être une supposition trop optimiste.

— Es-tu dans son testament ? demanda-t-il.

— Je n'en ai pas la moindre idée.

— Tu la hais suffisamment pour te charger du boulot ?

— Cinq fois plus qu'il ne faudrait.

Je l'avais dit sans réfléchir. Bavardant sur la plage, on se sentait venir une grande liberté de dire à peu près n'importe quoi. Et puis le chiffre me revint. Était-ce un vrai sentiment auquel j'avais donné voix ou était-ce une simple répétition de l'idée taraudante que le mari de Madeleine Falco Regency éjaculait cinq fois par nuit dans le temple que j'avais jadis adoré. Comme un boxeur, je semblais n'avoir mal que des heures après que les plus durs échanges ont eu lieu.

— J'ai entendu dire, continua Wardley, que Patty t'avait bien maltraité.

— Ma foi, c'est le mot.

— Tu as l'air vidé. Je ne te crois pas capable de passer à l'acte.

— Je suis certain que tu as raison.

— Mais je ne veux pas avoir raison.

— Pourquoi ne passes-tu pas à l'acte toi-même ? interrogeai-je.

— Tim, tu ne me croiras jamais.

— Dis toujours. Peut-être arriverai-je à découvrir la vérité en comparant les mensonges.

— Mais c'est excellent, ça.

— Ce n'est pas de moi. C'est de Léon Trotski.

— Ah bon. C'est digne de Ronald Firbank.

— Où est Patty Lareine en ce moment ? demandai-je.

— Elle est dans le coin. Ça, tu peux en être sûr.

— Comment le sais-tu ?

— Parce qu'elle et moi nous sommes en concurrence pour l'achat de la même propriété.

— Tu veux la tuer ou la battre en affaires ?

— Ce qui se présentera le premier, dit-il avec un curieux éclair du blanc de ses yeux.

— Mais tu préférerais la savoir morte ? insistai-je.

— Oui, mais pas de ma propre main.

— Et pourquoi pas ?

— Je te dis que tu ne vas pas me croire. Je veux qu'elle regarde dans les yeux de son tueur et qu'elle se trompe complètement. Je ne veux pas qu'elle me voie moi comme la dernière chose de sa vie et qu'elle dise : « Ah, bah, c'est Wardley qui se venge. » Ce serait trop facile. Ça la laisserait en paix. Elle saurait qui hanter dès qu'elle aurait réglé ses affaires de l'autre côté. Et je ne suis pas difficile à trouver. Crois-moi, je préfère qu'elle meure en proie à la dernière confusion.

« Comment Tim a-t-il pu faire une chose pareille ? se demandera-t-elle. L'avais-je sous-estimé ? »

— Tu es merveilleux.

— Bof, dit-il, je savais que tu ne me comprendrais pas. Mais ça te serait quasiment impossible étant donné le fossé qui sépare nos antécédents.

Il s'était tourné suffisamment pour que ses yeux pussent de nouveau regarder droit dans les miens. Par-dessus le marché, son haleine n'était pas trop parfumée.

— Mais si tu la baises dans votre affaire immobilière, dis-je, elle saura que c'est toi qui te venges.

— Parfaitement. Ça, c'est ce que je veux. Je veux que mes ennemis vivants me voient m'exprimer. Je veux qu'à chacune de leur respiration, ils se disent, oui, oui, que c'est Wardley qui leur a fait ça. La mort, c'est autre chose. Autant les expédier en proie à la confusion, voilà ce que je dis.

J'aurais moins incliné à le prendre au sérieux si, en prison, il n'avait pas fait tuer un homme qui l'avait menacé. J'étais présent quand il avait acheté les services du tueur et il n'avait guère été différent de ce qu'il était en ce moment. Les détenus se moquaient de lui, mais dans son dos.

— Parle-moi de cette affaire immobilière, lui dis-je.

— Dans la mesure où ta femme et moi guignons la même propriété, je ne suis pas sûr que je serais avisé de te le dire. On ne sait jamais quand Patty Lareine se décidera à revenir se pendre à ton cou.

— Oui, dis-je. Je risque d'être vulnérable.

Mais je me demandais si Patty puerait le faisant fonction de chef de la police Regency.

— Je ne devrais pas te le dire, mais, ajouta-t-il après un silence, sur une impulsion, je vais le faire.

Il me fallut regarder de nouveau dans ces yeux abominablement grands et interrogateurs.

— Je ne voudrais pas te blesser, Tim, mais je ne suis pas sûr que tu aies jamais vraiment compris Patty Lareine. Elle prétend se moquer éperdument de ce que le monde peut bien penser d'elle, mais je te dirai au contraire qu'elle est de l'étoffe dont on fait les fanions de signalisation. Sa fierté lui interdit simplement de gravir quotidiennement les échelons. Alors elle fait semblant de ne pas être intéressée.

Moi, je songeais à la première réunion à laquelle j'avais emmené Patty Lareine, quand nous étions arrivés à Provincetown, cinq ans plus tôt. Quelques amis avaient apporté leurs outres de vin pour une fête dans les dunes et les femmes avaient contribué sous forme de gâteaux à l'Acapulco Gold ou à la jamaïcaine de première qualité, et même de quelques joints de thaïlandaise. C'était la pleine lune. Patty s'était montrée assez nerveuse avant la fête – j'allais apprendre qu'il en allait toujours ainsi –, ce qui aurait pu être difficile à comprendre si l'on considère le talent qu'elle avait pour en organiser, mais ne raconte-t-on pas que Dylan Thomas vomissait juste avant de donner une de ses inoubliables lectures poétiques ? Ainsi Patty avait-elle ébloui tout le monde pendant cette première fête et elle avait même sonné du clairon entre ses jambes en se pliant en deux avant que la fête ne fût finie. Oui, elle en avait été l'âme comme de tant d'autres qui allaient suivre.

Mais tout de même, je comprenais ce qu'il voulait dire. Elle donnait tant en échange de si peu. J'avais l'impression de percevoir parfois la note de tristesse qu'il y a à ce qu'un bon peintre décore des cendriers pour faire des cadeaux de Noël. Et donc loin d'ignorer ce qu'il avait dit, je réfléchis au contraire pour savoir si par hasard il n'avait pas raison. Elle était de plus en plus mal à l'aise de vivre à Provincetown ces derniers temps.

— La clé secrète de Patty Lareine, dit Wardley, c'est qu'elle se considère comme une pécheresse. Perdue au-delà de tout espoir. Sans retour. Quelle est l'étape suivante pour une femme ?

— Boire jusqu'à en mourir.

— Seulement si c'est une imbécile. Je dirai au contraire que la réponse pratique qu'a trouvée Patty Lareine est de bâtir une grande œuvre pour le diable.

Il attendit dans un silence lourdement chargé de signification, comme s'il me fallait vraiment très longtemps pour que cette idée s'enfonce bien dans ma tête.

— Je l'ai tenue à l'œil, dit-il. Elle n'a pas fait grand-chose depuis cinq ans sans que je sois tenu au courant.

— Tu as des amis en ville ?

Il fit un geste des mains.

Évidemment qu'il en avait. La moitié de la population d'hiver était secourue. Il ne devait pas avoir à payer bien cher les renseignements qu'il demandait.

— Je suis en contact, dit-il, avec des agents immobiliers. On peut dire qu'à ma manière j'ai hanté l'extrémité du Cap. Provincetown m'impressionne. C'est le village de pêcheurs le plus séduisant de la côte orientale et s'il n'y avait pas les Portugais, que Dieu les bénisse, il y a bien longtemps qu'il aurait été foutu en l'air.

— Essayes-tu de me dire que Patty Lareine compte ouvrir une agence immobilière ?

— Pas du tout. Elle veut monter un coup. Elle guigne une baraque fabuleuse dans le West End, sur une colline.

— Je crois que je vois ce que tu veux dire.

— Bien sûr ! J'en sais quelque chose ! Les gens avec lesquels tu as pris un verre au Widow's Walk étaient mes représentants. Ils comptaient se rendre à l'agence le lendemain pour acheter cette maison dans laquelle tu as eu la bonté de m'installer à l'avance.

Il émit un petit sifflement.

— Provincetown est une ville hantée ? J'en suis convaincu. Pour quelle autre raison au monde serais-tu allé parler de moi en abordant ces inconnus.

— C'est remarquable.

— C'est franchement terrifiant, oui, surnaturel.

J'approuvai de la tête. La peau de mon crâne était parcourue de picotements. Patty Lareine donnait-elle le *la* à l'orchestre d'Enferville ? Tout en soufflant dans sa trompette sous la lune ?

— Te rends-tu compte, demanda Wardley, que ce pauvre Lonnie Pangborn se leva au beau milieu du dîner ce soir-là, abandonnant sa blonde explosive pour me téléphoner ? Il était à demi convaincu que je jouais un double jeu. Comment, me demanda-t-il, pouvais-je espérer qu'il jouerait la discrétion alors que mon nom était déjà ébruité à travers la ville comme celui de l'acheteur éventuel.

— Oui, il fallait trouver autre chose, dis-je.

— C'est toujours ce qui arrive avec les plans les mieux conçus, dit Wardley. Meilleur est le plan, plus tu peux compter sur un impondérable pour venir tout flanquer par terre. Je te raconterai un jour la véridique histoire de l'assassinat de Kennedy. Normalement, c'était un attentat manqué ! Tu te rends compte d'une série d'accidents ! La CIA n'était pas dans son assiette ce jour-là.

— Tu veux acheter la propriété pour empêcher Patty Lareine de mettre la main dessus ?

— Exactement.

— Qu'est-ce que tu en feras ?

— Je prendrai grand plaisir à engager un régisseur pour veiller sur sa glorieuse vacuité. C'est calculé pour coller la pourriture sèche dans tous les orifices de Patty Lareine.

— Mais elle, qu'aurait-elle à en faire de mieux si elle l'achetait ?

Il leva une main blanche et grassouillette.

— C’est pure spéculation de ma part.

— Oui ?

— Newport est Newport et tu peux le laisser où il est. Martha’s Vineyard et Nantucket ne sont plus que des lotissements. Quant aux Hampton, c’est un désastre ! Le dimanche, Lefrak City est plus séduisante.

— Mais Provincetown est plus surpeuplée que tous ces bleds-là.

— Oui, en été c’est désespéré, mais c’est pareil partout sur la côte orientale. Le truc, c’est que Provincetown possède une beauté naturelle. Tous les autres bleds sont affreux. Et en automne, en hiver et au printemps, rien ne vaut cette bonne vieille petite Provincetown. Je soupçonne Patty Lareine de vouloir ouvrir un hôtel chic dans cette propriété. Si elle s’y prend bien, l’établissement pourrait en quelques années acquérir plus de cachet que n’importe quel autre à la ronde. Hors saison, une fois démarré, elle ferait un malheur. Je suppose que c’est le raisonnement que tient Patty. Et, si elle sait bien s’entourer, elle sera une hôtelière fabuleuse. Écoute, Tim, même si je me trompe, je sais au moins ceci : elle a arrêté son choix sur cette baraque.

Il poussa un soupir.

— Maintenant que Lonnie a claqué et que la blonde a disparu, il faut que je trouve un représentant à toute vitesse ou alors que j’y aille en personne. Cela fera incroyablement monter les prix.

Je me mis à rire.

— Tu m'as convaincu, lui dis-je. Tu préfères de loin baiser Patty dans une affaire immobilière que la tuer.

— Tu veux parier ?

Il rit dûment avec moi. Je ne savais que croire. Son histoire ne me paraissait pas tenir debout. Nous nous perdîmes un moment dans la contemplation des vagues.

— J'adorais Patty Lareine, dit-il. Ne sortons pas les mouchoirs mais pendant un petit bout de temps je me suis senti un homme grâce à elle. J'ai toujours dit que quand on marche à voile et à vapeur, il est préférable d'avoir du monde dans les haubans et à la salle des machines.

Je souris.

— Bah, il n'y avait pas de quoi rire. Toute ma vie, faut-il te le rappeler, j'ai cherché à recouvrer mes droits de propriété sur mon cul.

— Tu as renoncé ?

— Je suis le seul que la réponse à ta question peut intéresser.

— Du temps que j'étais chauffeur, Patty Lareine ne cessait de me haranguer sur la nécessité de nous débarrasser de toi, Wardley. Elle disait que nous n'aurions pas de répit tant que tu ne serais pas mort. Que si nous renoncions à te tuer, c'était toi qui nous tuerais. Elle disait qu'elle avait connu quelques salopards dans sa vie, mais que tu étais de tous le plus vindicatif. C'était, disait-elle, que tu avais tout le temps pour comploter et tramer tes manigances.

— Et tu la croyais ?

— Non, pas vraiment. Je n'arrêtais pas de penser au jour où nous avons été virés ensemble, toi et moi.

— C'est pour ça que tu n'as jamais essayé de te débarrasser de moi ? Je me le suis toujours demandé. Parce que, tu sais, je ne me doutais de rien. J'avais toute confiance en toi.

— Écoute, Wardley. Il faut penser aussi à ma situation. J'étais fauché, j'avais un casier et je ne pouvais plus espérer trouver un bon emploi de barman. Voilà que la femme la plus riche que j'aie jamais connue se conduit comme si elle était folle de moi et me promet toutes les drogues, tout l'alcool et tous les joujoux que l'argent permet d'acquérir. Alors, j'ai sérieusement envisagé de te faire ta fête. Je me suis gonflé à bloc. Mais j'ai jamais réussi à me décider. Tu sais pourquoi ?

— Bien sûr que non. Je te le demande.

— Parce que, figure-toi, Wardley, je n'arrêtais pas de penser à la fois où tu avais rassemblé tout ton culot pour t'avancer centimètre par centimètre sur une étroite corniche au deuxième étage et pénétrer dans la chambre secrète de ton père. Cette histoire m'émouvait. Tu étais une lavette qui avait surmonté sa frousse. Pour finir, j'ai dû renoncer. Tu es libre de ne pas me croire.

Il rit, et puis il rit encore un coup. Le bruit de sa bonne humeur qui lui secouait les boyaux tel un coassement attira un vol de mouettes, comme s'il était le chef des volatiles criaillant : « Y a à becter ici, y a à becter ! »

— C'est merveilleux, dit-il. Patty Lareine a fait chou blanc parce que tu n'as pas eu le courage de descendre le petit garçon sur sa corniche. Ma foi, j'ai pris plaisir à cette conversation et je suis heureux que deux vieux camarades de fac comme nous aient fini par se mieux connaître. Permets-moi de t'éclairer sur mon compte, quel menteur j'ai pu faire ! Jamais je n'ai avancé centimètre par centimètre sur cette corniche ! J'ai inventé cette histoire. Tout le monde doit avoir ses souvenirs de guerre en prison, et j'ai choisi ceux-là pour moi. Je voulais faire savoir aux gars que j'étais trop désespéré pour qu'on puisse déconner avec moi. Mais la vérité c'est que je suis entré dans la bibliothèque privée de papa grâce au majordome – qui était aussi le photographe, tu te souviens ? Il n'a eu qu'à prendre sa clé pour me faire entrer. Et tout ça en échange d'une simple promesse de lui déboutonner sa braguette – des boutons de braguette à l'ancienne mode pour notre majordome, pas de fermeture à glissière ! – et de lui faire des gouzi-gouzi là-dedans. Ce que je fis. Je paie toujours mes dettes. Paris vaut bien une messe !

Sur cette bonne parole, il se leva, brandit ses souliers au bout du bras comme s'il se prenait pour la statue de la Liberté, et il partit. Quand il fut à trois ou quatre mètres, il se retourna et dit :

— Qui sait quand Patty Lareine risque de te tomber dessus. Si le cœur t'en dit, débarrasse-t'en. Sa tête, puisque nous devons mettre un prix dessus, vaut dans les deux briques et des poussières.

Puis il abaissa le bras qui brandissait les souliers et s'éloigna gauchement sur ses pieds raidis par le froid.

Il était encore à portée de voix quand je me dis que si je pouvais mettre la main sur la tête qui avait disparu, celle-là même qui appartenait sans doute à Jessica Pond, elle serait probablement dans un tel état de décomposition désormais qu'elle pourrait être présentée avec succès comme celle de Patty Lareine et me valoir deux millions de dollars. J'étais peut-être l'heureux héritier d'une jolie embrouille. Pas facile à jouer, mais il y avait deux millions au bout.

Puis je me dis : quiconque est capable d'un raisonnement pareil est capable de tuer.

Puis je me dis : ça ne coûte rien de penser. Le meilleur indice de mon innocence, c'est que l'idée d'une telle embrouille m'émeut à peine.

J'attendis que Meeks Wardley Hilby III fût à bonne distance pour regagner ma Porsche, et je quittai la station Marconi pour reprendre la direction de Provincetown.

En chemin, j'eus l'occasion de perdre quelques illusions sur la nature réelle du hasard et sur la légitimité de sainte Coïncidence.

J'avais l'impression d'être suivi. Je n'aurais pas pu en jurer parce que je ne repérai pas de voiture derrière moi. Quand je me payais une pointe de vitesse, nul véhicule n'apparaissait en trombe pour ne pas perdre le contact visuel avec moi. Mais de même que je devinais parfois le nom de mon correspondant avant de décrocher le téléphone, de même ne pouvais-je me débarrasser de la conviction que quelqu'un me filait le train. Ils se tenaient peut-être à distance respectueuse, mais ils me suivaient. Avait-on collé un émetteur miniature quelque part dans ma Porsche ?

Je m'engageai sur une route adjacente, la suivis sur cent mètres, et me garai. Je ne vis venir aucune autre bagnole. Je descendis de voiture, soulevai le capot avant puis celui du moteur à l'arrière. Sous le pare-chocs arrière, je dénichai une petite boîte noire, de la taille d'un demi-paquet de cigarettes, fixée en place par un aimant.

La boîte noire ne produisait pas un son, n'émettait nul tic-tac. Elle semblait inerte dans ma main. Je ne pouvais être certain de ce qu'elle était. Je la remis donc en place sous le pare-chocs, regagnai la route six et parcourus encore deux kilomètres. Puis je me rangeai au sommet d'une longue montée rectiligne. J'avais une paire de jumelles dans le vide-poches pour observer les mouettes et je m'en servis pour scruter la route. Là-bas, derrière moi, à la limite de la portée utile de mes jumelles, il y avait une camionnette brune garée elle aussi sur le bas-côté. S'étaient-ils arrêtés en même temps que moi ? Attendaient-ils que je redémarre ? Je repris la route jusqu'à Pamet Road, une route qui quittait la principale en direction de l'est, virait au nord au bout de deux kilomètres, puis de nouveau à l'ouest au bout de deux nouveaux kilomètres pour rejoindre la route principale. Ayant parcouru les trois quarts du chemin, je fis halte à la sortie d'un virage d'où j'apercevais une bonne partie de la route, de l'autre côté de la vallée de la rivière Pamet. Je constatai de nouveau que la camionnette brune s'était elle aussi arrêtée. Je l'avais déjà vue quelque part. Je le savais !

Je rangeai la voiture devant une maison et m'enfonçai dans les bois. Les occupants de la camionnette, quels qu'ils fussent, patientèrent encore dix minutes puis durent conclure que j'étais en visite chez quelqu'un ; ils s'amenèrent donc au volant de leur véhicule pour jeter un coup d'œil à la maison devant laquelle ma Porsche était garée, puis ils firent demi-tour pour regagner l'endroit d'où ils étaient venus. J'écoutai le bruit du moteur, qui n'était pas difficile à suivre : nos routes sont désertes en hiver. C'était le seul bruit dans toute la vallée.

Voilà qu'ils s'arrêtèrent de nouveau, à trois cents mètres, peut-être, de distance. Ils allaient attendre que je reparte. L'émetteur espion leur dirait que je roulais de nouveau.

J'inclinai, bien naturellement scandalisé que j'étais, à balancer leur zinzin dans les bois – ou, mieux encore, à le planquer sur quelque bagnole garée dans le coin, les obligeant ainsi à attendre dans Pamet Road la nuit durant. Mais j'étais trop furieux pour ça. J'étais outragé que l'exceptionnelle rencontre qui avait eu lieu entre Wardley et moi sur la plage de Marconi pût se ramener à quelque chose d'aussi trivial que l'utilisation d'un émetteur de signal permettant de suivre ma Porsche à la trace. Selon toute apparence, il importait avant tout d'en conclure que toutes les coïncidences ne sont pas diaboliques ou divines. J'étais de retour parmi les gens ordinaires !

D'ailleurs ce n'était pas Wardley que j'avais vu derrière le volant de la camionnette, mais Nissen l'Araignée, et Stoodie occupait le siège du passager. Wardley devait sans aucun doute lire son cher Ronald Firbank dans quelque auberge de campagne, à côté d'un émetteur-récepteur attendant que l'Araignée et Stoodie lui donnent le signal.

Oui, j'allais conserver la petite boîte noire, me dis-je. Elle pourrait peut-être me servir pour la bonne cause si l'occasion s'en présentait. Ce n'était toutefois qu'une petite satisfaction comparée au trouble que l'infime zinzin avait fait naître dans mon sang, mais j'étais maintenant en mesure de connaître que plus les événements m'accablaient, plus j'étais à même d'en approcher la cause première.

6

Tant de manœuvres sur les routes me laissaient furieux, curieux et assoiffé, et je m'avisai que je n'avais plus mis les pieds dans un bar depuis ma soirée au Widow's Walk. Sitôt de retour à Provincetown, je rangeai donc ma voiture près du port. Nous avons quelques bons bars au centre de la ville : le Bay State (que nous appelons le Mitard), le Poop Deck et le Fish and Bait (officieusement rebaptisé le Bain de sang en honneur du grand nombre de bagarres qui y éclatent), de bons bars, mais pas formidables, parce qu'il leur manque le genre de panache ouvrier que les barmen de la classe de mon père confèrent à leur établissement. Mais enfin, ils sont sombres et juste assez crasseux pour qu'on s'y sente à l'aise. On peut s'y poivrer aussi tranquillement qu'un bébé à naître dans une bonne matrice fiable. Il n'y a guère de néon au-dessus des têtes et le vieux juke-box est trop faiblard pour vous casser les oreilles. En été, bien sûr, un bar comme le Mitard est plus surpeuplé que le métro de New York aux heures de pointe, et on raconte – et je le crois – qu'un été, les responsables de la pub chez

Budweiser ou Schaefer ou l'une quelconque de ces grandes firmes productrices d'urine tiède décidèrent d'organiser un concours du plus gros vendeur de bière de tout le Massachusetts. Eh bien, ce fut un établissement de Provincetown, le Bay State, qui vendit le plus fort volume de bière en juillet. Et donc, par un beau matin d'août, en semaine, on vit s'amener en avion quelques cadres supérieurs en costume d'été accompagnés d'une équipe de télévision pour filmer la remise de la récompense. Ils s'attendaient sans aucun doute à découvrir un de ces grands établissements où l'on débite du homard et du poisson, vaste comme un arsenal, du genre que l'on trouve dans les environs de Hyannis. Au lieu de quoi, ils tombèrent sur notre vieux Mitard sombre et délabré où pas un client n'avait de quoi s'offrir autre chose que de la blonde mais où deux cents buveurs de bière s'entassaient debout au comptoir. Le Mitard devait bien avoir la longueur d'un wagon de marchandises, depuis la porte d'entrée jusqu'aux poubelles puantes de l'arrière-salle, et en fait de nourriture on pouvait s'y offrir des petits pains accompagnés de jambon, de fromage ou de saucisses portugaises. Les caméras se mirent à tourner et des poivrots se levèrent en disant :

— Ouais, c'est la bière. Dégueulasse. Pourquoi qu' vous avez c'te lumière rouge sur votre caméra, là ? J' cause trop, c'est ça ? Bon ben alors j'arrête, c'est ça ?

Bon, en hiver, il y avait quand même relativement foule, mais enfin on pouvait s'asseoir et se faire une petite idée de l'humeur qui régnait et de ce qui se passait en ville ce jour-là. Des tas de bateaux de pêche rentrent dans l'après-midi et les marins-pêcheurs viennent picoler. Les menuisiers, les vendeurs de came, les flics des stups, quelques-uns des hommes à tout faire et des artisans qui s'occupent des maisons des vacanciers, plus, le vendredi, les jeunes mères célibataires qui viennent de toucher le chèque d'une allocation, sans compter un certain nombre d'autres tapeurs à la recherche d'un copain pour leur payer un verre – tout ce joli monde aussi était là pour s'enfiler la pisse d'âne. Je connaissais la plupart de ces gens avec des degrés divers d'intimité et parlerais d'eux s'ils figuraient dans l'aventure que j'étais en train de vivre, dans la mesure où c'étaient presque tous de farouches individualistes, même quand ils se ressemblaient énormément, car en hiver nous avons tous la même allure. Le teint jaune, tout le monde habillé en surplus de l'armée.

On se contentera donc d'une unique anecdote. Après tout, la ville est portugaise et il ne figure pas d'indigènes dans mon histoire, à l'exception de Stoodie, qui est en disgrâce auprès de la communauté portugaise. Un après-midi d'hiver, alors que le Mitard était vide comme il l'est rarement, un pêcheur portugais à peu près octogénaire était assis au bar. Il était aussi courbé et tordu par une vie de labeur que les petits cyprès qui poussent entre les rochers sur une côte éventée. Voilà que s'amène dans le bar un autre marin-pêcheur aussi archétype que lui. Les deux vieux avaient grandi ensemble, joué au football ensemble, passé leur certif ensemble, travaillé à bord des mêmes chalutiers, pris des cuites ensemble, avaient, selon toute probabilité, séduit l'épouse l'un de l'autre, et pourtant ils ne s'aimaient pas plus à quatre-vingts ans que lors de leur première bagarre pendant la récré. Le premier ne descendit pas moins de son tabouret, se redressa, et beugla à travers le bar d'une voix aussi rauque que la bise de mars :

— J' te croyais mort !

L'autre s'immobilise, le foudroie du regard et, avec une voix aussi cassée que celle d'une mouette, réplique :

— Mort ? C'est moi qui t'enterrerai, oui !

Et ils burent une bière ensemble. Ce n'était jamais qu'un exercice de plus pour chasser les mauvais esprits. Les Portugais savent aboyer quand ils parlent.

Nous les imitons. Dans d'autres patelins, on mesure le degré d'acidité de la pluie, ou l'index de la pollution de l'air, ou la quantité de dioxine contenue dans le sol. Ici, où notre seule industrie est la pêche et la location de chambres et où il n'y pas d'agriculture, l'air et le sable sont propres. Mais il est bien rare qu'on ne sente pas les esprits peser de tout leur poids dans un bar. Et lorsque j'entrai, plein encore de mes nuits sans sommeil en compagnie des spectres d'Enferville, je sentis aussitôt que tout le monde prenait conscience de ma présence. J'étais aussi visible qu'une traînée d'encre noire au milieu d'une piscine. J'étais à peu près aussi bienvenu qu'une bûche mouillée dans un feu à demi éteint.

Tout de même, chaque bar, ainsi que chaque cheminée, possédait, comme j'avais eu l'occasion de l'observer en travaillant dans quelques-uns, des réactions très individualisées. La bûche qui enfume une cheminée en embrasera une autre et le mélange de ma déprime, de mon bon stock d'adrénaline résultant du fait que j'étais suivi, ajouté à la compagnie des fantômes déments et angoissés que je transportais sans aucun doute dans ma chevelure, eut tôt fait de mettre la clientèle du Mitard dans tous ses états. Des gens qui mouraient d'ennui à leur propre table se levèrent et en gagnèrent d'autres. Des types et leurs nanas qui l'instant d'avant se parlaient à peine commencèrent à ressentir la petite démangeaison rose. Et moi qui en cette heure aurais dû m'enfermer dans l'horreur plus que quiconque en ces lieux – on pourrait baptiser les hivers à Provincetown du nom des habitants dont c'est le tour –, je pris à mon compte cette soudaine animation alors que je n'avais guère fait que saluer un visage par-ci par-là sur mon chemin avant d'aller m'installer tout seul non loin du bar.

Pete le Polack fut le premier à s'approcher et nous eûmes une brève conversation qui fut bien près de me faire perdre les pédales.

— Hé, attaqua-t-il, figure-toi que j'ai causé avec ta femme.

— Aujourd'hui ?

Il lui fallut un certain temps pour répondre. Ma gorge sèche avait eu quelques difficultés à formuler la question et, quand j'y parvins, il était en train de descendre sa bière. Sans compter que son esprit avait déjà raccroché. C'était fréquent, au Mitard, ce genre de choses. Des gens commençaient des conversations, puis leur cervelle, particulièrement sous l'effet de la bière et des amphés, prenait des virages à cent quatre-vingts degrés comme des araignées d'eau à la surface d'une rivière.

— Aujourd'hui, dit Pete. Non. Y a deux-trois jours de ça.

— Quand ?

Il eut un geste vague de la main.

— Deux-trois jours.

Il aurait aussi bien pu dire deux ou trois semaines. J'avais déjà remarqué qu'en hiver les gens adoptaient une fois pour toutes une certaine mesure du temps. Quelque chose pouvait très bien s'être produit deux semaines plus tôt, ou deux nuits auparavant, si vous étiez dans l'habitude de dire : « Il y a cinq jours », c'était ainsi que vous datiez l'événement. Je n'insistai donc pas et revins plutôt à mon sujet.

— De quoi Patty voulait-elle parler ?

— Ah oui. Dis donc, elle veut que je m'occupe de la grande maison perchée sur la colline dans le West End.

— Celle qu'elle pense acheter ?

— C'est ce qu'elle a dit.

— Et c'est toi qu'elle veut charger de s'en occuper ?

— Oui, enfin, moi et mon frère.

Je comprenais mieux. Le frère était un bon menuisier. Ce que Pete me disait, en fait, c'était que son frère allait s'occuper de la maison. Patty lui avait peut-être demandé de le contacter. Tout en sachant que c'était idiot, je ne pus quand même pas m'empêcher de demander :

— Ta conversation avec elle, tu te rappelles si c'était avant ou après le match des Patriots ?

— Ah oui, ce fameux match.

Il hocha du chef d'un air pénétré. Les amphés l'avaient entraîné dans les profondeurs. Il calcula – je ne sais trop quoi – le match, la date, l'argent qu'il avait dans sa poche revolver, puis il secoua la tête.

— Y a deux ou trois jours de ça.

— Ben oui, dis-je. Normal.

Beth Nissen se glissa jusqu'à nous. Elle était soûle, ce qui était rare pour elle, et très animée, ce qui était encore plus inhabituel.

— Qu'est-ce que tu as fait à l'Araignée ? me demanda-t-elle.

— Oh, chérie, dit Pete, les vieilles brouilles c'est les vieilles brouilles, j'aime mieux m'en aller.

Il se baissa pour déposer un baiser sur le chandail de Beth à l'endroit où devait se trouver son téton et emporta sa bière plus loin à une table.

— L'Araignée est vraiment fâché contre moi ? demandai-je.

— Qui sait ?

Ses yeux devinrent rêveurs.

— Il est dingue.

— Bof, nous le sommes tous, dis-je.

— Tu ne crois pas que toi et moi nous le sommes d'une manière un peu particulière, dit-elle.

— Comment ça ?

— On n'a jamais baisé ensemble.

C'était la conversation classique en hiver. Je ris consciencieusement et lui passai un bras autour de la taille. Ses yeux pâles me contemplaient derrière ses lunettes avec une lueur électrique et lointaine.

— L'Araignée a perdu son couteau, dit Beth. Il dit que c'est toi qui le lui as volé.

Elle gloussa, comme si l'Araignée sans son couteau c'était comme un autre sans son falzar.

— Et il a perdu sa moto, aussi, dit-elle. Tu lui avais dit que les Patriots allaient gagner ?

— Oui, à la mi-temps.

— Eh ben ils ont bien gagné, dit Beth. Seulement à la mi-temps, il a décidé d'inverser son pari. Il a dit qu'il voulait jouer contre toi. Maintenant il dit que c'est de ta faute s'il a perdu sa moto.

— Dis-lui de se la coller dans le troufignon.

Elle gloussa encore.

— On disait ça, dans le Mid-West, « troufignon ». Je crois que je vais envoyer une lettre à mes parents pour leur dire que leur fille n'arrive plus à distinguer sa chatte de son troufignon.

Elle eut un hoquet.

— Je ne vais rien dire du tout à l'Araignée. Il est d'une humeur épouvantable. Et pourquoi pas après tout ? « Les plus mauvais sont pleins d'une intensité passionnée », c'est pas vrai ?

Elle me décocha une énorme œillade libidineuse.

— Comment va Stoodie ? demandai-je.

— Oh, dit-elle, méfie-toi de Stoodie.

— Pourquoi ? demandai-je.

— Bof, dit-elle, je dis à tout le monde de se méfier de Stoodie.

Je n'arrivais pas à savoir si c'était dû à l'image d'une tête blonde dans un sac en plastique sombre qui assaillait constamment mon esprit, mais chaque mot que j'entendais me semblait lié à ma propre situation. Y avait-il une fièvre réelle dans l'air ? Nul autre que moi et – j'aurais dû prier – une certaine personne, ne savait ce qui avait été enterré dans mon lopin, et pourtant c'était tout juste si cette pensée n'était pas vociférée à chaque fois qu'on commandait une bière à une table quelconque. J'imagine que les esprits cherchaient à attirer l'attention spongieuse et imbibée de la conscience collective de l'établissement.

Beth remarqua que mon regard vagabondait loin d'elle.

— Patty Lareine est toujours en cavale ? demanda-t-elle.

Je haussai les épaules.

— J'ai entendu dire qu'elle était dans le coin

— Je crois que c'est vrai. Bolo est de retour.

— Tu l'as vu ?

Bolo, c'était le grand Noir, encore que son vrai nom fût Green. Joseph Green, dit Bolo. Le surnom de Bolo lui avait été attribué le premier jour où il avait mis les pieds dans le bar.

— Il y a des nègres qui sont teigneux, annonça-t-il à une tablée de dix d'entre nous. Mais moi, je suis aaa-troce. Et tout le monde se tut un instant comme en l'honneur des morts qu'il avait semés derrière lui – nous sommes le Far West de la côte Est ! –, mais Patty Lareine s'était mise à rigoler et elle avait dit :

— Arrêtez donc de nous agiter votre bolo sous le nez. Personne n'a l'intention de vous piquer votre couleur.

Au regard de pur bonheur qu'elle avait dans les yeux, je compris que le prochain grand Noir de sa liste venait d'entrer officiellement en course.

— Oui, dit Beth, réussissant à ramener mon attention vers elle – moi aussi, mon esprit était capable de virevolter comme une araignée d'eau –, Bolo est de retour, c'est sûr. Il n'y a pas dix minutes qu'il est passé au Mitard.

— Tu lui as parlé ?

— Il m'a fait des avances.

J'aurais été certain qu'elle mentait si elle n'avait pas eu l'air heureux.

Voilà que le barman se mit à m'adresser des signes lui aussi. Il indiquait le téléphone derrière son évier.

Mes capacités de perception extrasensorielle me firent défaut à cette occasion. Je pensais que j'allais entendre la voix de Patty mais ce fut Harpo.

— Mac, dit-il, ça fait un moment que je cherche à te joindre. J'ai dû faire un effort pour te téléphoner.

— Pourquoi ?

— Parce que je t'ai trahi.

— Comment t'aurais pu faire ça ?

— Je me suis dégonflé. Je voulais te mettre en garde.

Le discours de Harpo dégageait une anxiété de fer-blanc. On aurait cru qu'il parlait à l'aide d'un diaphragme métallique. Je tentai de distinguer ce qu'il avait pu prendre mais il devait y avoir pas mal de molécules chimiques différentes dans son cerveau.

— C'est Laurel, dit-il alors.

— Le tatouage ?

— Non, c'te femme, Laurel. J'ai appelé Regency, le chef de la police, et j'y ai parlé d'elle et du tatouage aussi.

Cela ne pouvait avoir aucune signification pour Regency, conclus-je. À moins que Patty Lareine n'ait en sa présence parlé de Madeleine sous le nom de Laurel.

— Ah, bravo, dis-je. Alvin sait désormais que je porte un tatouage. Et alors, où est la trahison là-dedans ?

— J'y ai dit que Laurel attendait en bas dans ta voiture.

— Mais qu'est-ce qui te fait penser que le nom soit Laurel ?

— Tu lui as parlé. Par ma fenêtre.

— Vraiment ?

— Voilà ce que tu beuglais : « Je vais gagner ce pari, Laurel. » C'est ce que tu disais.

— J'ai très bien pu dire Lonnie. Je crois que c'est à l'adresse d'un homme que je criais.

— Non, c'était Laurel. J'ai entendu le nom. Je crois que Laurel est morte.

— Qui te l'a dit ?

— J'étais monté sur le toit. Je l'ai entendu. C'est pour ça que j'ai téléphoné au chef. Je sais que j'aurais dû te refuser ce tatouage. Les gens font des choses terribles après un tatouage.

— Qu'est-ce que tu lui as dit d'autre à Regency ?

— J'y ai dit que je croyais que tu avais tué Laurel.

Il se mit à pleurer.

— Comment peux-tu croire ça ? demandai-je.

— J'ai vu Laurel morte. Quand j'étais sur le toit hier soir. J' l'ai vue à l'horizon. A disait qu' c'était toi.

Je l'entendis se moucher à l'autre bout du fil.

— J' me suis battu avec ma conscience. Et puis j'ai appelé Regency. C'était pas ça qu' j'aurais dû faire. J'aurais dû te causer d'abord.

— Qu'a dit Regency ?

— C'est un trouduc ! C'est un fonctionnaire. Il a dit qu'il fallait qu'il réfléchisse. Mac, écoute, y m'inspire pas confiance.

— Ouais, dis-je. Ouais. C'est en moi que tu as confiance.

— C'est-à-dire que je me suis rendu compte que tu n'avais rien fait du tout. Rien qu'au son de la voix de Regency j'aurais pu le dire.

— Je suis heureux d'entendre ça.

Sa respiration s'appesantit. Au bout du fil, je discernais son agitation. On aurait dit que ses sens crépitaient.

— Peut-être que j'ai pas l' droit de dire qui l'a tuée, ajouta-t-il, mais maintenant je le sais.

— C'est Nissen, dis-je.

— Je déteste le couteau à l'Araignée, dit Harpo. C'est un sale outil.

Sur ce il raccrocha.

Une main me tapotait l'épaule. Je pivotai sur moi-même pour rencontrer les yeux brun doré de Bolo, qui foudroyaient les miens comme le regard lumineux d'un lion. Il était d'un noir profond, noir violet comme un Africain, ses yeux n'en étaient que plus dorés, c'était déconcertant. J'avais su dès le premier instant que je l'avais vu qu'il ne serait pas l'ami idéal de mon ménage. J'avais vu juste. Il avait été précédé par trois modèles plus anciens, mais Mr. Green s'était révélé le grand Noir idéal. D'ailleurs, Patty Lareine ne m'avait jamais quitté auparavant.

Le pire, c'était que pour le moment je n'éprouvais aucune haine contre lui, pas même une certaine rage devant mon triste état de cocu. La preuve en était qu'il pouvait s'avancer derrière moi pendant que j'étais au téléphone, et même me poser une main sur l'épaule et que moi, pour toute réponse, je lui adressais seulement un signe de tête.

Et certes, c'était à peu près comme si j'avais été emporté par un hélicoptère d'un sommet à un autre. Je n'avais pas à prendre la peine de redescendre par le pierrier jusqu'au fond du vallon pour gravir ensuite l'autre pente, non, je passai directement des remarques de Harpo (chacune capable à elle seule de me faire exploser la cervelle) à la lueur des yeux de Bolo, et j'aurais aussi bien pu être bourré de novocaïne jusqu'à la gueule tant je me sentais distant de cette surabondance de stimuli. Décidément, j'étais M. Œil-de-marbre en personne, hébété, abasourdi, transformé en zombie par les péripéties ultrarapides de la course. Mais voilà que Mr. Green, posant de nouveau sa main sur mon épaule, y enfonça les doigts – à la vacharde, j'aime mieux vous le dire – et demanda :

— Où est Patty Lareine, hein, où est-elle ?

Et toute sa fureur passa en moi. Cela me réveilla et, me débarrassant de sa main par un geste aussi violent que le sien, je répliquai :

— Bas les pattes, mon salaud.

Citation directe d'une réplique venue tout droit d'un chahut au réfectoire du lycée. Mais pour la première fois, je n'avais pas peur de lui. Ça ne me dérangeait pas de sortir dans la rue pour me battre. L'idée de me retrouver inconscient au tapis n'avait pour moi que des charmes.

Je précise que je ne doutais guère de ce qu'il était capable de me faire. Quand on a séjourné dans un pénitencier intéressant, on apprend qu'il y a Noir et Noir, et qu'il en existe quelques-uns avec lesquels faut pas déconner. Mr. Green n'appartenait pas au dessus du panier, sinon je serais déjà mort. Mais il correspondait bien à la seconde catégorie : ceux avec lesquels mieux valait ne pas déconner trop souvent. Voilà qu'il me foudroyait du regard, et que je ne baissais pas les yeux, la lumière de la pièce vira au rouge entre nous – littéralement je veux dire –, je ne sais pas si sa rage rencontrant la mienne était si intense que les nerfs qui reflètent la couleur au cerveau chauffaient sous l'effet de tout ce voltage ou si la totalité des fous furieux d'Enferville se précipitait dans notre direction, mais je dus affronter la colère considérable de tout ce qui lui était arrivé depuis vingt-cinq ans (depuis la première fessée reçue au berceau) et, quant à lui, il fut assailli par la démence démesurée de tout ce qui m'était arrivé. Je crois que nous fûmes aussi éblouis l'un que l'autre de séjourner ne fût-ce qu'un instant dans une lumière rouge aussi infernale. Nous n'en demeurâmes pas moins à nous dévisager si longtemps que je pus me remémorer le triste récit de sa vie tel qu'il nous l'avait fait à Patty Lareine et moi le soir de notre rencontre : comment il avait raté sa carrière de boxeur.

Si l'on a du mal à croire que j'aie pu penser à une telle histoire alors même que la vapeur brûlante de sa folie m'ébouillantait les yeux, bah, j'ai du mal à le croire moi-même. Peut-être n'étais-je pas aussi brave que je voulais le faire croire et m'accrochais-je à son récit dans l'espoir d'amadouer sa rage. On ne frappe pas un homme qui déborde de compassion pour nous.

L'histoire, la voici : enfant illégitime, sa mère prétendait qu'il n'était pas à elle. Elle disait qu'il y avait eu substitution à l'hôpital. Elle le battait tous les jours. Quand il eut grandi, son tour vint de battre tous ceux qu'il affrontait aux Gants d'Or. On parlait de lui pour les représentants de l'équipe nationale aux Jeux panaméricains, mais il se rendit en Géorgie à la recherche de son père. Il ne parvint jamais à le retrouver. Ivre mort, il pénétra dans un bar blanc. On refusa de le servir. On appela les gardes nationaux. Deux s'amenèrent qui lui demandèrent de partir.

— Vous n'avez pas le choix, leur apprit-il. Servez-moi ou pissez-vous dessus.

Un des deux gardes le frappa si fort avec sa matraque qu'il commença à perdre les Jeux panaméricains dans ce bar de Géorgie. Mais il ne le savait pas encore. Il ressentit seulement un grand bonheur. Parce qu'il saignait comme une bête de boucherie mais qu'il n'était même pas secoué. En fait, il restait en possession de tous ses moyens. Il entreprit de faire mal aux deux flics et il fallut toute la population du bar pour le réduire à merci. On le transporta jusqu'à la prison. Entre autres choses, il avait une fracture du crâne. Fini la boxe.

Telle était sa triste histoire. Il la relatait comme un exemple de sa bêtise, pas de sa valeur (encore qu'elle eût l'effet inverse sur Patty), et quand nous en vînmes à le mieux connaître, il se révéla un garçon plein d'humour. Il avait l'habitude de nous faire rire avec ses imitations de putains noires. Nous nous mîmes à voir beaucoup Mr. Green et je lui prêtai de l'argent.

Se fera-t-on une idée de l'anéantissement dont je me sentais proche et du réconfort paisible que j'en attendais (après avoir couru comme un rat pour rester en vie) si je dis que j'étais désormais en mesure de reconnaître que Bolo ne m'avait pas traité aussi mal que j'avais traité Wardley. Les restes de ma rage commencèrent à s'estomper et une paix m'envahit pour la remplacer. Je ne sais pas ce que pensait Mr. Green mais alors même que ma colère s'évanouissait, la sienne en fit autant.

— Très bien, dis-je, payant mon tribut au silence. Qu'est-ce que tu comptes faire, fils de pute ?

— J'aurais beaucoup préféré être un fils de pute, répondit-il.

Tristement, il tendit la main, tristement j'y abattis la mienne.

— Je ne sais pas où est Patty Lareine, dis-je.

— Tu ne la cherches pas ?

— Non.

— Moi je la cherche et je n'arrive pas à la trouver.

— Quand t'a-t-elle quitté ?

Il fronça les sourcils.

— On a été ensemble pendant trois semaines. Et puis elle a commencé à s'agiter. Et elle s'est barrée.

— Où étiez-vous à ce moment-là ?

— À Tampa.

— Vous avez vu son ex-mari ?

— Wardley, ce gars-là ?

Je fis oui de la tête.

— Nous l'avons vu. Il nous a invités à dîner dehors un soir. Et puis elle est allée le voir toute seule. Pas de problème. Ce mec-là n'était pas une menace. Je me suis dit qu'elle venait pour le taper sévèrement, mais le lendemain elle s'est barrée.

On aurait dit qu'il allait pleurer.

— Elle était correcte. C'est la seule salope qui ait jamais été correcte avec moi.

Il semblait très triste.

— Au bout d'un moment, j'ai plus rien eu à lui raconter. J'avais épuisé tous les sujets de conversation.

Ses yeux examinaient les miens.

— Tu sais où elle est ? Il faut que je la retrouve.

— Elle pourrait être dans le coin.

— Oui, ça c'est sûr.

— Comment le sais-tu ?

— Un mec m'a appelé. Il m'a dit que Patty Lareine lui avait dit de m'appeler. Elle voulait que je le sache. Elle était de retour ici à Provincetown avec Wardley. Je lui manquais qu'il a dit le mec.

— Qui c'était, le mec ?

— Il a pas dit son nom. Il l'a dit mais y a personne qui s'appelle comme ça. Je savais que c'étaient des conneries quand il l'a dit. Il parlait à travers un mouchoir dans le téléphone.

— C'était quoi le nom ?

— Morris. Morris Minor.

Une bribe du folklore de la ville me revint à l'esprit. Deux ou trois ans plus tôt, quelques-uns d'entre nous, fatigués du surnom de Stoodie, nous étions mis à l'appeler Morris Minor. Ça avait duré un certain temps. Mais Stoodie n'avait pas été mis au courant. C'était l'Araignée qui devait avoir appelé.

— Ce Minor disait que Patty était descendue au Provincetown Inn, dit Bolo. J'ai téléphoné là-bas, merde, elle y avait jamais mis les pieds.

— Quand es-tu rentré ?

— Depuis trois jours.

— Quand t'a-t-elle quitté ?

— Ça fait une semaine, environ.

— Sept jours, tu en es sûr ?

— Huit. Je les ai comptés.

Oui, il comptait les jours. Comme moi.

— Je pourrais la tuer, dit-il, de m'avoir quitté.

— L'homme qu'elle ne quittera pas n'existe pas, dis-je. Elle vient d'un milieu étriqué. Pour elle c'est un péché.

— Oui, ben je suis aussi étriqué qu'elle, dit-il. Et j'vais cogner très fort sur quelque chose, quand j' la reverrai.

Il me regarda de biais comme pour dire « tu peux en arnaquer d'autres, petit, mais t'as intérêt à être réglo avec moi ». Puis ses doutes l'abandonnèrent. Il décida de me parler.

— Morris Minor disait que Patty Lareine était de nouveau avec toi. Quand j'ai entendu ça, je me suis dit qu'il allait falloir que je te prépare une petite réception.

Il s'interrompit, le temps de me laisser soupeser tout le poids de cette pensée.

— Mais je savais déjà que je ne pourrais pas te faire ça à toi.

— Pourquoi ?

— Parce que tu m'as traité comme un gentleman.

Il mesura la vérité de cette déclaration et parut en plein accord avec lui-même.

— Et puis, dit-il, tu plais plus du tout à Patty Lareine.

— Non, probablement.

— Elle dit que tu l'avais prise au piège pour qu'elle t'épouse.

Je me mis à rire.

— Qu'est-ce qui te fait rire, p'tite tête ?

— Monsieur Green, vous connaissez certainement l'expression : « Ce que femme veut... »

Il se mit à rire lui aussi. Nous rîmes assez longtemps pour attirer l'attention sur nous. On faisait l'histoire au Mitard ce soir-là. Le cocu et l'amant noir se marraient ensemble comme des baleines.

— Joseph, on se voit bientôt, dis-je à Green dit Bolo.

— La paix avec toi.

J'avais besoin d'une longue marche. Ma tête avait reçu plus d'informations qu'elle ne pouvait en classer.

Il pleuvait assez fort et je descendais Commercial Street les mains dans les poches et la tête si profondément enfoncée dans le capuchon de mon parka que je ne me rendis pas compte qu'une bagnole me suivait jusqu'à ce que la lumière de ses phares dans mon dos soit devenue trop manifeste. Je me retournai. C'était une voiture de patrouille de la police avec un homme au volant. Il ouvrit la portière.

— Monte, dit-il.

C'était Regency, tout à mon service.

Nous n'avions pas roulé dix mètres qu'il se mit à parler.

— On a retrouvé ta bonne femme, Jessica, dit-il.

Il indiquait un morceau de papier sur le siège avant.

— Jette un œil, me dit-il en me tendant une lampe-stylo qu'il tira de sa poche de poitrine.

J'avais sous les yeux une photocopie d'une photographie envoyée par câble. On reconnaissait assez clairement Jessica.

— Oui, on dirait que c'est elle.

— Mais c'est qu'on n'a pas besoin de toi mon vieux. Ça ne fait aucun doute. La serveuse et le propriétaire du Widow's Walk confirment tous les deux.

— Du beau boulot, dis-je. Comment l'avez-vous retrouvée ?

— Pas une grosse affaire. On a contacté le cabinet de Pangborn à Santa Barbara et il n'y avait que deux ou trois blondes dans ses relations de plaisir ou d'affaires. On allait étudier ça de plus près quand son fils a appelé. Il savait que sa mère était à Provincetown avec Pangborn – comme le billet doux de Monseigneur Lonnie permettait de le deviner.

— Tu veux dire que c'est le fils qui a été l'amant de Lonnie ?

— Tout juste, dit Regency. Le môme au rasoir sans fil.

Il ouvrit sa vitre pour balancer un mollard maousse.

— Je crois bien qu'il m'a gâché les pubs télé à tout jamais.

— Bah, qui sait ?

— Attends, Madden, c'est ici que les choses se corsent. Apparemment, son nom n'est pas Jessica.

— Ah bon, c'est quoi ?

— Laurel Oakwode. C'est une orthographe fantaisiste w-o-d-e. En fait c'est wood.

Le souvenir me revint aussitôt de ce que j'avais dit à Harpo avant la séance qui s'était terminée par le hurlement de Nissen. « Harpo, lui avais-je dit, dis à tout le monde que nous cherchons à entrer en communication avec Mary Hardwood, la cousine de ma mère. Mais la femme à laquelle je désire réellement parler s'appelle Laurel. »

Cette coïncidence-là ne pouvait pas résulter de la présence d'un petit émetteur de signal. Malgré moi, je me mis à frissonner. Assis à côté de Regency dans la bagnole de police qui patrouillait à vingt bornes à l'heure dans Commercial Street, je me mis à frissonner visiblement.

— Tu as besoin de boire un coup, dit Alvin Luther.

— Non, ça va, dis-je.

— Peut-être te sentirais-tu plus en forme, suggéra-t-il, si le tatouage que tu portes sur le bras ne disait pas : Laurel.

— Tu veux bien arrêter la voiture ?

— Pas d'objection.

Nous étions arrivés à l'extrémité de Commercial Street. Nous nous trouvions à l'endroit où les pèlerins avaient débarqué jadis mais, à travers l'averse, je ne voyais rien.

— Bon, dit-il, descends.

Ma panique était retombée. La perspective de parcourir les quatre kilomètres qui me séparaient de la maison avec cette rencontre avortée pour toute compagnie m'encouragea à prendre un risque.

— Je ne sais pas très bien où tu veux en venir, dis-je. Mais pour moi ça n'est vraiment pas une affaire. Je me suis poivré la gueule et je suis allé voir Harpo pour lui demander de me tatouer. Peut-être que Jessica m'avait dit que son vrai nom est Laurel mais je ne m'en souviens plus.

— Elle était avec toi ?

Il me fallut prendre une décision.

— Harpo dit que oui.

— Et toi tu dis que tu ne t'en souviens pas ?

— Pas clairement, non.

— Alors tu pourrais très bien l'avoir descendue et l'avoir oublié ?

— Tu m'accuses ?

— Disons que je travaille à mettre sur pied le premier scénario. À ma façon, je suis écrivain moi aussi.

Il n'avait pas pu s'en empêcher. L'étalon poussa son grand hennissement.

— Je n'aime pas beaucoup la manière dont tu parles.

— Dis donc mon pote, dit Regency, je veux bien rigoler mais tire ton cul de mes coussins. Je pourrais te boucler tout de suite.

— Sous quel prétexte ? Il n'y a pas de crime. La petite dame est peut-être en route pour Santa Barbara. Tu ne gâcherais pas tes états de service par une arrestation arbitraire.

— Rectification, dit-il. Je pourrais te boucler tout de suite comme suspect du meurtre possible de Leonard Pangborn.

— Tu disais que c'était un suicide.

— C'est ce que je pensais. Mais les experts du labo ont jeté un coup d'œil. Ils se sont amenés par avion spécial de Boston sur notre demande. Les supercoroners, comme ils aiment qu'on les appelle. Mais moi, bien sûr, je préfère les appeler les supercornards.

Une fois encore, il rit de sa propre plaisanterie.

— Ils ont un bol de cocus ces mecs-là. Ils arrivent toujours à mettre la main sur quelque chose.

— Et sur quoi ont-ils mis la main ?

— Je vais te le dire. Ce ne sera plus un secret pour personne avant longtemps. Pangborn s'est peut-être tué lui-même, mais si c'est le cas, qui a conduit la bagnole ?

— Tu m'avais dit qu'il était entré dans le coffre, avait refermé le couvercle sur lui et avait tiré.

— Le sang coagulé sur le fond du coffre s'est répandu en vagues, comme si peu après qu'il a commencé à cailler, la voiture avait roulé pour regagner le Widow's Walk à partir de l'endroit, quel qu'il soit, où l'événement avait eu lieu.

— Les employés du restaurant auraient entendu l'auto revenir.

— Pas à trois heures du matin. Il n'y aurait eu personne. Écoute, ne discutons pas. La bagnole a été déplacée. La disposition du sang coagulé le prouve.

Il haussa les épaules.

— Ça signifie seulement que quelqu'un a ramené le véhicule au Widow's Walk après le suicide de Pangborn, Madden, c'est tout.

— Jessica aurait-elle pu le faire ?

— Oui, Laurel Oakwode pourrait certainement l'avoir fait. Une question, tu l'as baisée ?

— Je crois que oui.

Il émit un petit sifflement.

— L'état dans lequel tu dois avoir la tronche, bon Dieu ! Tu ne te rappelles même pas ça ?

— Ce qui m'ennuie c'est que je crois l'avoir fait devant Lonnie Pangborn.

— Ça m'emmerde de citer un nègre mais c'est Cassius Clay qui l'a dit : « T'es pas aussi con que t'en as l'air. »

— Comment ça ?

— Inutile de me féliciter.

Il alluma un cigare sur lequel il se mit à tirer comme un sourd.

— Madden, tu viens de me donner ton scénario à toi. Un : tu te tapes Jessica devant Lonnie. Deux : tu t'essuies la queue et tu te tailles. Trois : Jessica console Lonnie. Quatre : il se met à se plaindre, nous autres pédales, nous ne sommes pas taillées pour ce genre de concurrence. Il se planque dans le coffre. Pan ! Il lui laisse un petit cadeau : son cadavre. C'est qu'elles sont souvent rancunières, ces tapettes. Bon, elle, c'est une connasse respectable, elle se passerait bien de la pub. Alors elle ramène la bagnole jusqu'au Widow's Walk, l'y laisse et se met en route pour Santa Barbara.

Il hocha la tête.

— Ça se tient très bien, à condition – Un : que tu puisses trouver où elle a passé la nuit, mais je te dis dès maintenant, pour t'éviter une partie des frais d'avocat, que tu peux toujours soutenir qu'elle est revenue à pied jusque chez toi pour dormir en pleurant sur ton canapé. À moins que tu ne lui aies donné ton lit.

Il baissa sa vitre et jeta le cigare.

— Deux : il faut, quand elle se montrera, qu'elle soit vivante et qu'elle corrobore ton histoire. Tu n'as plus qu'à prier pour qu'elle ne nous revienne pas sous forme de cadavre quelque part parmi les dunes et les bois.

— On voit que tu as pas mal réfléchi à tout ça.

J'avais espéré le caresser dans le sens du poil. Il fit seulement oui de la tête.

— Attends que je te propose un autre scénario. Pangborn, elle et toi vous allez à Wellfleet dans ta bagnole. Sur le chemin du retour, Lonnie ne peut se résoudre à la paumer alors il te brandit son flingue sous le nez. Tu arrêtes la bagnole pour lui prendre le feu. Dans la bagarre, elle se chope une bastos. Mortelle. Tu la laisses dans les bois et tu le ramènes à sa bagnole. Tu le fais entrer dans le coffre – il est mou comme un asticot désormais. Tu l'emmènes dans un coin tranquille, tu ouvres le coffre, tu lui enfonces le canon dans la gorge et tu dis gentiment : « Jamais je ne te ferai du mal, Lonnie, c'est seulement pour faire joujou. C'est comme ça que je prends mon pied, moi. Suce le canon, Lonnie, fais-moi plaisir. » Tu tires sur la queue de détente, un petit coup de chiffon et tu poses son doigt à lui dessus. Ensuite, tu ramènes la bagnole au Widow's Walk, tu récupères la tienne, retournes dans les bois et tu te débarrasses du corps. Tu penses à tout, fiston, sauf à nettoyer ton siège avant. Comme dit ma femme : « Personne n'est parfait. » Moi non plus, d'ailleurs. Je te laisse te tirer avec ton siège couvert de sang. Je suis qu'un péquenaud qui fait confiance à ses copains, moi. Oui, t'as intérêt à prier pour qu'on retrouve pas son cadavre. Je serais le premier à te tomber dessus, parce que tu m'as fait avaler ton histoire de saignement de nez.

— Alors, dis-je, pourquoi ne pas m'arrêter tout de suite ?

— Devine.

— Tu n'as pas d'éléments. Si elle avait été abattue de tout près dans ma voiture, son sang à elle aurait éclaboussé son costard à lui.

— Tu as peut-être raison. Prenons un verre.

Rien n'aurait pu être moins satisfaisant. La dernière chose que je voulais faire était de boire un verre avec lui. Mais il remit la voiture en marche, se mit à siffler « Stardust » et démarra en trombe dans un grand jaillissement de sable et de caoutchouc.

Je pensais que nous irions au mess des anciens d'outre-mer, son établissement préféré, pour s'en jeter un ou deux, mais il prit la direction de l'hôtel de ville et m'entraîna par le couloir du sous-sol jusqu'à son burlingue où il m'indiqua un fauteuil et sortit une bouteille de bourbon. Je me dis que nous étions là pour amortir une partie des appareils d'enregistrement qu'il devait planquer dans son bureau.

— Je me suis dit que j'allais te faire voir les côtés agréables de la maison, dit Regency, avant que tu n'aies l'occasion de te servir de la prison.

— On ne pourrait pas changer de conversation ?

Il sourit de toutes ses dents.

— Vas-y, propose un sujet.

— Où est ma femme ?

— J'espérais que tu serais en mesure de me renseigner là-dessus.

— J'ai parlé au mec avec lequel elle s'est tirée. Elle l'a quitté depuis huit jours. Je crois ce qu'il raconte.

— Ça correspond, dit Regency.

— À quoi ?

— Selon le fils de Laurel Oakwode – il s'appelle Leonard lui aussi, au fait, mais on l'appelle Fiston, Fiston Oakwode –, Patty Lareine était à Santa Barbara il y a huit jours.

— Je ne savais pas ça.

— Oui, elle y était avec ce type, là, Wardley.

Je n'avais jamais compris exactement le sens de l'expression *mes lèvres refusèrent de bouger*. Désormais je la comprenais.

— Il est bon ce bourbon ?

Je hochai du chef sans un mot.

— Oui, elle était à Santa Barbara avec Wardley et ils ont dîné avec Laurel Oakwode et Leonard Pangborn au club de Lonnie sur la plage. Tous les quatre à une table. Fiston s'est joint à eux pour le café.

J'étais toujours incapable de parler.

— Tu veux savoir de quoi ils ont parlé ?

Je fis oui de la tête.

— Je vais avoir besoin de renseignements de ta part à ce propos.

Je fis oui de la tête.

— Bien. D'après ce que me raconte Fiston

Là il s'interrompit pour faire remarquer :

— À propos, au téléphone, Fiston n'a vraiment rien d'une petite pédale. Tu crois que Pangborn mentait dans sa lettre ?

Je dessinai un point d'interrogation avec mon doigt.

— Mais Pangborn n'avait pas l'air pédé non plus, à tes yeux ?

Je secouai la tête.

— C'est incroyable, tout de même, tout ce qu'il peut y avoir de clandestin dans la vie. Bon Dieu, toi ou moi on pourrait être pédés.

— Comme tu voudras mon chéri, parvins-je alors à articuler d'une voix minaudière de tante.

Il vit là une raison de se fendre énormément la pipe. Pour moi j'étais surtout content d'avoir recouvré la voix. Se retrouver muet cause un choc dont on est prêt à faire beaucoup pour sortir.

Nous aspirâmes tous deux une gorgée de bourbon.

— Un peu d'herbe ? demanda Regency.

— Non.

— Ça te dérange si moi je ?

— Tu n'as pas peur de te faire prendre dans ton bureau ?

— Par qui ? Je mets un suspect à l'aise, voilà tout.

Et voilà qu'il sortit bel et bien un pétard et qu'il l'alluma.

— Magnifique, dis-je.

— Ouiii, dit-il en exhalant. C'est jouissif à chaque bouiffe.

— Et comment.

— Écoute, Madden, ce que Fiston m'apprend c'est que Pangborn et Laurel devaient prendre l'avion pour Boston, venir en bagnole jusqu'à Provincetown et se faire passer pour des touristes amoureux du domaine Paramessides.

— C'est donc comme ça que ça s'appelle ?

— Ouiche. Un Grec qui servait d'homme de paille à des Arabes l'a acheté voici quelques années. Et maintenant Wardley veut l'offrir à Patty. C'est de ça qu'ils ont parlé pendant le dîner.

Il aspira une nouvelle bouffée.

— Ils parlaient de se remarier, dit-il.

— Grandiose.

Je crois que j'étais pété rien qu'à respirer sa fumée.

— Sais-tu pourquoi Patty voulait cet endroit ? demanda Regency.

— Elle m'en a jamais parlé.

— D'après Fiston, elle y songeait depuis plus d'un an. Wardley voulait le lui offrir dans le style Richard Burton offrant un diamant à Elizabeth Taylor.

— Et toi, ça ne te dérange pas d'apprendre ça ? demandai-je.

— Comment ça ?

— Eh ben, Patty Lareine et toi, vous n'auriez pas fait un petit raid ensemble, sur l'armoire à confitures ?

Si nous avions été boxeurs, je me serais dit, alors, c'est le premier coup qu'il est obligé de reconnaître. Il cligna des yeux et fut comme entouré d'un spacieux nuage de fureur. Je ne vois pas d'autre moyen de le décrire – comme si le cosmos bousculé s'apprêtait à déclencher un orage électrique.

— Eh, oh, dit-il, je vais te dire, moi, p'tit gars, me pose pas de questions sur ta femme et je t'en poserai pas sur la mienne.

Le pétard menaçait de lui brûler les doigts.

— Je crois que j'en veux bien une taffe, dis-je.

— Rien à cacher, hein, c'est ça ?

— Pas plus que toi, peut-être.

Il me tendit le joint et je tirai dessus.

— D'ac, dit-il. Raconte moi un peu c'que vous vous êtes dit Wardley et toi cet après-midi.

— Comment sais-tu qu'on s'est vus ?

— Mais tu n'as donc pas l'ombre du début du commencement d'une idée du nombre d'indics que j'ai en ville ? Ce téléphone, se vanta-t-il en tapotant l'appareil, c'est un marché persan.

— Et qu'est-ce que tu vends ? demandai-je.

— Je vends la disparition de certains noms sur certaines feuilles de rapport, dit-il. Je vends l'écrasement de certains petits coups. Je vends, en somme, des indulgences, alors, mon petit Madden, va donc te faire foutre, et quand t'en auras plein le cul, redescends sur terre, et raconte-moi ce que Wardley et toi vous êtes dit cet après-midi sur la plage.

— Et si je refuse ?

— Ça risque d'être plus dur pour toi qu'un divorce de la haute à Tampa.

— Tu crois que tu peux me battre dans un concours pour voir celui de nous deux qui pisse le plus loin ?

— Si je m'applique.

Je découvris qu'en fait, j'avais envie de le lui dire. Pas parce que j'avais peur (tu es déjà beaucoup trop loin, me disait le chanvre indien, pour avoir peur de quiconque), mais parce que j'étais curieux. Je voulais savoir ce qu'il en penserait.

— Wardley, lui dis-je, m'a raconté que Patty Lareine et lui étaient en concurrence pour l'achat de cette baraque.

Regency siffla.

— Wardley compte donc doubler Patty Lareine ou toi.

Il soupesa les deux possibilités dans son esprit et l'on croyait voir cliqueter un ordinateur. Puis il dit :

— Peut-être qu'il veut vous niquer tous les deux.

— Il aurait des raisons.

— Ça te dérangerait de me dire pourquoi ?

— Du temps que nous habitions tous à Tampa, voilà des années, Patty Lareine voulait que je le supprime pour elle.

— Voyez-vous ça.

— Pas la peine de faire la fine bouche. Elle ne te l'a donc jamais dit ?

C'était son point faible. Pas de doute. Il ne savait trop comment réagir aux remarques sur Patty.

— Je ne comprends pas trop ce à quoi tu fais allusion, finit-il par dire.

— Je passe, dis-je.

C'était une erreur. Il reprit aussitôt du poil de la bête.

— Et de quoi d'autre encore avez-vous parlé, Wardley et toi ?

Fallait-il le lui dire ? Je m'étais avisé que Wardley pouvait avoir enregistré notre conversation sur la plage. Avec quelques coupures habiles, elle pouvait faire croire que je m'étais mis de mon plein gré sur le marché comme tueur à gages.

— Wardley était soucieux que Pangborn soit mort. Et se demandait pourquoi Jessica avait disparu. Il n'arrêtait pas de dire qu'il allait devoir faire une offre personnelle pour la maison et que cela ferait monter les prix.

— Il t'a donné une idée de l'endroit où Patty Lareine pourrait être ?

— Il voulait que j'essaie de la retrouver.

— Qu'a-t-il offert ?

— De l'argent.

— Combien ?

Pourquoi protéger Wardley ? Voilà ce que je me demandais. Était-ce chez moi un vestige de préjugé familial – on ne parle pas aux flics ? Et puis je songeais au petit émetteur de signal sous mon pare-chocs.

— Deux millions, dis-je.

— Tu l'as pris au sérieux ?

— Non.

— C'était une proposition de meurtre ?

— Oui.

— Tu en témoignerais ?

— Non.

— Pourquoi ?

— Je ne suis pas tout à fait sûr qu'il parlait sérieusement. De toute manière j'ai refusé. Comme je l'avais déjà découvert à Tampa, comme tueur à gages, je suis un pétard mouillé.

— Où puis-je trouver Wardley ?

Je souris.

— Pourquoi n'interroges-tu pas un ou deux de tes indics ?

— Lesquels ?

— Ceux de la camionnette brune.

Il hocha du chef comme si je venais de jouer un coup habile dans une partie d'échecs.

— Je vais te dire, dit-il. Ils n'en savent rien. Il vient à leur rencontre de temps en temps.

— Qu'est-ce qu'il a comme voiture ?

— Il leur parle par radio. Puis il vient à leur rencontre. À pied. Et il repart à pied.

— Et tu le crois ?

— Bah, je ne les ai pas secoués très fort pour le leur faire dire.

— Pourquoi ça ?

— On a vite fait de se fabriquer une sale réputation si on malmène les indicateurs. Et puis d'ailleurs je les crois. Ça ressemble bien à Wardley de se comporter comme ça. Il cherche toujours à en foutre plein la vue aux gens.

— Peut-être aussi que tu ne te fais pas beaucoup de souci pour Patty Lareine.

Il se livra à tout un manège compliqué pour montrer que ça le laissait froid. Il écrasa le joint avec le pouce, le roula en une petite boulette et se le jeta dans la gorge. Aucune preuve, disait son sourire.

— Je ne suis pas affamé, dit-il. La femme réapparaîtra intacte.

— Tu en es sûr ? Moi pas.

— Nous devons attendre, dit-il doucement.

Je me demandai quelles étaient l'étendue et la profondeur de ses mensonges. Il n'émanait rien de lui qu'une vague impression de vide. J'aspirai une nouvelle gorgée de bourbon. Ça n'allait pas avec l'herbe.

Mais la combinaison semblait à son goût à lui. Il sortit un autre joint et l'alluma.

— C'est terrible, les meurtres, dit-il. De temps en temps, on tombe sur une affaire qui nous marque.

Je n'avais pas la moindre idée d'où il voulait en venir. Je pris le joint offert, inhalai un peu de fumée et le lui tendis.

— Il y a eu cette affaire, dit-il, d'un célibataire de belle apparence, qui ramassait des nanas et les emmenait dans un motel avec lui. Quand une nana l'avait accompagné, il couchait avec elle et la convainquait de poser, jambes écartées, pour quelques Polaroïd. Ensuite il la tuait. Après ça il prenait encore une photo. Avant et après. Sur ce, il se tirait en laissant la nana dans le lit. Tu sais comment il s'est fait prendre ? Il gardait ses photos dans un album. Une page pour chaque nana. Sa mère était jalouse comme un chien de garde. Elle a fouillé ses affaires et forcé la petite serrure de l'album. Devant le contenu, elle s'est évanouie. En revenant à elle, elle a appelé les flics.

— Pourquoi me racontes-tu ça ?

— Parce que ça m'excite, figure-toi. Je suis un défenseur de la loi et cette histoire m'excite. Tous les bons psychiatres ont un petit grain, et ce n'est pas possible d'être un bon flic si l'on n'est pas assis sur une jolie marmite de monstruosités en soi-même. Est-ce que mon histoire t'excite ?

— Tu ne l'as pas racontée assez bien.

— Oh, ce qu'un bon procureur aimerait t'avoir à la barre des témoins.

— J'aimerais m'en aller, maintenant, dis-je.

— Je te reconduis ?

— Merci. J'aime mieux marcher.

— Je ne voulais pas t'inquiéter.

— Tu ne m'as pas inquiété.

— Il faut que je te dise. Ce gars au Polaroïd, il m'intéresse. Il y a quelque chose d'essentiel dont il n'est pas loin.

— Je n'en doute pas, dis-je.

— Sayonara, dit Regency.

Dans la rue, je me remis à frissonner des pieds à la tête. C'était surtout du soulagement. Cela faisait une bonne heure que j'avais dû arranger chacun de mes mots pour ainsi dire avec les mains. Chacun devait être soigneusement mis en place. Il était bien naturel d'éprouver du soulagement en sortant de son bureau.

Mais je détestais son intelligence. L'histoire m'avait effectivement excité. Un petit chatouillis au plus profond.

Qu'avait-il cherché à me communiquer ? Je me souvins du Polaroïd que j'avais pris de Madeleine nue voilà bien des années et de Patty Lareine plus récemment. Ils étaient cachés quelque part dans mon studio comme des poissons broutant un récif. J'éprouvais un mesquin sentiment de possession à la seule pensée de leur existence. Comme si j'avais détenu la clé d'un certain nombre de cachots. Je me mis à me poser de nouveau la question : était-ce moi le meurtrier ?

Je ne puis décrire la révulsion qui me saisit alors. Je fus physiquement malade. L'herbe amplifiait les spasmes qui me serraient la gorge et qui finirent par me soulever le cœur avec la puissance d'un orgasme. Du fond de l'œsophage me remontèrent bile et bourbon et le peu d'aliments que j'avais avalés et, plié en deux au-dessus d'une clôture, j'abandonnai toute cette misère sur la pelouse d'un voisin. On pouvait espérer que la pluie m'aurait vite absous.

Oui, j'avais été comme un homme à demi écrasé sous un rocher qui, par le plus incroyable effort contre la douleur, parvient à peine à arracher son corps à l'étau. Alors le poids roule et lui retombe en plein dessus.

Je savais pourquoi j'avais vomi. Il fallait que je retourne au terrier. « Oh non, chuchotai-je pour moi-même, il est vide ! » Mais je n'en savais rien. Un instinct en moi, aussi puissant qu'Enferville, m'enjoignait d'y retourner. Si l'assassin, comme on dit, retourne toujours sur les lieux de son crime, je ne sais trop ce qui venait de se déclencher, car j'étais convaincu que la seule manière dont je parviendrais à démontrer pour moi-même que je n'étais pas coupable de meurtre était de retourner là-bas. Si je n'y retournais pas, j'étais coupable. Telle était la logique du raisonnement et elle devint si puissante à mesure que je m'approchais de chez moi que j'entrai seulement pour prendre les clés de ma Porsche. Je me mis à passer en revue, comme je l'avais fait auparavant, tous les aspects de cette expédition : la route, le chemin vicinal, le dos-d'âne sablonneux – et je vis à l'avance les grosses flaques qui se formeraient dans les creux avec cette pluie, puis le sentier, la pierre couverte de mousse à l'entrée du terrier. Je vis même, en imagination, un sac en plastique sous le pinceau lumineux de ma lampe de poche. Je ne pouvais pas aller plus loin par la pensée. Aussi prêt, désormais, que je pouvais l'être, j'étais sur le point de partir quand le chien se mit à me lécher les doigts. C'était le premier signe d'affection qu'il me donnait en quatre jours. Je l'emmenai donc avec moi. Diverses raisons pratiques me vinrent en même temps que la caresse plate de sa grosse langue sur ma paume : il pouvait certainement m'être utile. Car s'il n'y avait rien dans le terrier, qui pouvait dire que rien n'était enterré dans les environs ? Son flair pourrait nous y conduire.

Pourtant je dois avouer que la bonne vieille puanteur du clebs agressa si fort mon pauvre estomac que mon second mouvement fut pour ne pas l'emmener. Mais il était déjà dans la voiture, solennel comme un soldat qui part au front, mon gros labrador noir. (À propos, il s'appelait Stunts – tours de force –, parce qu'il était trop bête pour en apprendre aucun.)

Nous partîmes. Il était assis à côté de moi sur le siège du passager, la truffe pointée vers la vitre, et nous roulâmes sans nous départir de notre solennité. J'étais déjà à mi-chemin vers Truro quand je me rappelai la petite boîte noire. L'idée que j'étais encore suivi m'enragea. Je me rangeai sur le bas-côté, ôtai le petit appareil et le déposai dans la tranchée peu profonde qui s'ouvrait au pied d'une borne kilométrique. Puis nous repartîmes.

Je ne vois nulle raison de décrire le reste du trajet. Il devint aussi hésitant que ceux qui l'avaient précédé, et plus je m'approchais du dernier tronçon, moins j'enfonçais le pied sur l'accélérateur, à tel point que je finis par caler, une fois, puis une deuxième. Cette fois-ci au beau milieu d'une flaque, et j'éprouvai une peur aussi intime que le passage d'un fantôme à l'idée que je ne parviendrais pas à redémarrer. Du temps de la Colonie, il y avait eu un gibet dressé dans une clairière de ces bois, et à travers l'averse, toutes les branches qui faisaient saillie au-dessus du chemin semblaient porter un pendu qui se balançait. J'ignore qui du chien ou de moi était le plus inquiet et malheureux. Il ne cessait de gémir en une plainte de mourant, comme s'il avait la patte prise dans un piège.

Je progressai en trébuchant le long du sentier, tenant ma lampe de poche, et la brume était si épaisse que j'avais l'impression que mon visage baignait dans la mousse. Le chien garda l'épaule contre ma cuisse jusqu'au tout dernier mètre qui nous séparait du pin contrefait. Là, il prit la course, donnant désormais de la voix dans un mélange d'excitation joyeuse et de frayeur, comme si, semblable à nous, il pouvait faire appel à deux moitiés profondément divisées de lui-même. Jamais à vrai dire il n'avait paru plus humain qu'avec ces cris de plaisir mêlés de couinements de panique qui lui jaillissaient de la gorge. Je dus le retenir pour qu'il ne gratte pas la mousse qui recouvrait la pierre fermant le terrier.

Pourtant, quand j'ôtai la pierre, il poussa un petit gémissement. J'aurais pu en faire autant car je ne souhaitais pas regarder. Puis je n'y tins plus. La lumière de ma lampe révéla un sac de plastique noir et gluant sur lequel grouillaient les insectes. Et dans une ondée de ma propre sueur, avec des doigts qui tremblaient comme s'ils avaient été touchés par des esprits, je fis intrusion dans le domaine du terrier – tel était mon sentiment ! – et j'en retirai le sac. Il était plus lourd que je ne m'y étais attendu. Je vous épargnerai le temps qu'il me fallut pour défaire le nœud, mais je n'osai point l'éventrer, comme si tous les ruisseaux d'Enferville risquaient de surgir par la déchirure.

Enfin le nœud céda. Élevant la lampe de poche, je contemplai le visage de ma femme. C'était comme un coup de pistolet qu'on m'aurait tiré à travers l'étoffe d'un millier de nuits de sommeil. Ma femme arborait une expression de consternation et la base de son cou n'était qu'un enchevêtrement rouge tout déchiqueté. Un seul regard me suffit, je ne pus en jeter un autre avant de refermer le sac. Je sus à cet instant que j'avais une âme. Je la sentis basculer dans mon cœur alors que mes doigts refermaient le nœud au sommet du sac.

Je me levai pour partir, vacillant sur un pied, puis sur l'autre. Je ne savais pas si je pourrais bouger. Et je ne parvenais pas non plus à décider s'il me fallait l'emporter avec moi ou la laisser reposer dans cet endroit infect. Tandis que ma volonté continuait de balancer, le chien cessa de pleurnicher, remua et entreprit d'enfoncer la tête et les épaules dans le terrier, encore plus loin, puis, en un instant, inversa tous ses mouvements pour sortir à reculons, traînant l'extrémité d'un sac de plastique vert dans sa gueule. Et ce fut le visage de Jessica Pond, que je vis. Je n'arrivais pas à l'appeler Laurel Oakwode.

Vous paraîtra-t-il étrange que j'aie ramassé les deux têtes pour les emporter jusqu'à la voiture ? Un sac dans chaque main, pour les déposer dans le coffre en prenant soin de ne pas détruire le peu de dignité qu'elles avaient peut-être conservé dans la mort – quel pauvre linceul fait un sac en plastique. Le chien marchait avec moi comme un compagnon de deuil et les arbres de part et d'autre du sentier nous offraient leur silence. Le bruit que fit en démarrant le moteur de la Porsche résonna comme une explosion sous ce manteau de plomb.

Nous repartîmes. Dans la mesure où je ne savais pas ce que je faisais, trouverez-vous logique que je me sois arrêté pour récupérer la petite boîte noire, et qu'à cet instant Stoodie et Nissen soient venus m'attaquer ?

Par la suite, quand j'eus le temps de démêler un peu tout cela, je parvins à la conclusion qu'ils avaient dû suivre ma voiture jusqu'à ce que j'en détache leur zinzin. Alors ils devaient avoir attendu un moment. Ensuite, me croyant garé, ils avaient dû s'amener pour ne trouver ni voiture ni maison, rien que le bruit de leur petite boîte qui les narguait. C'était en dehors de la route mais ils n'avaient pu découvrir où avec préci sion. Ils s'étaient donc garés pour attendre.

Je ne les vis venir qu'après m'être redressé dans la tranchée en contrebas de la borne, le zinzin à la main. À ce moment ils s'étaient mis à courir. Je me rappelle avoir pensé qu'ils désiraient récupérer ce que j'avais volé dans le terrier – cela montre où j'en étais. La folie présente au moins cet avantage, que le sang peut passer d'un moment transcendantal à un autre sans la moindre crainte. Je pense, maintenant que j'y réfléchis, qu'ils étaient fous de rage d'avoir dû attendre le retour de leur petite boîte noire pendant trente minutes d'exaspération inutile sous la pluie. Ils étaient prêts à me démolir pour avoir si bien déjoué leur merveille technique.

Ils s'amenèrent contre le chien et moi, Nissen brandissait un couteau et Stoodie un démonte-pneu. L'animal et moi n'avions encore jamais affronté une situation dans laquelle le chien et l'homme sont voués à périr ensemble dans le pacte qui les lie. Mais il était avec moi.

Je ne saurais nommer la vigueur qui nous vint. J'avais la tête de deux jolies blondes à garder dans le coffre de ma voiture. Ces têtes, si l'on me prenait avec elles, devaient bien valoir dans les deux cents années d'incarcération, et cela me donnait la force de combattre. Ma folie y ajoutait. Car dans l'exaltation de sa logique, elle me disait que j'étais en train de transférer les dames de mon cœur d'une ignoble sépulture à une tombe plus digne d'elles.

Aussi ma rage était-elle proche du délire. Elle s'était amassée peu à peu comme de la poudre à canon dans ma tête et mes membres au cours de ces cinq derniers jours. Le spectacle de l'Araignée et de Stoodie qui s'approchaient menaçants revint à déclencher la mise à feu. Je me rappelle la façon dont le chien s'était dressé à mon côté, la fourrure toute raide comme autant de clous d'acier. Pour lui, tout fut fini en un instant. Je ne sais pas si cela prit dix secondes, il bondit sur Nissen et lui saisit le visage et la gorge entre les crocs. Il prit aussi la pointe du couteau de l'Araignée dans le cœur et mourut sur Nissen qui poussa un hurlement aigu et partit en courant, se tenant le visage. Il nous fallut un peu plus de temps à Stoodie et à moi. Il me tourna lentement autour, cherchant le moment de balancer son démonte-pneu et je me tins à distance, prêt à balancer mon zinzin – c'était devenu mon zinzin désormais, contre sa tête. Mais l'instrument ne pesait guère plus qu'une pierre.

Rage ou pas, je n'étais pas en forme pour me battre. Le cœur me brûlait déjà et je n'avais rien à opposer à sa ferraille. Il fallait que je le cueille d'une droite parfaite à la mâchoire – ma gauche n'aurait jamais été assez bonne – et, pour cela, il me fallait attendre qu'il ait balancé un coup de démonte-pneu. Il n'y a rien d'autre à faire quand on se bat contre un type ainsi armé, que de le contraindre à s'engager. On ne peut frapper qu'après avoir évité le coup qu'il porte avec son arme. Stoodie le savait. Il donnait des coups brefs d'arrière en avant sans aller plus loin. Il avait le temps. Que la tension finisse par avoir raison de ma garde. Stoodie attendait, nous tournions en rond, et j'entendais ma respiration plus rauque que la sienne. Puis je balançai le zinzin qui le frappa à la tête. Je lançai ma droite aussitôt après mais l'atteignis seulement sur le nez, pas au menton, et il abattit le fer sur mon bras gauche. Il était déséquilibré et ne put donc frapper de toutes ses forces. Mais mon bras fut paralysé aussitôt et la douleur telle que j'eus le plus grand mal à esquiver le coup suivant. Il se remit à porter des petits coups d'estoc et de taille tandis que le sang de son nez atteignait sa bouche et qu'il se rendait compte que certains os de son visage étaient cassés.

Il abattit de nouveau son arme. J'esquivai le coup, ramassai deux poignées de gravillons sur le bord de la route et les lui lançai au visage. Aveuglé, il abattit encore une fois le démonte-pneu en un moulinet gigantesque et je sautai de côté pour lui balancer ma droite plus fort que jamais auparavant dans ma vie. Ce fut comme si la foudre parcourait mon bras, le démonte-pneu et lui tombèrent ensemble. Je commis alors l'erreur de lui balancer un grand coup de pied dans la tête, ce qui me brisa le gros orteil. On peut porter au crédit de cette nouvelle et fulgurante douleur le fait qu'elle m'empêcha de lui fracasser le crâne à coups de démonte-pneu. Je me contentai de ramasser la ferraille et de boitiller le long de la route jusqu'à la camionnette. L'Araignée y était adossé, la tête entre les mains, geignant doucement, et je connus la joie de me déchaîner hors de toute mesure. À coups de démonte-pneu, je défonçai les vitres, fis voler en éclats les phares et les feux arrière, puis, pas encore satisfait, tentai d'arracher une des portières. Mais, n'y parvenant pas, j'eus au moins la satisfaction d'avoir tordu les gonds.

L'Araignée me regarda faire et dit quand j'eus fini :

— Dis, mec, un peu de cœur. Il me faut un médecin.

— Pourquoi t'as dit que je t'avais volé ton couteau ? lui répondis-je.

— On me l'a volé. J'en ai un nouveau qui est une saloperie.

— Il est planté dans mon chien.

— Je regrette, mon vieux, je n'ai rien contre ton chien.

Ce fut aussi décousu que ça. Je le laissai près de sa camionnette, pris soin de faire un détour pour éviter Stoodie, afin de ne pas le massacrer à coups de démonte-pneu, allai m'agenouiller à côté de Stunts, qui était mort près de la Porsche, son char préféré et, avec mon bras valide, m'arrangeai pour l'installer sur le siège avant. Puis je rentrai à la maison.

Vous dirai-je les vertus d'une telle guerre ? Je tins debout assez longtemps pour descendre les deux sacs de plastique à la cave, où je les déposai dans un carton. (Je n'en ai pas encore parlé, mais leur odeur vingt-quatre heures plus tard allait devenir un désastre.) Puis je creusai une tombe dans la cour pour mon chien et l'y enterrai, tout cela avec un bras et un pied valides seulement – la pluie et la brume ameublissaient le sol. Enfin, je pris une douche et me mis au lit. Sans la guerre qui avait eu lieu sur le bas-côté de la route, je n'aurais jamais pu dormir et j'aurais été bon pour l'asile le lendemain matin. Alors qu'en fait, je dormis aussi bien que n'importe laquelle des deux mortes et m'éveillai au matin pour trouver mon père dans la maison.

7

Je ne peux pas dire que la vue l'un de l'autre fut vraiment de nature à beaucoup nous remonter le moral. Mon père était occupé à faire du café instantané, mais, dès qu'il m'aperçut, il posa le bocal et siffla doucement.

Je lui adressai un signe de tête. Je m'amenai avec un pied enflé, un bras gauche que je ne pouvais plus lever plus haut que ma tête et un baquet d'eau glacée à l'intérieur de la poitrine. Qui sait les valoches que je pouvais bien me trimbaler sous les yeux.

Mais la vue de Dougy était plus frappante encore. Il ne lui restait presque plus un cheveu sur la tête et il avait perdu beaucoup de poids. Ses pommettes étaient teintées d'une roseur féroce qui me fit penser à un incendie dans un lieu balayé par le vent.

La compréhension fut immédiate, comme si j'avais touché du doigt la tumeur elle-même. Il devait être sous chimiothérapie.

J'imagine qu'il avait dû s'habituer au regard qui passait dans les yeux des gens pour être aussitôt dissimulé par un rapide battement de cils. Car il dit :

— Ben oui, quoi, je l'ai.

— Où ça ?

Il fit un geste pour indiquer que c'était un peu partout.

— Merci pour ton télégramme, lui dis-je.

— Mon gars, quand personne ne peut absolument rien pour ton histoire, garde-la pour toi.

Il avait l'air faible, c'est-à-dire qu'il n'avait plus l'air tout-puissant. Je n'aurais pu dire toutefois s'il se sentait mal.

— Tu es en chimiothérapie ? demandai-je.

— Non, j'ai arrêté il y a deux jours environ. Les nausées sont vraiment épouvantables.

Il avança à ma rencontre et me donna une petite embrassade, pas trop près, comme s'il se sentait contagieux.

— On m'a raconté une blague, dit-il. C'est une famille juive qui attend dans l'entrée à l'hôpital. Le toubib s'amène. Ce salopard gagne largement sa vie et cause d'une petite voix flûtée. Y gazouille comme un zosieau.

Mon père aime à l'occasion me rappeler, comme il rappelait à ma mère, qu'il est sorti du ruisseau et qu'il nous emmerde. Son snobisme à l'envers ne s'est jamais démenti et il était prêt à se donner du mal, de temps à autre, pour dire zosieau plutôt qu'oiseau et mézigue de préférence à moi. Cela fait, il put poursuivre son histoire.

— Le toubib leur dit qu'il a une bonne et une mauvaise nouvelle à leur apprendre. La mauvaise nouvelle, c'est que le père souffre d'une maladie incurable. Et mortelle. La bonne nouvelle, c'est qu'il n'a pas le cancer. Et la famille conclut : « Dieu merci ! »

Nous rîmes en chœur. Après quoi il me tendit la tasse qu'il n'avait pas touchée et entreprit de s'en préparer une autre en plongeant la petite cuiller dans le bocal.

— Ici, les nouvelles sont mauvaises, dit-il.

— C'est incurable ?

— Écoute, Tim. Qui oserait l'affirmer, hein ? Parfois je me dis que je sais à quel moment je l'ai attrapé. Si je suis si près de la source, peut-être que je suis capable aussi de trouver la cure. Tu peux me croire, je déteste ces saloperies de gélules que débitent les toubibs. Je m'en veux de les avaler.

— Comment dors-tu ?

— J'ai jamais été un très bon dormeur, dit-il, puis hochant du chef, écoute, mon gars, je peux m'accommoder d'à peu près tout, sauf du milieu de la nuit.

Pour lui c'était déjà un long discours, il s'empressa d'y mettre fin.

— Et toi qu'est-ce qui t'est arrivé ? demanda-t-il.

Et je me retrouvai à lui faire le récit de la bataille.

— Où t'as laissé le cabot ? demanda-t-il.

— Je l'ai enterré dans la cour.

— Avant d'aller te coucher ?

— Oui.

— Quelqu'un a dû prendre soin de ton éducation.

Nous demeurâmes dans la cuisine toute la matinée. Après que j'eus préparé des œufs, nous essayâmes le salon, mais le mobilier de Patty n'était pas fait pour un vieux docker. Nous fûmes bientôt de retour dans la cuisine. Dehors c'était une nouvelle journée grise et, jetant un coup d'œil par la fenêtre, il frissonna.

— Qu'est-ce qui te plaît dans ce foutu bled ? dit-il. On croirait les côtes d'Irlande en hiver.

— Non, je l'adore.

— Ah ouais ?

— La première fois que je suis venu ici, c'était après m'être fait virer d'Exeter. Tu te rappelles qu'on s'était soûlés ?

— Et comment.

C'était un plaisir de le voir sourire.

— Eh bien, le matin de ton retour à New York, j'ai décidé de venir passer l'été ici. J'avais entendu parler de cette ville. Je m'y suis plu tout de suite, et puis, après y avoir passé une semaine, je suis allé un soir dans un petit bal en bordure de la route. Il y avait une jolie fille que je n'arrêtais pas de regarder mais je n'osais pas l'approcher. Elle était avec ses amis et elle dansait. Je n'arrêtais pas de l'observer. À la fermeture, j'ai tenté le coup. Je suis allé me planter devant elle sur la piste, je l'ai regardée dans les yeux, elle a regardé dans les miens, et on a passé la porte ensemble. Et merde pour les connards qui étaient avec elle. Ils n'ont pas levé le petit doigt. Alors avec la fille, on a traversé la route, on est allés dans les bois, et puis, Dougy, j'ai couché avec elle. Je sais pas s'il s'était écoulé six minutes depuis le moment où je m'étais décidé à aller la trouver. J'aime mieux te dire que j'étais jouassé. De tout ce que j'avais pu faire jusqu'à ce jour-là, rien ne m'avait paru aussi admirable

Ma petite histoire l'amusa beaucoup. Sa main s'avança en un vieux réflexe vers son godet de bourbon et il se rendit compte qu'il n'y en avait pas.

— Alors c'est le bled qui te porte chance, dit-il.

— Dans une certaine mesure seulement.

— Qu'est-ce qui ne va pas ? demanda-t-il. Pour un type qui vient de cogner un voyou avec un démonte-pneu, tu n'as pas l'air très heureux. Tu as peur qu'il revienne ?

Quelle lueur de bonheur s'allumait dans les yeux de mon père à l'idée que Stoodie pouvait décider de revenir.

— Il y a beaucoup à dire, répliquai-je, mais je ne suis pas sûr d'être prêt à te parler.

— Ça a à voir avec ta femme ?

— En partie.

— Dis donc, si j'étais sûr d'en avoir encore pour dix ans, je la fermerais, mais puisque c'est pas le cas, je vais te dire. Je crois que tu t'es trompé de poule.

Tu aurais mieux fait d'épouser Madeleine. C'était peut-être une ritale teigneuse mais je l'aimais bien. Elle avait de la classe. Elle était subtile.

— C'est ça ta bénédiction pour mon mariage ?

— J'ai fermé ma gueule trop longtemps sur trop de sujets. Peut-être que c'est ça qui a commencé de pourrir en dedans. Une des causes du cancer, qu'y disent les zosieaux, pourrait être un environnement trop dur.

— Qu'est-ce que tu cherches à me dire ?

— Un mec qui épouse une femme riche mérite tout c'qui peut lui arriver.

— J' croyais que t'aimais bien Patty.

Ils adoraient boire ensemble.

— Elle me bottait, oui. Si tous les péquenauds étaient aussi macho qu'elle, y seraient les maîtres du monde. Mais j'aimais pas beaucoup ce qu'elle te faisait. Y a des pépées qui devraient se promener avec un T-shirt où qu'y aurait d'écrit : Reste avec moi. Je ferai de toi une couille molle.

— Merci.

— Oh, eh, Tim, c'est une façon de parler. Je ne dis pas ça pour toi.

— N'empêche que tu t'es toujours fait du souci pour moi à ce propos, pas vrai ?

— Bof, ta mère était délicate. Elle t'a beaucoup gâté. Eh ben ouais, dit-il en me regardant de ses yeux bleu glace, je me suis fait du souci pour toi.

— Tu n'aurais peut-être pas dû. J'ai passé mes trois années au trou sans un pépin. Ils m'appelaient Gueule de fer. Parce que j'étais pas du genre à tailler des plumes.

— Tant mieux pour toi. Je me l'étais toujours demandé.

— Écoute, Dougy, lui dis-je. À quoi ça sert ? Tu crois que je me sens un homme la plupart du temps ? Qu'est-ce que j'avais à perdre ? Toi, tu es vraiment un fanatique à l'ancienne mode. Tu foutrais tous les pédés en camp de concentration, y compris ton propre fils s'il lui arrivait le moindre accident. Tout ça parce que tu as eu la veine de naître avec des couilles de tigre.

— On s'en jette un. Tu déconnes à plein tube.

— Tu crois que c'est raisonnable pour toi ?

Il fit de nouveau un geste des mains.

— C'est une occasion.

J'allai chercher deux verres et y versai du bourbon. Il ajouta au sien une quantité considérable de flotte. Cela aurait suffi à me dire qu'il était malade.

— Tu me comprends mal, dit-il. Tu crois donc que j'ai habité tout seul une chambre meublée pendant vingt-cinq piges sans jamais réfléchir ? J'essaye de me tenir au courant. De mon temps, si t'étais pédé, t'étais foutu. Pas de question. T'étais un agent de l'enfer. Aujourd'hui, ils ont leur mouvement de libération. Je les regarde, tu sais. Y a des pédés partout.

— Ouais, je sais, dis-je.

— Ah, ah ! dit-il, un doigt pointé sur moi.

L'alcool du matin faisait manifestement un travail d'ange sur son humeur.

— Mon fils remporte la reprise.

— C'est parce qu'il sait bien danser, dis-je.

— Je me rappelle, dit-il. Costello, c'est ça ?

— C'est ça.

— Je ne suis plus très sûr de ce que ça voulait dire, dit-il. Il y a six mois, ils m'ont dit d'arrêter de boire sinon j'étais mort. Alors j'ai arrêté. Maintenant, quand je m'endors, les esprits sortent de la vitrine et se mettent en rond autour de mon lit. Et puis ils me font danser toute la nuit.

Il fut secoué d'une toux qui était pleine de tous les trous de ses poumons. C'était une tentative de rire.

— Les vrais durs dansent pas, que je leur dis. Eh, vieille mule, qu'ils me répondent, continue à danser.

Il regarda le bourbon dans la lumière comme s'il pouvait y distinguer leurs pareils et poussa un soupir.

— Ma maladie m'a un peu élargi l'esprit, dit-il. Je pense aux pédés et tu sais ce que je me dis ? Pour une moitié d'entre eux, c'est de la bravoure. Pour les lavettes, y a plus de cran à être pédé qu'à ne pas l'être. Pour les lavettes. Sinon, ils épousent une pauvre petite souris qu'est trop timide pour être gouine, y deviennent tous les deux psychologues et ils élèvent des surdoués qui jouent avec des jeux électroniques.

Soyez pédé, moi, je dis, si vous êtes une lavette. Enterrez votre vie de garçon. C'est les autres que je condamne. Ceux qui devraient être des hommes. Mais qui n'en ont pas le cran. T'étais censé être un homme, Tim. T'étais mon fils. T'avais des avantages.

— Je ne t'ai jamais entendu autant parler. Pas une seule fois de ma vie.

— C'est parce que tésigue et mésigue, on se connaît pas.

— C'est vrai que tu as l'air d'un inconnu aujourd'hui, dis-je.

C'était vrai. Sa grosse tête n'était plus couronnée de sa riche chevelure blanche, blanche avec toutes les splendeurs corrompues de l'ivoire et de la crème. Désormais, il n'avait plus qu'une énorme tête chauve. Il ressemblait plus à un général prussien qu'à l'archétype du barman irlandais.

— Je veux te parler maintenant, dit-il. Peut-être que je déconne mais ça m'est tombé dessus tout d'un coup à l'enterrement de Frankie Frelon : Tim est tout ce que j'ai.

Je fus ému. Il s'écoulait parfois deux mois, parfois six, entre nos appels téléphoniques. Mais ça avait l'air de marcher. Je l'avais toujours espéré. Voilà qu'il me le confirmait.

— Oui, dit-il, je me suis levé tôt ce matin, j'ai emprunté la bagnole à la veuve, et pendant tout le trajet jusqu'ici je me suis dit que cette fois on allait se dire tout ce qu'on avait à se dire en face. Je ne veux pas mourir sans que tu saches la considération que j'ai pour toi.

J'étais gêné. C'est pourquoi je bondis sur la manière dont il avait dit « la bagnole à la veuve ».

— Tu as fait du zizi-panpan avec la femme de Frelon ? demandai-je.

Je n'avais pas souvent eu l'occasion de voir mon père prendre l'air contrit.

— Pas dernièrement, dit-il.

— Comment as-tu pu ? La femme d'un ami !

— Depuis dix ans, tu sais, Frankie était confit dans l'alcool. Il ne trouvait plus ni la cuiller ni l'assiette.

— La femme d'un ami ?

Je lui donnai le grand rire de la famille. Ténor aigu.

— Une fois ou deux seulement. Elle en avait besoin. C'était un acte de charité.

Je ris aux larmes.

— Je me demande qui peut bien être en train de l'embrasser en ce moment, chantonnai-je.

C'était merveilleux d'avoir son père comme s'il assistait à sa propre veillée funèbre. Brusquement, j'eus envie de pleurer.

— T'as raison, petit, dit-il. Je prie pour que Frankie ne l'ait jamais su.

Il regarda le mur un instant.

— À mesure qu'on vieillit on commence à sentir que quelque chose ne va pas. On est dans une boîte et les parois n'arrêtent pas de se rapprocher. Alors on fait des trucs qu'on n'aurait pas faits avant.

— Depuis combien de temps sais-tu que tu es malade ?

— Depuis que j'ai franchi le portail de l'hôpital Saint-Vincent il y a quarante-cinq ans.

— Ça fait un sacré bout de temps pour un cancer qui vient seulement de se révéler.

— Y a pas un seul toubib qui ait un peu de flair dans ce domaine, dit-il. La manière que je vois les choses, c'est un circuit de maladie avec deux interrupteurs.

— Qu'est-ce que tu racontes ?

— Il faut que deux choses terribles se produisent pour que la tumeur puisse démarrer. La première fait basculer le chien en arrière. La seconde fait feu. Je me suis baladé pendant quarante-cinq ans avec le truc prêt à tirer.

— Parce que tu n'as pas vraiment guéri de toutes les balles que tu avais encaissées ?

— Non. Parce que j'avais plus de couilles.

— Toi ? Qu'est-ce que tu racontes ?

— Écoute, Tim. Je me suis arrêté. J'ai senti le sang dans mes chaussures, et j'ai vu la porte de Saint-Vincent devant moi. J'aurais dû continuer à cavaler après le salopard qui m'avait flingué. Mais je me suis déballonné quand j'ai vu l'hôpital.

— Mais bon Dieu, tu lui avais déjà couru après sur six cents mètres.

— C'était pas assez. J'étais bâti pour ça de toute façon. L'épreuve c'est quand je me suis arrêté. J'ai pas eu le cran de continuer et de l'attraper. Parce que j'aurais pu. Quelque chose dans l'ordre des choses aurait pu le faire trébucher. J'ai pas voulu aller au bout de ma veine. J'ai préféré m'arrêter. Alors j'ai entendu une voix dans ma tête, très clairement. C'est la seule fois où je dirais que Dieu ou quelqu'un de très haut placé m'a adressé la parole. Elle disait cette voix : « T'es à court d'essence, p'tit gars. C'est maintenant l'épreuve. Vas-y. » Mais je suis entré à Saint-Vincent, j'ai attrapé l'employé par le colback et l'instant où j'ai joué les durs avec ce paumé en veste blanche, j'ai senti se déclencher le premier interrupteur du cancer.

— Et qu'est-ce qui a actionné le second ?

— Y a pas eu besoin de l'actionner. Il s'est usé, la corrosion, l'effet cumulatif. Quarante-cinq ans à vivre sans respect de moi-même.

— Tu es fou.

Il avala une grande goulée de son bourbon coupé.

— Si seulement c'était vrai. Alors je n'aurais pas le cancer. J'ai étudié l'affaire, je te dis. Il y a des statistiques cachées si on veut se donner la peine de les chercher. Les schizophrènes dans les asiles de dingues ont moitié moins de cancer que la moyenne de la population. J'imagine que ça marche comme suit : c'est soit ton corps soit ton esprit qui devient fou. Le cancer est le remède de la schizophrénie. La schizophrénie est le remède du cancer. La plupart des gens savent pas combien c'est dur la vie. Moi, j'ai été élevé pour le savoir. J'ai pas d'excuse.

Je me tus. J'avais cessé de discuter avec lui. Il n'est pas facile de trier parmi les différents effets que ses paroles produisaient. Parvenais-je pour la première fois à la compréhension du champ glacial que sa chaleur pour moi semblait toujours traverser avant de me parvenir ? J'avais bien pu être jadis une graine dans le corps de Douglas Madden, mais seulement après que ce corps eut cessé d'être tenu par lui en haute estime. J'étais, dans une certaine mesure, défectueux. Je sentais palpiter toutes mes vieilles blessures auxquelles j'étais depuis longtemps résigné, les ayant si profondément enfouies. Pas étonnant que mon père n'ait guère eu de joies avec moi. J'eus le pressentiment que dans des années encore à venir, si je vivais, le souvenir de cette conversation risquerait de me faire trembler de rage.

Pourtant, j'éprouvais aussi de la compassion pour mon père. Foutue compassion. Il avait projeté une ombre considérable en travers de la compréhension que j'avais de lui.

Ensuite, j'éprouvai une peur substantielle. Car désormais, il me semblait de nouveau que j'avais bien réellement assassiné deux femmes. Combien de fois, au cours de ces dernières années, avais-je été au bord de marteler Patty Lareine de mes mains nues ? Et chaque fois que j'avais résisté à cette impulsion, le sentiment d'une maladie imminente ne s'était-il pas installé plus fermement en moi ? Oui, comme mon père, j'avais vécu dans un environnement difficile. Je me pris à songer une fois de plus à l'impulsion qui m'avait poussé à escalader la tour. Avait-ce été la nuit où j'avais espéré empêcher le déclic du premier interrupteur ?

Je sus alors que j'allais me confier à Big Mac. Il fallait que je parle des deux meurtres et des sacs en plastique qui reposaient dans la cave humide de cette maison. Je ne pouvais plus garder cela pour moi. Et pourtant, je fus incapable d'en parler directement. Je choisis au contraire d'aborder le sujet de biais.

— Dans quelle mesure crois-tu, lui demandai-je, à la prédestination ?

— Euh, oui, quel genre de prédestination ?

Il était heureux de changer de sujet. Les longues années qu'il avait passées derrière un bar avaient rendu mon père capable de vivre avec des questions aussi vastes que les portes du Paradis.

— Dans le cas des paris sur le football, dis-je, est-ce que Dieu peut choisir l'équipe gagnante ?

C'était manifestement une question avec laquelle Dougy vivait depuis longtemps. Je vis son œil s'allumer de cette lueur qui trahissait son hésitation à révéler ou non des connaissances utiles. Puis il hocha du chef.

— Je suis parvenu à la conclusion que si Dieu pariait, il gagnerait quatre-vingts fois sur cent.

— Et comment es-tu parvenu à ce chiffre ?

— Ma foi, disons que la veille du match, Il passe au-dessus des baraques où les joueurs sont endormis pour prendre leur mesure. « Pittsburgh a l'avantage pour ce match », Se dit-Il. « Les Jets sont crevés. » Pittsburgh, suppute-t-Il, doit valoir beaucoup plus que trois points. Il parie donc trois points. Je dirais qu'Il a raison quatre fois sur cinq.

— Mais pourquoi quatre fois sur cinq ?

— Parce que le ballon ovale, dit mon père d'un air menaçant, rebondit d'une manière drôlement bizarre. Pratiquement, il n'est pas facile de faire mieux que quatre sur cinq. Ce n'est déjà pas mal. S'Il voulait prendre en considération la physique de chaque rebond, il lui faudrait travailler un million de fois plus à ses calculs pour s'élever de quatre-vingts à quatre-vingt-dix-neuf pour cent. Ce ne serait pas de bonne économie. Il a beaucoup trop d'autres choses à faire.

— Mais toi, pourquoi t'es-tu arrêté sur la proportion de quatre sur cinq ?

Mon père prit cette question très au sérieux.

— Parfois, me dit-il, il arrive qu'un pronostiqueur de foot tombe sur un bon filon et parvienne à mettre dans le mille soixante-quinze pour cent des fois pendant un mois ou deux. J'imagine que c'est parce qu'il dispose d'un pipeline vers des régions supérieures pendant un certain temps.

Je songeai à Harpo.

— Est-ce que certains sont capables de faire durer les choses plus longtemps ?

Mon père haussa les épaules.

— Ça paraît douteux. Ces canalisations sont d'un entretien difficile. C'est de l'équilibrisme au fil de fer, ajouta-t-il sans trop se soucier de la cohérence de ses métaphores.

— Et les coups de déveine en série ?

— Ce sont des types qui sont branchés, eux aussi. Mais le flux est inversé. Leurs intuitions sont fausses à cent quatre-vingts degrés.

— Et si c'était seulement la loi des moyennes ?

— La loi des moyennes, dit-il avec dégoût, a plus fait pour brouiller les idées des gens que n'importe quelle autre invention, à ma connaissance. C'est de la bouillie pour les chats. Ou bien le pipeline t'apporte des informations, ou bien il te roule. Les gens trop avides se font baiser par le pipeline.

— Et quand on arrive à cinquante-cinquante ?

— Alors rien à voir avec le pipeline. On est un ordinateur. Tu n'as qu'à lire les journaux. Les pronostics par ordinateur sont bons à cinquante pour cent.

— D'accord, concédai-je, tout ça c'est les prédictions, mais moi je veux parler des coïncidences.

Il parut troublé. Me levant, j'allai nous resservir en bourbon.

— Mets beaucoup d'eau dans le mien, dit-il.

— Les coïncidences, dis-je. Qu'en penses-tu au juste ?

— C'est moi qui n'ai pas cessé de parler, dit-il, à toi de me le dire.

— Eh bien, dis-je, je pense que ça n'est pas très différent de ton pipeline. Sauf que c'est un véritable réseau. Je crois que nous recevons des traces des pensées de tout le monde. Nous n'en prenons pas conscience en règle générale, mais c'est un fait.

— Attends un peu. Ce que tu dis c'est que les gens sont capables d'émettre et de recevoir des messages ? Tu parles de télépathie ? Et inconsciente ?

— Appelle ça comme ça si tu veux.

— Bah, dit-il, ne serait-ce que pour le plaisir de discuter, pourquoi pas ?

— Un jour, dis-je, j'étais à Fairbanks en Alaska, et ça se sentait. Il y avait un réseau.

— Oui, dit-il, près du pôle magnétique. Qu'est-ce que tu fichais à Fairbanks ?

— Une petite affaire. Rien d'intéressant.

En fait, j'y étais monté pour le trafic de cocaïne après notre rupture à Madeleine et moi. C'était un mois avant de me faire poisser lors d'un voyage éclair en Floride pour le même coup. La vente de deux kilos de cocaïne. Seuls les services d'un avocat qui faisait payer assez cher ses talents de négociateur me permirent de m'en tirer avec trois ans (et la possibilité de libération conditionnelle anticipée).

— J'eus une engueulade un soir avec un type à Fairbanks, lui dis-je. Le mec vraiment pénible. Le matin, en m'éveillant, je vis son visage en pensée. Il avait une expression sinistre. Le téléphone sonne. C'était lui. Sa voix était aussi sinistre que sa gueule. Il voulait me rencontrer tard dans l'après-midi. Toute la journée, je n'ai pas cessé de rencontrer des gens que j'avais vus la veille, et pas une seule fois je ne fus surpris par leur expression. Ils avaient l'air curieux, ou contents, exactement comme je m'y attendais. C'était aussi précis que dans un rêve. À la fin de la journée, j'ai donc rencontré mon gros bras. Mais j'avais cessé de m'en faire. Parce qu'à mesure que l'après-midi s'écoulait, je le voyais de plus en plus clairement par la pensée et il avait l'air foutu. Ça n'a pas manqué, quand je l'ai rencontré, il était exactement comme ça, beaucoup plus lâche que moi.

Mon père eut un petit rire gloussant.

— Je te le dis, Dougy, repris-je, j'ai l'impression qu'en Alaska tout le monde se pinte pour éviter de vivre dans la tête de tous les autres.

Il approuva.

— Les climats du Nord. L'Irlande, la Scandinavie, la Russie. Tous des soiffards, conclut-il en haussant les épaules. Mais je ne vois toujours pas ce que cela peut avoir à faire avec notre discussion.

— Ce que je veux dire, c'est que les gens ne veulent pas vivre dans la tête les uns des autres. Ça fait trop peur. C'est trop animal. Et les coïncidences sont le signe que l'on est proche de ce genre de condition.

— Mais qu'est-ce qui les déclenche ? demanda Dougy.

— Je n'en suis pas sûr, dis-je.

Je pris le temps de respirer. Tout bien considéré, il y avait des sujets plus redoutables encore que le mépris de mon père. Je repris :

— Je pense qu'au moment où quelque chose d'important et d'inattendu est sur le point de se produire, les gens sortent de leur état habituel. Leurs pensées commencent à tirer les unes sur les autres, les unes vers les autres. C'est comme si l'imminence d'un événement créait une manière de vide vers lequel nous serions contraints de nous diriger. Et les coïncidences frappantes commencent à se multiplier sur un rythme dingue. Ça ressemble à un phénomène naturel.

Je le sentais presque physiquement ruminer son propre passé. Avait-il vécu des expériences comparables à celle-ci le matin où il s'était fait tirer dessus ?

— À quel genre d'événement imminent penses-tu ? demanda-t-il.

— Aux mauvais.

Il tenait à être prudent.

— Quel genre de mauvais événement ?

— Les meurtres, par exemple.

Il réfléchit à ce que je venais de dire. Puis il secoua la tête comme pour dire « je n'aime guère ta contribution à la conversation ». Puis il me regarda.

— Tim, dit-il, est-ce que tu te rappelles le guide du barman ?

Ce fut mon tour de hocher du chef. Lorsque j'avais pris mon premier boulot dans un bar, il m'avait donné une espèce d'emploi du temps.

— Fiston, m'avait-il dit alors, garde ça présent à l'esprit. À New York, dans les rues, tu as les voyeurs de minuit à une heure du matin, les incendies de une heure à deux heures, les braquages de deux à trois, les rixes dans les bars de trois à quatre, les suicides de quatre à cinq et les accidents de bagnole de cinq à six.

J'avais effectivement gardé ça en tête comme un horaire tapé à la machine. Ça m'avait plusieurs fois rendu service.

— Tu vois qu'il n'y a rien de spécial concernant les meurtres, ajouta-t-il alors.

— Je ne te parle pas de New York, répondis-je, mais d'ici.

— Tu veux dire qu'un meurtre, ici, est un événement extraordinaire ?

Je pus presque le voir mesurer la froide humidité de l'air du Cap Cod par rapport au caractère sanglant et bouillant du meurtre.

— Ouais, finit-il par conclure, d'accord, je te suis sur ce point.

Mais il ajouta, l'air plutôt mécontent :

— À quoi rime cette discussion ?

— Je suis pris dans un enchevêtrement de coïncidences, lui dis-je.

— Bah, si je suis ton raisonnement, ça veut dire que tu n'es pas loin d'une sale affaire, dit-il.

— J'en suis plus près que ça.

Il se tut.

— Il y a eu un suicide, la semaine dernière, dis-je. Mais il se pourrait que ce type ait été descendu. Je crois que je lui ai piqué sa gonzesse le soir où c'est arrivé.

Il me vint alors la plus curieuse des pensées ; parce que mon père avait le cancer, tout ce que je lui dirais ne risquait pas de voyager jusqu'à autrui. C'était peut-être l'une des vertus de son cancer. Sa faculté de recevoir des messages comme une tombe sans jamais les retransmettre. Mon père était-il passé de l'autre côté des esprits, pour ainsi dire ?

— Il y a plus à dire que cela, lui dis-je. Ce n'est pas encore rendu public mais deux femmes ont été tuées dans cette ville la semaine dernière.

— Seigneur, dit-il, car cela faisait beaucoup de nouvelles même pour lui. Qui a fait ça ?

— Je ne sais pas. J'ai quelques idées mais pas de certitudes.

— Tu as vu les victimes ? Tu es sûr des faits ?

Je répugnais terriblement à répondre. Tant que je n'en disais pas plus, nous pouvions encore nous accrocher à l'idée que nous buvions un coup dans la cuisine. La visite de mon père était l'occasion de se bercer de souvenirs d'autres excursions alcoolisées serpentant parmi les terres encore vierges de la philosophie. Mais ma remarque suivante ne pouvait que nous déposer tout dégouttants et dégrisés sur un autre rivage. J'imagine que je dus mettre trop de temps à répondre puisque mon père répéta sa question.

— Tu as vu les victimes ?

— Oui, dis-je. Elles sont dans la cave.

— Ah sacrebleu !

Son godet était vide. Je vis sa main se tendre vers la bouteille de bourbon puis se retirer. Il préféra retourner son verre cul par-dessus tête.

— Tim, c'est toi ? demanda-t-il.

— Non, dis-je avant d'avaler le reste de mon verre, n'étant pas, comme lui, capable de refuser. Je ne crois pas, mais je ne peux pas en être certain.

Et nous entrâmes donc dans le sujet. Bribe par bribe, détail par détail, je lui appris ce que je pouvais avoir conservé de souvenirs de chacune de ces journées qui avaient suivi ma soirée au Widow's Walk, et quand je lui eus bientôt avoué (car j'avais bien le sentiment d'un aveu) que l'une des deux mortes était Patty Lareine, mon père poussa un grognement du genre qu'on pourrait proférer en tombant d'une fenêtre pour s'empaler sur un épieu.

Pourtant, je ne pourrais pas dire qu'il avait une mine épouvantable. La roseur farouche qui s'était confinée à ses pommettes, laissant le reste de son visage pâle par comparaison à son teint fleuri d'autrefois, s'était maintenant répandue à son front et à son menton. Cela donnait même l'impression qu'il était plutôt moins malade qu'avant. D'ailleurs, je soupçonne que tel était réellement le cas. Quelle que fût son antipathie à l'encontre des flics, il avait tellement l'air d'en être un lui-même – le premier responsable venu de la distribution d'un film lui eût instantanément accordé le rôle de commissaire ou d'inspecteur principal – que, bon gré mal gré, il avait joué ce rôle une bonne partie de sa vie. Et je dois dire, sur la foi des questions qu'il me posa, que ses interrogatoires étaient redoutables.

Quand j'eus fini mon compte rendu, le matin avait cédé la place à l'après-midi et nous avions eu le temps d'avaler quelques sandwichs et un peu de bière. Il déclara enfin :

— Il y a deux questions qui m'empêchent de voir clair dans cette affaire. La première est celle de ton innocence ou de ta culpabilité. J'ai du mal à croire à la première hypothèse, mais il est vrai que tu es mon fils.

Il s'interrompit, fronça les sourcils et reprit :

— C'est le contraire, c'est la seconde que j'ai du mal à croire – que tu sois coupable.

— Ce que tu dis, lui répondis-je, c'est que j'aurais pu le faire. Si, si, tu l'as dit ! La raison en est que toi tu es capable de meurtre. Et d'ailleurs, tu en as peut-être commis un ou deux, du temps du syndicat.

Dougy préféra laisser cela sans réponse et dit :

— Les gens bien tuent par devoir ou pour l'honneur. Pas pour l'argent. Un petit truand tue pour l'argent. Un camé en manque tuera pour l'argent, mais pas toi. Est-ce que tu vas profiter de son testament ?

— Je n'en ai pas la moindre idée.

— Si son testament te laisse vraiment beaucoup, tu es dans la merde.

— Peut-être qu'il ne lui restait pas un sou. Elle a toujours été très secrète, là-dessus. Et je la soupçonne d'avoir fait de très mauvais investissements au cours de ces deux dernières années. Nous pourrions très bien être fauchés.

— Espérons, parce que c'est vraiment ce qui pourrait t'arriver de mieux, dit-il. Puis, posant le regard glacé de ses yeux bleus sur moi, il ajouta : Le problème réside dans la manière de ces meurtres. C'est ça ma deuxième question. Pourquoi ? Pourquoi quelqu'un décapiterait-il ces deux femmes ? Si c'est toi, Tim, alors franchement, je crois qu'on n'a plus qu'à remballer tous les deux. Notre semence est franchement trop hideuse pour qu'on puisse continuer.

— Tu en parles bien calmement.

— C'est parce que je ne te crois pas capable d'une telle atrocité. Je le dis en passant comme une des possibilités, pour que les choses soient claires.

Cette certitude monumentale qu'il avait, de toujours savoir ce qu'il convenait de faire, m'irrita d'une façon bien particulière. C'était à croire que nous avions une simple discussion familiale. Une quelconque divergence idéologique. Moi, je suis pour la peine de mort dans ces cas-là, disait Dougy Madden. Eh non, répondait le fils, je préfère l'internement en hôpital psychiatrique. C'était irréel, je voulus secouer mon père :

— Je suis capable de telles atrocités, lui dis-je. Je suis en mesure de te l'affirmer, je le sais. Je suis la proie des esprits. Si c'est bien moi qui l'ai fait, on peut dire que j'étais dans une espèce de coma. Et que j'aurais été poussé par les esprits.

Big Mac me jeta un regard plein de dégoût.

— La moitié des assassins en ce bas monde tiennent à peu près ce langage. Qu'ils aillent se faire foutre. Qu'est-ce que ça change, s'ils disent la vérité ? Ça fait d'eux des espèces de paratonnerres pour toute la merde que les autres répandent dans les airs. Ils sont donc trop dangereux pour être autorisés à vivre dans la société, conclut-il en secouant la tête avant de reprendre : Tu veux que je te dise mon vrai sentiment ? J'espère que ce n'est pas toi, je prie pour que ce ne soit pas toi, parce que je ne pourrai pas renoncer à toi. Je ne pourrai même pas te dénoncer.

— Tu te moques de moi. D'abord c'est une chose, et puis maintenant le contraire.

— Mais pauvre imbécile, dit-il, j'essaye de savoir où j'en suis, moi.

— Bois un coup, lui dis-je en m'envoyant encore une gorgée de bourbon.

— Oui, dit-il ignorant ma proposition, la seconde question répond à la première. Pourquoi quelqu'un se serait-il livré à cette décapitation ? Tout ce qu'il peut espérer c'est éviter un maximum de taule pour obtenir un maximum d'internement en asile psychiatrique. Il risque même de s'attirer la peine capitale par la simple hideur de son geste – si elle n'est pas abolie dans l'État où nous sommes. Faudrait donc que tu sois dingue, et je ne te crois pas dingue.

— Je te remercie, dis-je, mais je ne crois pas non plus que le tueur soit dingue.

— Pourquoi un type sain d'esprit couperait-il une tête ? répéta-t-il. Il y aurait une seule bonne raison. Te prendre au piège, toi.

Et il se mit aussitôt à rayonner comme un médecin qui a enfin fait son diagnostic.

— Le terrier de ta petite plantation, reprit-il, il est assez grand pour qu'on y mette un corps entier ?

— Peut-être, en retirant la malle.

— Et deux corps ?

— Totalement impossible.

— Alors la décapitation a peut-être été calculée. Il y a des gens qui sont capables de tout s'ils décident que ça leur confère un avantage pratique.

— Tu dis...

Mais il n'était pas encore prêt à me faire profiter des fruits de sa réflexion.

— Ouais, je dis que ces têtes ont été coupées pour pouvoir entrer dans ton terrier. Quelqu'un veut te faire porter le chapeau.

— Il y a deux coupables possibles, c'est forcément l'un des deux, dis-je.

— Probablement, répondit-il. Mais j'en vois quelques autres, ajouta-t-il en tapotant la table de ses deux médiums. On leur a tiré dans la tête, aux deux femmes ? demanda-t-il. Est-ce que les têtes t'ont permis de voir comment elles ont été tuées ?

— Non, dis-je. Je ne les ai pas examinées.

— Et le cou ?

— Je n'aurais pas pu regarder ça.

— Alors tu ne sais même pas si elles ont été décapitées à la scie, au couteau, ou je ne sais quoi ?

— Non.

— Tu ne crois pas que tu devrais t'y intéresser ?

— Je suis incapable d'aller les déranger encore une fois.

— Mais Tim, il faut qu'on le sache. Pour notre bien à tous les deux.

Je crus avoir de nouveau dix ans et me sentis prêt à fondre en larmes.

— Papa, dis-je, je suis incapable d'aller les regarder. C'est ma femme, merde, pour l'amour du ciel...

Il marqua le coup. Emporté par ses recherches, il avait oublié pas mal de détails.

— Très bien, finit-il par dire. Je vais descendre jeter un coup d'œil.

Pendant son absence, j'allai dégueuler dans la salle de bains. J'aurais préféré sangloter. Mais seul désormais, et ne craignant plus de m'effondrer devant mon père, je me retrouvai sans larmes. Et donc je pris une douche, enfilai de nouveau mes vêtements, m'aspergeai le visage de lotion contre le feu du rasoir, et retournai dans la cuisine. Il y était, tout pâle. Toute sa roseur avait disparu. Le bas de ses manches était humide et je compris qu'il devait s'être lavé dans l'évier de la cave.

— Celle qui n'est pas ta femme..., commença-t-il.

— Jessica, dis-je. Oakwode. Laurel Oakwode.

— Oui, dit-il. Celle-là. Elle a été décapitée avec une épée. Ou peut-être une machette. D'un seul coup. Patty, c'est tout autre chose. Quelqu'un qui ne savait pas s'y prendre lui a coupaillé la tête avec un couteau.

— Tu en es sûr ?

— Tu veux t'en rendre compte par toi-même ?

— Non.

Je le voyais bien de toute manière. Je ne sais pas si c'était en imagination, ou si j'avais un aperçu réel des images qui avaient impressionné la rétine de mon père, mais je vis la gorge de Jessica. Elle avait été tranchée net et la chair avoisinante avait bleui sous le choc.

Quand au cou de Patty, comment aurais-je pu oublier cette déchiqueture rouge ?

Mon père ouvrit la main. Il y avait un fragment de balle à l'intérieur.

— Ça vient d'Oakwode, dit-il. Je ne peux pas récupérer le reste sans faire un affreux bordel dans ta cave, mais j'ai déjà vu des machins comme ça. Ça vient d'un calibre 22 à bout creux, je crois bien. Elle éclate à l'impact. Dans le cerveau, une seule balle de ce type peut faire tout le travail. Probablement avec un silencieux.

— Tirée dans la bouche ?

— Oui, dit-il. Ses lèvres semblent meurtries comme si quelqu'un l'avait contrainte à ouvrir la bouche. Peut-être avec le canon de l'arme. On voit encore la brûlure de la poudre dans son palais, là où la balle a pénétré. Un petit trou. Correspondant exactement à un 22. Et pas trace de sortie. J'ai pu en repêcher ce petit morceau. Il indiquait du doigt le fragment de balle.

Les vrais durs ne dansent pas. C'était sacrément vrai. *Repêcher ce petit morceau.* J'avais les genoux qui tremblaient et il me fallut mettre les deux mains sur mon verre pour porter le bourbon à mes lèvres. Je découvris que je n'étais pas prêt à poser de questions a propos de Patty. Il ne m'épargna pas pour autant.

— Aucune marque, entrée de balle ou hématomes sur son visage et son crâne. J'aurais tendance à croire qu'on lui a tiré une balle dans le cœur et qu'elle est morte rapidement.

— Qu'est-ce qui te fait croire ça ?

— Une intuition. Je ne sais pas. Ç'aurait pu être un coup de couteau. Sa tête ne m'apprend qu'une seule chose : son identité.

Il fronça les sourcils, comme s'il venait d'oublier un détail de première importance.

— Non, reprit-il, elle m'apprend autre chose. Évidemment, il faudrait un médecin légiste pour en être sûr, mais j'ai l'impression que ta femme – à son tour il n'arrivait plus à prononcer le nom de Patty Lareine – a été tuée vingt-quatre à quarante-huit heures après l'autre femme.

— Bah, nous finirons par le savoir, dis-je.

— Non, répliqua-t-il, nous ne le saurons jamais.

— Pourquoi ? demandai-je.

— Écoute, Tim, dit-il. Il faut que nous nous débarrassions de ces têtes.

Il leva la main pour prévenir ma protestation et ajouta :

— Je sais ce qu'il en coûte.

— Mais nous ne saurons jamais qui a fait le coup, balbutiai-je.

— Ça, je crois que nous y arriverons, si. Nous serons simplement incapables de le prouver.

Les couleurs étaient en train de lui revenir.

— Si tu veux réparation, nous devrons opérer autrement, voilà tout, conclut-il.

Je décidai de ne pas relever cette dernière proposition pour le moment.

— Essaye de comprendre mon raisonnement, dit-il. Je pense qu'il doit y avoir plus d'un coupable. Les manieurs de machettes ne déconnent pas avec des couteaux.

— Les manieurs de machettes n'ont pas non plus en général de calibre 22 à balles spéciales ni silencieux, que je sache.

— Il va falloir que je réfléchisse à ça, dit-il.

Nous nous tûmes. Je ne réfléchissais guère. Je sentais un engourdissement envahir mes membres comme si j'avais parcouru des heures durant les bois de novembre et m'étais arrêté pour un peu de repos.

— Voici ce dont je suis à peu près sûr, dit-il. Quelqu'un a choisi ta cache d'herbe pour dissimuler la tête de Jessica. Cela t'accuse si gravement que tu n'es même pas encore en mesure de dire que ce n'est pas toi. Puis la tête a été retirée. Pourquoi ? Parce que quelqu'un a décidé de tuer Patty. Cette personne a voulu s'assurer que les deux têtes seraient retrouvées par la suite. Il ne fallait donc pas que le premier tueur revienne détruire les preuves. Ou que, pris de panique, tu révèles tout à la police. C'est pourquoi il a emporté la tête.

— Il ou elle, dis-je.

— Ou elle, accorda mon père, encore que je ne sache pas ce que tu peux bien vouloir dire par là.

Constatant que je n'ajoutais rien – j'avais parlé sur une simple impulsion –, il poursuivit :

— Oui, j'imagine qu'ils sont deux. Celui qui a tué Jessica et celui qui s'apprêtait à tuer Patty. Le premier met la tête là pour t'impliquer dans l'histoire. Le second la retire de manière à pouvoir remettre ensuite les deux à la fois. Après quoi les deux crimes pèseront sur toi.

— Ça t'amène à faire un sacré tas de suppositions, dis-je.

— Quand les gens font ce genre de choses, dit mon père, ils croient avoir une claire vision de l'ensemble, alors même qu'ils ne font souvent que rajouter un ou deux ingrédients à la soupe.

— Et qui est le cuisinier ? demandai-je.

— Wardley, en tout cas. Il aurait très bien pu savoir que Patty était morte pendant qu'il te parlait. Il pouvait avoir fait le coup et être venu pour te faire porter le chapeau.

— Je ne vois pas comment.

— Il a une piètre opinion de toi. On ne peut pas lui en vouloir. Il a peut-être appris que la tête de Jessica se promenait quelque part et il a supposé que tu savais où. Alors il a décidé de te demander, de préférence, la tête de Patty. Il s'imaginait que tu tenterais de faire passer Jessica pour Patty. Comme ça il aurait eu ce qu'il voulait – les deux têtes.

— Tu ne pourrais pas arrêter de répéter ce mot ?

— Têtes ?

— Ça me fiche en l'air.

— Je n'en connais aucun autre.

— Appelle-les par leur nom.

— Tant qu'on aura pas retrouvé leurs corps, c'est ambigu.

— Appelle-les par leur nom, répétai-je.

— Eh, mais dis donc, t'es aussi délicat que ta mère.

— Je me fous bien que mes arrière-grands-parents aient extrait la tourbe des tourbières d'Eire chaque jour de leur misérable existence ; je suis aussi délicat que ma mère, parfaitement.

— Ho, ho, dit-il. Un point pour elle. Paix à son âme.

Il rota. Le bourbon, la bière et sa maladie combinaient leurs effets sur lui.

— Passe la bouteille, dit-il.

— Tu es obligé de faire trop de suppositions, lui dis-je. Pourquoi Wardley ignorerait-il où se trouve Jessica ? Si Regency le savait, Wardley aussi. L'Araignée leur sert d'entremetteur.

— Disons qu'ils se doublent un peu tous les deux dans cette histoire. Dans des situations pareilles, on est effaré de voir ce que les gens savent et ce qu'ils ne savent pas.

Il frappa la table de son poing fermé et poursuivit :

— Je prétends que Wardley ne savait pas où se trouvait Jessica et voulait que tu la lui apportes.

— Je pense moi que Wardley les avait déjà déposées toutes les deux dans le terrier. Tenons-nous-en à ce que nous savons. L'Araignée et Stoodie me suivaient. N'était-ce pas de manière à pouvoir être présents quand je retournerais à la cache, pour m'attraper à la seconde où je repartirais avec les têtes ? Ensuite ces deux affreux n'avaient plus qu'à me livrer, en citoyens vertueux.

Ce raisonnement lui fit impression. Ses sourcils froncés trahirent son accord.

— Ça sonne vrai, dit-il. Ils pensent que tu vas vers le terrier mais leur zinzin leur dit que tu t'es arrêté.

Pas étonnant qu'ils soient fous de rage en te voyant revenir.

— Je pense que nous avons des éléments sérieux contre Wardley, lui dis-je.

— En ce qui concerne Patty, tu as là le début d'une réelle possibilité. Mais Jessica, qui l'a tuée ?

— Peut-être que c'est Wardley aussi.

— Il serait certainement heureux d'utiliser un 22 muni d'un silencieux, mais imagines-tu Hilby avec une machette ?

— Ça pourrait être Stoodie ?

— Peut-être.

— À qui penses-tu ? demandai-je.

Au cours de combien de conversations de part et d'autre de son bar mon père avait-il joué le rôle de détective privé, d'avocat criminel ou de magistrat à la cour d'appel ? Il porta la main au coin de sa bouche comme s'il se demandait s'il convenait d'arracher la vérité à ses lèvres à la façon d'un pansement adhésif.

Voilà qu'il retira sa main.

— Je n'aime pas ce Regency, dit-il. Pas de la façon dont tu le décris. Ça pourrait être lui.

— Tu penses qu'il a tué Jessica ?

— Il sait se servir d'un 22 et d'une machette. Il est le seul. Tu m'as parlé de sa maison. C'est un maniaque des armes. Il cache probablement des lance-flammes dans sa cave. C'est le genre à étudier la manière de te tuer en disposant un épieu de bambou enduit de poison sur ton chemin. J'ai connu un type du même genre. « Pour ce qui est des armes, disait-il, je les connais toutes, je suis un homme de la Renaissance. »

— Ouais, mais tu détestes les flics.

— Tu peux le dire. Mais il y en a quand même qui sont moins dignes de confiance encore que les autres. Ce type est un coyote, un militaire de carrière qui entre dans la police ! Il pue la brigade des stups à plein nez. Il est pas « faisant fonction » de chef de la police. C'est une couverture, ça, une façade. C'est le genre à être du service action de la brigade des stups, et je parierais qu'à son quartier général on a peur de lui. Y pissent dans leur froc quand il est là.

— J'ai du mal à le croire.

— Je connais les flics mieux que toi. Pendant combien d'années est-ce que j'ai dû raquer pour la mafia le mercredi soir et pour la police le jeudi, hein ? Je connais les flics. Je connais leur mentalité. Pourquoi crois-tu qu'un cinglé de l'acabit de Regency ait été enterré au Cap Cod ?

— C'est un grand centre du trafic de drogue.

— Rien du tout à côté de la Floride. Là-bas, il leur serait vraiment utile. Non, ils le mettent au rencard, sur la touche. Faut comprendre la mentalité des flics. Y n'aiment pas travailler avec des collègues qui les mettent mal à l'aise. Tu ne peux pas donner des ordres qui déplaisent à ton subordonné, tu t'en fais un ennemi. Et un type que la loi autorise à être armé a vraiment trop d'occasions de te tirer une balle dans le dos. Alors quand les flics ont affaire à un dingue, y n'essayent même pas de le virer. Ils le mettent au rencard en douceur. Ils le nomment grand-maître-de-l'univers à Deux Granges, dans le Montana. Ou à Pipitown, dans le Massachusetts. Non, conclut-il, ton Regency, je ne l'encaisse pas. Et c'est pour ça que nous allons nous débarrasser des têtes.

Je tentai de discuter avec lui mais il ne cessait de m'interrompre.

— Si ces sacs en plastique sont découverts dans ta cave, dit-il, tu n'as plus aucun moyen de t'en sortir. T'es bon comme la romaine. Mais si tu essayes de les enlever, c'est pire. La seconde où ils te verront grimper en voiture, ils te fileront le train.

— Il faut que j'enterre ma femme.

— Mais non, je vais le faire. Je vais prendre ton bateau, tes gaules, et deux boîtes d'appât. T'as une ancre de secours, à bord ?

— Non.

— Eh ben, je me servirai de celle que tu as. Pour Patty et Jessica ensemble.

Ce fut mon tour de m'écrier « sacrebleu ! ».

— Oh, eh, dit Dougy. D'accord, quand tu me regardes, t'as l'impression d'avoir une brute sous les yeux. Mais moi, quand je te regarde, qu'est-ce que je vois, hein ? Une victime toute désignée.

— Je t'accompagne. C'est le moins que je puisse faire.

— Si j'y vais seul, ce n'est qu'un vieux schnock qui va à la pêche. Ils n'auront pas un regard pour moi. Mais toi ! La seconde où ils te voient, ils alertent les gardes-côtes. Qu'est-ce que tu raconteras quand y découvriront ces deux dames à bord, auxquelles il manque un petit quelque chose ! « Oh, diras-tu, mais c'est que je les ai trouvées. Des voix m'ont dit où chercher. » « Ben voyons, qu'ils diront, vous êtes sans doute Jeanne d'Arc. Affaire suivante ! »

Il secoua la tête.

— Tim, mon garçon, reprit-il, il n'y a pas à hésiter. J'en ai pour quelques heures. Pourquoi n'en profites-tu pas pour donner quelques coups de téléphone ?

— À qui ?

— Essaye l'aéroport. Tu découvriras peut-être quand Jessica est arrivée.

— Lonnie et elle sont venus en voiture.

— Qui te dit que c'était sa première soirée dans la ville ? Ou celle de Lonnie d'ailleurs ?

Je haussai les épaules, je n'en savais effectivement rien.

— Arrange-toi pour savoir, dit-il, qui est l'agent immobilier.

Quand il descendit à la cave, je demeurai toutefois immobile dans mon fauteuil. Je n'aurais pas bougé s'il ne m'avait lancé du bas de l'escalier :

— Tim, je suis prêt à gagner ton bateau. Va faire un tour, je ne tiens pas à ce qu'ils continuent de surveiller la maison.

Là où je voyais des esprits, il voyait des gens bien réels. D'accord. C'était lui qui prenait les risques, le moins que je pouvais faire était bien d'aller me promener.

J'endossai un parka, sortis par la porte de devant, et descendis Commercial Street dans le soleil d'un après-midi désert. Mais je ne pouvais rester trop longtemps dans la rue. La journée était silencieuse, discrète comme le soleil qui filtrait en minces colonnes à travers les nuages gris, et je savais qu'il y aurait sur la plage tout un jeu d'ombre et de lumière. Quand je fus certain d'avoir entendu démarrer le moteur de notre six-mètres, *La Baleinière* (le bateau de Patty), je m'engageai sur un espace de plage vide et traversant le sable, oui, là-bas sur l'eau, ayant abandonné le canot au mouillage, pratiquement seul dans le port, pas de garde-côte visible à l'horizon, mais un ou deux chalutiers seulement rentrant de la pêche, je vis mon père, que *La Baleinière* emportait hors de la baie, et, prenant une profonde inspiration, je rentrai en traînant mon pied douloureux dans le sable.

De retour à la maison, surpris du bien que m'avait fait cette promenade, je me conformai aux suggestions de Dougy et entamai une enquête téléphonique. Commençant par l'aéroport, j'eus d'emblée un coup de veine. La fille qui était à la vente des billets était une copine de bar et se trouvait précisément de service. Je n'eus donc aucune difficulté à lui demander si Jessica Pond ou Laurel Oakwode et/ou Lonnie Pangborn étaient arrivés à Provincetown ou en étaient partis au cours des dernières semaines. Quelques minutes plus tard elle me rappela : Jessica Pond était arrivée par un vol d'après-midi il y avait de cela quinze jours et elle était repartie six jours plus tard par le premier avion du matin. La compagnie lui avait vendu un billet de Provincetown à Santa Barbara via Boston et San Francisco. Personne du nom de Pangborn n'était arrivé ni parti. Mais la fille se rappela qu'elle était au comptoir le matin du départ de la dame Pond. C'était le chef Regency qui l'avait conduite à l'aéroport. « Occupez-vous bien de madame », avait-il dit à ma copine.

— Est-ce qu'ils avaient l'air en bons termes tous les deux ? demandai-je.

— Tim, franchement, j'avais la gueule de bois et je n'ai pas fait très attention. Mais enfin, ils avaient plutôt l'air de se faire des mamours, oui.

Ma foi, cela ouvrait des possibilités. Si Jessica Pond était venue ici toute seule pendant une semaine, puis était repartie pour Santa Barbara et revenue, la question devenait : travaillait-elle avec Pangborn pour Wardley ou était-elle à son propre compte ?

J'appelai l'agent immobilier que je connaissais le mieux en ville. Il ne put toutefois me donner autre chose que le nom de l'avocat de Boston qui représentait les intérêts de Paramessides. À sa connaissance, la propriété n'était pas à vendre. J'appelai le bureau de l'avocat et me présentai sous le nom de Lonnie Oakwode. Quand je l'eus au bout du fil, je lui dis :

— Maître Thwaite ? Mme Oakwode, ma mère, a dû partir pour l'Europe où elle avait des affaires urgentes, mais elle m'a demandé de vous contacter.

— Ma foi, je suis bien heureux que vous me téléphoniez. Nous sommes tous mobilisés depuis quelques jours. Madame votre mère devait se présenter avec un chèque certifié.

— Oui, je sais, dis-je.

— Très bien. Veuillez lui transmettre un message de ma part. Je crains bien que le prix ne subisse un réajustement à la hausse. Ce sera certainement le cas si nous n'avons pas rapidement de ses nouvelles. Je ne peux pas tenir très longtemps, comprenez-vous ? Une promesse est une promesse, mais il nous faut son chèque. Car une autre partie nous a fait une offre la semaine dernière.

— Je vais la joindre rapidement.

— Il le faut. C'est toujours comme ça. Il se passe des années pendant lesquelles une propriété ne rapporte que des impôts. Et puis brusquement tout le monde la veut en même temps en l'espace d'une semaine.

Il toussa.

— Ma mère va vous appeler, maître.

— Je l'espère. Une femme charmante, Madame votre mère.

— Je lui ferai part de votre compliment.

Je m'empressai de raccrocher. Je jouais le fils avec bien trop peu de connaissances pour pouvoir tenir le coup longtemps.

Il n'empêche que mon intuition se trouvait confirmée. Laurel Oakwode avait projeté d'acquérir la propriété en son nom propre. Était-ce pour tenir Wardley et, par là même, Patty Lareine ?

Je me posai la question : que ferait Patty Lareine à une femme qui tenterait une telle manœuvre ?

« Elle tuerait », fut la réponse évidente qui me vint aussitôt. Dans ce cas, si Patty Lareine l'avait fait, avec un 22 muni d'un silencieux, pourquoi Regency avait-il décapité la victime ? Était-ce pour abandonner la partie la plus reconnaissable de sa personne dans mon lopin de chanvre ? Patty Lareine me haïssait-elle à ce point, ou alors Regency ?

C'était lui, conclus-je. C'était Regency qui m'avait suggéré d'aller à mon lopin.

Quand j'eus fini avec le téléphone, je me sentis plus clair, plus furieux et plus déterminé que je ne l'avais été depuis un bout de temps. Était-il possible que j'aie hérité une petite part du cran de mon père ? Je suis contraint de croire que l'optimisme est ma plus dangereuse inclination. Car j'eus alors l'impulsion d'aller regarder les Polaroïd que j'avais faits bien des années auparavant de Madeleine nue et, plus récemment, de Patty Lareine. Quel curieux désir. Songer à des Polaroïd obscènes à l'instant même où l'on reprend courage en croyant se découvrir du caractère. Décidément, ma personnalité n'est pas très classique.

Je montai et trouvai dans une boîte de classement une enveloppe contenant les photos. Il y avait trois photos de Patty et deux de Madeleine. Toutes, je le crains, les montraient les jambes suffisamment ouvertes pour faire apparaître l'éclat luciférien de leur âme d'en bas, oui, les lèvres bien ouvertes. Mais je trouvai dix morceaux de papier glacé dans l'enveloppe. Toutes les têtes avaient été séparées des corps d'un coup de ciseaux.

Saura-t-on que je crois que ce fut l'instant exact où mon père, s'étant servi de fil de fer pour fixer les deux têtes aux maillons de ma chaîne d'ancre, avait choisi – parvenu en eau profonde – de précipiter son sinistre assemblage par-dessus bord. Je sais que je fus immédiatement écrasé sous une agression d'Enferville. C'était le plus prodigieux bombardement que j'eusse jamais reçu.

— Jean-foutre, ignoble et moisi, glapit la première voix.

— *Sieg heil* la goule, imbécile, dit une seconde.

— C'est Timmy le branleur, cassez-lui la tête.

— Estropiez-le, ce connard. Ouvrez pour lui le cancer de la lune qui est plein de pus.

— Hé, Timmy, renifle un peu la pourriture.

— Tu es un traître, un assassin, tu es un nuisible.

— Qu'on me l'amène – il m'a volé ma maison.

— Voleur, tu as traversé à la dérive sur mon lit.

— Arrachez-lui les boyaux. Mordez-lui le nœud. C'est son père et lui qui ont fait le coup. Cinglés d'Irlandais. Foutus assassins.

— Tu as assassiné Jessica ! me hurla-t-on dans l'oreille.

— Et Dougy a tué Patty ! me hurla une harpie dans l'autre oreille.

— Pourquoi ? Pourquoi avons-nous tué ? demandai-je à voix haute.

— Oh mon petit chéri, papa est à la recherche d'un remède pour son cancer. Et le voilà le remède : renifler le sang.

— C'est lui, ça, dis-je à voix haute, mais moi, qu'en est-il de moi ?

— Tu es malade toi aussi, espèce de clodo. Tu es en notre pouvoir.

— Allez-vous-en, putains ! hurlai-je.

Debout tout seul dans l'air gris-rose du crépuscule qui descendait sur mon studio du deuxième étage, le regard sur la mer, les oreilles dans les sables d'Enferville, je vis par l'esprit la façon dont les têtes, leur chevelure blonde ondulant, descendaient comme des fleurs marines, attachées à la tige de la chaîne et à la racine de l'ancre. Elles descendaient à travers des cascades jusqu'au fond de la mer et je crois que je connus exactement l'instant où l'ancre toucha le fond car les voix s'interrompirent. Leurs criailleries à mes oreilles avaient-elles été un chant de bienvenue pour la tête de Patty Lareine ? J'étais trempé de sueur.

Voilà que mes membres se mirent à trembler indépendamment les uns des autres. Certaines parties de mon corps étaient agitées de soubresauts tandis que d'autres demeuraient parfaitement immobiles, une expérience que je n'avais encore jamais connue. Ce fut alors que je sentis une idée arriver au centre de mon attention, se frayer un chemin dans mon esprit contre toute résistance, comme si cette pensée et moi-même étions de part et d'autre d'une porte. Et bientôt, je ne fus plus capable de la chasser : il me fallait examiner mon pistolet. (Le pistolet de Patty.) C'était un 22.

Cela paraît fort peu plausible, et pourtant voici que je m'étais arrangé, je ne sais trop comment, pour éviter cette pensée depuis cinq jours. Désormais, le mandat m'était donné : il me fallait examiner le 22.

Il se trouvait là où il s'était toujours trouvé : dans une armoire de son côté à elle du lit. Il était dans son étui. Une fois le couvercle soulevé, je sentis que cela puait la poudre. Quelqu'un avait tiré récemment et rangé le pistolet sans le nettoyer. Était-ce moi ? La douille avait été éjectée de la chambre et il manquait une cartouche dans le chargeur.

Je ne me sentis pas coupable. J'étais en colère. Plus la preuve semblait s'approcher, plus ma fureur augmentait. Le pistolet me rendait particulièrement furieux, comme si j'étais un avocat criminel auquel on apprend qu'un nouveau témoin très mal intentionné a été porté sur la liste sans qu'il soit prévenu à temps. Oui, je me sentais innocent et débordant de colère. Comment osaient-ils ? Qui qu'ils fussent. Quel était ce complot pour arracher mon esprit de ses gonds ? Comme c'était curieux : plus les autres – y compris mon père – trouvaient vraisemblable que j'eusse tué au moins une des deux femmes, plus il me paraissait certain que je n'en avais rien fait.

Le téléphone sonnait.

C'était Madeleine et j'y vis un signe.

— Dieu soit loué, c'est toi, mon chéri, dit-elle, et elle fondit en sanglots.

Cette voix riche et voilée était très apte à exprimer le malheur. Son émotion déboucha bientôt sur ces grandes profondeurs du chagrin qui parlent de la perte d'années d'amour et de furieux désirs de baiser dans le mauvais lit.

— Oh, baby, parvint-elle à dire, oh mon chéri, et elle se remit à sangloter.

Ç'auraient pu être les gémissements d'une femme qui venait d'apprendre qu'elle était veuve.

— Chéri, dit-elle enfin, je croyais que tu étais mort. J'en avais froid au cœur.

Elle se remit à vagir.

— J'avais peur, poursuivit-elle, que ton téléphone ne réponde pas.

— Qu'est-ce qu'il y a ?

— Tim, ne sors pas. Ferme ta porte à clé.

Je ne me rappelais pas l'avoir jamais entendue sangloter aussi épouvantablement.

— Mais qu'est-ce qu'il y a ? l'implorai-je.

Lentement, cela lui vint. Phrase par phrase. Tous les deux ou trois mots, un sanglot misérable, terrifié, scandalisé. Il y eut même des instants où je ne sus pas ce qui l'empêchait de parler, de l'horreur ou de la rage.

Elle avait trouvé des photos. Je le compris enfin. Rangeant du linge fraîchement repassé dans les tiroirs de son époux, elle était tombée sur une boîte fermée à clé qu'elle n'avait encore jamais vue. Qu'il gardât ainsi une boîte fermée à clé dans leur chambre à coucher l'avait mise hors d'elle. S'il avait des secrets, que ne les cachait-il à la cave ? Elle avait forcé la boîte.

Sa terreur m'envahissait. Je l'entendais trembler au téléphone.

— Non, Madeleine, lui dis-je, parle clairement. Il faut que tu parles clairement. Qui y a-t-il sur ces photographies ?

— Patty Lareine, dit-elle. Elles sont de Patty Lareine. Nue. Obscènes.

Elle recommença à s'étouffer sur les mots.

— Elles sont pires que celles que tu avais prises de moi, poursuivit-elle. Je ne sais si je peux le supporter.

À l'instant où j'ai vu ces photos, j'ai pensé que tu étais mort.

— J'y figure aussi ?

— Non.

— Alors pourquoi as-tu pensé une chose pareille ?

Ses sanglots se modifièrent. Ils ressemblaient assez désormais aux petits gémissements d'une jeune fille qu'un cheval a désarçonnée, et qui doit à tout prix, malgré le choc, malgré la panique qui s'est emparée d'elle, malgré la terreur sans fond, remonter en selle aussitôt. Ainsi Madeleine se contraignit-elle à revoir les photos par l'esprit. Puis elle dit :

— Chéri, il a coupé toutes les têtes à coups de ciseaux.

— Il faut que tu quittes la maison, lui dis-je.

— Je crois qu'il a décidé de te tuer.

— Madeleine, sors de chez toi. Tu y es encore moins en sécurité que moi.

— Je voudrais mettre le feu à sa baraque, dit-elle.

Puis elle se mit à glousser. C'était plus inquiétant encore que son chagrin.

— Mais je ne peux pas, reprit-elle. Je risquerais de mettre le feu aux maisons voisines.

— Tout à fait.

— Pense pourtant à la tête qu'il ferait, quand toutes ses armes auraient fondu.

— Écoute-moi attentivement. Est-ce qu'il possède une machette dans sa collection ?

— Plusieurs, dit-elle. Et des épées. Seulement il s'est servi d'une paire de ciseaux.

Et elle se remit à glousser.

— Est-ce qu'il manque une épée ?

— Je ne sais pas, dit-elle. Je ne tiens pas la liste de sa collection.

— Pourrais-tu reconnaître un pistolet 22 ?

— Un pistolet ?

— Oui.

— Il a toutes sortes de pistolets.

Je renonçai.

— Écoute, Madeleine, je veux que tu me rejoignes ici.

— Je ne sais pas si je peux me déplacer. J'ai mis en pièces quelques robes qu'il m'avait achetées. Depuis, j'en suis comme paralysée.

— Eh là, lui dis-je, tu peux le faire. Tu es capable de te déplacer.

— Non, dit-elle. Rien ne va pour le moment.

— Madeleine, si tu refuses de venir, je vais prendre la voiture pour aller te chercher.

— Surtout pas, dit-elle. Je connais son emploi du temps, il nous surprendrait.

— Alors fais tes bagages et saute en voiture.

— Je ne veux pas conduire, dit-elle. Je suis restée debout toute la nuit. Je n'ai pas dormi depuis que je t'ai vu.

— Pourquoi ?

— Parce que je t'aime, dit-elle.

— D'accord, dis-je.

— Quoi, d'accord ?

— Ça, je peux le comprendre, dis-je.

— Ben voyons, dit-elle. Nous t'aimons toutes les deux. Ce n'est pas difficile à comprendre.

Elle parvint bel et bien à s'arracher à son chagrin assez longtemps pour ébaucher un rire joyeux.

— Tu es un démon, dit-elle. Il n'y a qu'un démon pour mettre une note joyeuse dans une situation telle que celle-ci.

— Si tu ne veux pas conduire, dis-je, appelle un taxi. Dis-lui de t'emmener à Provincetown.

— Un taxi, pour faire soixante-quinze kilomètres ? Non, dit-elle, je ne suis pas chargée de subventionner les compagnies !

Oui, elle restait une femme pratique et économe.

— J'ai besoin de toi, lui dis-je. Je crois que Patty Lareine est morte.

— Tu le crois ?

— Je le sais.

— Tu l'as vue ?

— Je le sais.

— Très bien, dit-elle après un silence. Je vais venir. Si tu as besoin de moi, j'arrive.

— J'ai besoin de toi, dis-je.

— Et s'il s'amène ?

— Nous l'affronterons ici.

— Je ne veux plus revoir cet homme où que ce soit, dit-elle.

— Peut-être qu'il a peur de toi lui aussi.

— Ça, tu peux le croire, dit Madeleine, qu'il a peur de moi. Avant qu'il parte ce matin, je lui ai dit de ne pas me tourner le dos. Je lui ai dit : « Même si cela prend dix ans, espèce de monstre, espèce d'horreur, je te tirerai dans le dos. » Il m'a crue. Je l'ai bien vu à son visage. C'est bien le genre de chose qu'il peut croire.

— Je le croirais plus facilement moi-même, dis-je, si tu savais ce que c'est qu'un 22.

— Oh, dit-elle, « je t'en prie, ne te hâte pas de me comprendre trop vite ».

— Qui a dit ça ? demandai-je.

— André Gide.

— André Gide ? Tu ne l'as jamais lu.

— Ne le raconte à personne, dit-elle.

— Prends ta voiture, tu en es capable.

— J'arrive. J'appellerai peut-être un taxi, mais je viendrai.

Elle me demanda l'adresse et se sentit un peu réconfortée quand je lui dis que mon père serait là avec nous.

— Voilà un homme avec lequel je pourrais vivre, dit-elle avant de raccrocher.

Je calculai qu'il ne lui faudrait guère plus d'une heure pour faire ses bagages et une heure pour venir jusqu'ici. Mais les habitudes de Madeleine n'ayant probablement pas changé avec les années, je pouvais compter sur une attente de quatre à cinq heures avant qu'elle ne paraisse. Je me demandai de nouveau si je ne ferais pas mieux d'aller la chercher en voiture et parvins à une conclusion négative. Nous serions plus forts chez moi.

J'entendis alors le fracas du canot qu'on remontait en le hissant sur les rouleaux puis le pas lourd de mon père sur le plancher. Mais il contourna la maison pour gagner la porte de devant et entra en se servant de la clé que Patty Lareine lui avait remise il y avait de cela des années lors de sa première visite.

Patty Lareine était morte.

Cette pensée, qui ne cessait de me venir à l'esprit comme un télégramme distribué toutes les quinze minutes, n'avait toujours rien à offrir qu'une manière de tégument. Un peu comme l'enveloppe d'un télégramme qui ne contiendrait rien. Certainement pas d'émotion. Oui, Madeleine, me dis-je, je pourrais être fou de toi, mais pas pour le moment.

Mon père pénétra dans la cuisine. Il me suffit de lui jeter un regard pour verser du bourbon dans un verre et mettre de l'eau à bouillir pour le café. Jamais encore je ne lui avais connu un tel air fatigué. Pourtant la roseur de ses pommettes s'était étendue à tout son visage. Et aussi, il avait l'air vertueux.

— Du beau boulot, ce que tu as fait, lui dis-je.

— Pas trop moche, répondit-il en me regardant les yeux plissés comme un vieux marin. Tu sais, j'étais déjà à trois milles des côtes dans la baie avant de m'être rendu compte qu'ils pouvaient me suivre avec des jumelles, ou pire encore. Peut-être même qu'ils disposaient d'un moniteur de transit. En braquant deux machins comme ça sur toi, ils peuvent même déterminer avec précision l'endroit où tu te trouves au moment du largage. Il ne leur reste plus qu'à envoyer un plongeur. Pas la moindre difficulté. J'ai donc compris que je ferais mieux de balancer mon colis au moment où je filais encore à vitesse moyenne et de faire bien attention à prendre l'air décontracté au possible tout en le laissant tomber du côté opposé à la rive. De cette façon mon corps cache ce que font mes mains. Oh, c'étaient sûrement des précautions inutiles et personne ne m'observait, selon toute vraisemblance. Mais pourtant ce n'est pas le sentiment que j'ai eu sur le moment.

Le café était prêt. Je le lui tendis. Il se le versa dans la gorge comme s'il était un vieux diesel faisant le plein de carburant.

— À l'instant même où j'étais sur le point de larguer, reprit-il, je me suis mis à me demander si le fil de fer allait tenir. Tu sais, c'est pour fixer les têtes à la chaîne que j'ai eu le plus de mal.

Il ne m'épargna pas les détails. Comme un accoucheur expliquant qu'il a dû introduire deux doigts pour faire pivoter la tête du nourrisson qui se coinçait, ou, oui, comme un vieux pêcheur vous montrant étape par étape la manière de garnir un hameçon pour que l'asticot reste vivant, il accompagnait son récit de divers gestes des mains. J'en suivis suffisamment pour me rendre compte que l'opération l'avait contraint à passer par une orbite et à ressortir par un trou qu'il avait pratiqué dans le crâne à l'aide d'un poinçon. À quel point je connaissais peu mon père – j'en suis resté baba. Il dévidait son récit avec l'espèce de rumination joyeuse d'un éboueur qui décrirait la pire poubelle jamais collectée dans le cours d'une intéressante carrière, et ce fut seulement lorsqu'il eut terminé son récit que je fus en mesure de comprendre pourquoi il semblait y avoir pris plaisir. C'était, en soi-même, une espèce de remède. Oh, je n'en jurerais pas, mais enfin, il y avait une espèce de satisfaction complaisante dans l'air de mon père comme on en voit au convalescent qui va de mieux en mieux en ne tenant aucun compte des prescriptions de son médecin.

Puis il me fit franchement sursauter.

— As-tu ressenti quoi que ce soit d'inhabituel, demanda-t-il, pendant mon absence ?

— Pourquoi me demandes-tu ça ?

— J'ai pensé ne pas t'en parler, dit-il. Mais quand j'ai jeté l'ancre, j'ai entendu une voix.

— Que disait-elle ?

Il secoua la tête.

— Qu'as-tu entendu ?

— J'ai entendu que c'était toi le coupable.

— Tu crois ce genre de voix ?

— Étant donné les circonstances – non. Mais j'aimerais te l'entendre dire.

— Je ne suis pas coupable, dis-je. Pour autant que je sache, ce n'est pas moi. Mais je commence à penser que, sans trop savoir comment, je suis responsable de l'esprit de tous les autres.

Voyant qu'il ne me suivait pas vraiment, je tentai d'expliquer :

— C'est comme si je polluais le pipeline.

— Ah ! je ne sais pas si tu es seulement à moitié irlandais, dit-il. En tout cas, ta mentalité est suffisamment dégénérée pour que tu sois tout entier irlandais.

— Tu peux te mettre tes insultes où je pense, lui dis-je.

Il aspira une gorgée de café.

— Parle-moi de Green, dit Bolo, m'invita-t-il.

— Je n'arrive pas à suivre ton rythme, lui dis-je.

Notre conversation prenait la tournure frustrante et évasive du rêve. À l'instant où je me sentais proche d'une vérité qui m'échappait encore, il demandait à parler de Green, dit Bolo.

Et il y tenait.

— Pendant tout le trajet du retour, ce Bolo n'a pas cessé de me tourner dans la pensée. J'avais le sentiment que c'était Patty qui me disait de penser à lui.

Il se tut avant de me demander :

— Tu crois que je me conduis comme un connard sentimental à propos de Patty ?

— Peut-être que tu es un peu soûl ?

— Je commence à être très soûl, dit-il, et elle me manque. Je me dis – tu veux voir à quel point je suis grossier tout en dedans ? –, je me dis, si t'attaches un poids au cou d'un vieux chien et que tu le balances à la baille, le chien va te manquer. Ça te paraît assez grossier ?

— C'est toi qui le dis.

— Je sais que c'est énorme. Mais elle me manque. Merde, c'est moi qui l'ai enterrée tout de même !

— Oui, papa, c'est vrai.

— T'avais pas assez de couilles pour t'en charger.

De nouveau il s'interrompit.

— Je commence à déconner, tu crois pas ? reprit-il.

— À quoi ça servirait d'être un bon catho irlandais si l'on n'est pas capable d'accueillir convenablement la sénilité ?

Il éclata d'un rire rugissant.

— Je t'adore ! brailla-t-il.

— Je t'adore.

— Parle-moi de Bolo.

— Et toi, qu'est-ce que tu en penses ?

— Je pense qu'il est en partie pédé, dit Dougy.

— Sur quoi te fondes-tu ?

Il haussa les épaules.

— Patty. Patty me l'a dit sur l'eau.

— Si tu faisais une petite sieste, lui dis-je. On pourrait avoir besoin l'un de l'autre par la suite.

— Qu'est-ce que tu combines ?

— Je voudrais bien aller fureter un peu en ville.

— Ouvre l'œil, dit-il.

— Va te reposer. Si Regency s'amène, parle-lui gentiment. Quand il regardera ailleurs, balance-lui un coup de pelle sur la tronche et ficelle-le.

— Dommage que tu ne parles pas sérieusement, dit mon père.

— Oui, ben méfie-toi de lui. Il pourrait bien être capable de nous résister à tous les deux.

Je pus lire dans la pensée de mon père, mais il pinça les lèvres et ne dit rien.

— Allez, va dormir un peu, lui dis-je. Et je partis.

J'avais eu l'air de ne pas y toucher mais, en fait, j'étais dans une tout autre disposition d'esprit. Une espèce de gigantesque excitation avait commencé en moi dès que j'avais dit : « Je suis responsable de l'esprit des autres. » Une impulsion – il fallait que je saute en voiture et que j'aille faire le tour de la ville. Une impulsion aussi puissante que celle qui avait traversé mon ivresse le soir où j'avais tenté l'escalade du monument. Je connaissais la même peur, délicate, presque exquise, dans ma poitrine, comme l'ombre de ce qu'il y avait de meilleur et de plus fier en moi.

J'obéis. Je n'avais pas passé près de vingt ans à ruminer les leçons de mon escalade pour des prunes – non, avec autant de grâce que mon orteil démoli et mon épaule à moitié paralysée m'en permettaient, je traversai la rue, m'installai dans ma Porsche, et roulai lentement, un bras sur le volant, le long de Commercial Street, sans savoir ce que je cherchais ni quel exploit pourrait bien m'être demandé, non, je connaissais, je dois l'imaginer, quelque chose de l'excitation qui saisit le chasseur africain quand il pressent la présence de gros gibier.

La ville était silencieuse. La ville ne collait pas du tout avec mon état d'esprit. Au centre, le Mitard était à moitié vide, et par les fenêtres du Bain de sang je distinguai seulement un joueur de billard qui réfléchissait à son coup suivant. Il avait l'air aussi solitaire que le garçon peint jadis par Van Gogh, debout au milieu du café d'Arles.

Je tournai à droite devant l'hôtel de ville et me garai de l'autre côté de la rue, en face de l'entrée en sous-sol du poste de police. La voiture de Regency était dehors, garée en double file, vide. Le moteur tournait.

Alors me vint une tentation aussi claire que le mandat d'escalader la tour. Elle me disait de descendre de voiture, de marcher jusqu'à la sienne, d'en arrêter le moteur, d'en prendre les clés, d'ouvrir le coffre, de regarder à l'intérieur – et, par l'imagination, j'y vis déjà la machette ! – de m'en saisir, de refermer le coffre à clé, de remettre le trousseau dans l'antivol, de mettre en marche le moteur et, abandonnant sa voiture, de regagner tranquillement la Porsche pour m'en aller. Oui, je vis tout cela à l'avance, aussi clairement que tous les voyages jusqu'au terrier que j'avais imaginés de bout en bout avant de les entreprendre. Pour l'heure, ma première réaction fut oui, vas-y ! et la seconde, non.

Ce fut alors que je compris, comme jamais encore auparavant, que nous vivons avec non pas une âme mais deux, notre père et notre mère – à tout le moins ! –, la nuit et le jour si vous voulez, bref, il ne s'agit pas d'exposer des dualités mais je possédais deux âmes qui étaient égales à deux chevaux assortis – mal assortis ! Quand l'un disait oui, l'autre disait non, et le pauvre conducteur n'était autre que ma propre personne à qui restait le vote décisif : oui, j'allais le faire, il le fallait. Je n'aurais pas survécu une fois de plus à la débâcle du monument.

Je descendis donc de voiture. Pour mon malheur, la rue adjacente était déserte, ne me fournissant donc aucun prétexte pour perdre du temps. Et en exagérant ma claudication (comme si un homme estropié était capable de moins de mal aux yeux de la police), je traversai la rue jusqu'à sa voiture, mon cœur battant à un tel rythme que la peur traversant tout droit le vertige se mua en délire d'ivresse. Vous est-il arrivé de vous faire administrer un anesthésique à travers un masque et de voir les cercles concentriques descendre sur votre cerveau à mesure que vous perdez conscience ? Voilà ce que je vis en prenant les clés de sa voiture.

— Tiens, bonjour Regency, dis-je, j'espère que tu ne m'en veux pas. J'ai besoin d'un démonte-pneu, dans ton coffre.

— Oh que si, je t'en veux, dit-il, et tirant son revolver, il m'abat.

Mais cela passa. Cette vision se dissipa. Les orteils parcourus de fourmis, la main tremblante, j'introduisis la clé dans la serrure de son coffre.

La machette était là.

À cet instant où mon cœur fit un triple saut périlleux arrière comme un chat heurtant une ligne à haute tension, en cet instant où je crus mourir, je sentis aussi résonner dans le lointain un accord fait d'exultation et de chagrin : Il existe, ou Ça existe, ou Ils sont quelque part là-bas. C'était une confirmation du fait que la vie que nous vivons de toute notre conscience et de toutes nos forces est seulement la moitié de notre vie. L'autre moitié appartient à quelque chose d'autre.

Mon premier mouvement fut de m'enfuir. Au lieu de quoi j'arrachai la machette au fond du coffre – elle y était collée ! –, refermai le capot arrière de la voiture de police, me contraignis (ce fut ce qu'il y avait de plus difficile à faire dans toute cette série de gestes) à pénétrer dans son véhicule assez longtemps pour remettre son moteur en marche, et alors seulement je fus libre de traverser la rue pour regagner ma propre voiture. En chemin, le volant de la Porsche ne cessa pas de vibrer dans ma main valide à tel point que je dus le tenir aussi avec l'autre.

Cinq cents mètres plus bas dans Bradford Street, je me rangeai quelques instants sous un réverbère pour regarder la machette. Elle était couverte de sang séché du côté de la lame qui n'avait pas adhéré au tapis de caoutchouc. Toutes les idées que je me faisais de Regency s'entrechoquèrent. Jamais je n'aurais pu concevoir qu'il pût agir avec une telle insouciance.

Certes, s'il s'était servi de cette arme sur Jessica (eh oui, c'était une quasi-certitude), il était possible qu'il n'eût pas encore eu le courage de s'occuper de la lame. Quand on est perché au bord de l'abîme, il est rassurant de découvrir que les autres fous furieux connaissent eux aussi la terreur et les tremblements.

Noyé dans mes pensées, je traversai la ville entière avant de parvenir à la simple conclusion qu'il me fallait transférer la machette dans mon coffre plutôt que de la garder à côté de moi sur le siège avant. Je me trouvais à ce moment-là au rond-point qui termine Commercial Street, là où les pèlerins débarquèrent jadis et où une longue jetée de blocs entassés traverse maintenant les marais. Je m'y arrêtai, soulevai mon capot et déposai la machette dans mon coffre – tiens, la lame était ébréchée, remarquai-je – que je refermais, quand j'aperçus une automobile qui s'arrêtait derrière moi.

Wardley en descendit. Il devait avoir installé un nouveau zinzin sous mon pare-chocs arrière. Bon Dieu, je n'avais même pas songé à vérifier.

Pour l'heure, il se dirigeait vers moi. Nous étions seuls devant la jetée et il y avait tout juste assez de lune pour y voir.

— J'aimerais te parler, dit-il.

Il avait un pistolet à la main. L'arme était incontestablement munie d'un silencieux. Eh oui, ça avait tout à fait l'air d'un 22. Il ne fallait guère d'imagination créatrice pour visualiser la balle au nez creux qui reposait dans la chambre.

8

— Wardley, dis-je. Tu es dans un drôle d'état.

Hélas ! ma voix tremblait suffisamment pour ôter toute crédibilité à ma tentative de lui faire croire que je ne me souciais guère de son arme à feu.

— C'est que j'ai été, me dit-il, de corvée d'enterrement.

Même à la lueur incertaine de la lune qui traversait faiblement les brumes, je voyais qu'il était couvert de sable humide jusqu'à ses lunettes et sa chevelure.

— Allons nous promener sur la jetée, suggéra-t-il.

— Ça va être difficile, lui dis-je. Je me suis fait mal au pied en cognant Stoodie.

— Oui, répondit Wardley, il avait bien l'impression que tu lui avais donné un coup de pied. Ça l'avait mis en rogne.

— Je m'attendais à le voir aujourd'hui.

— Nous ne le verrons plus jamais, Stoodie, dit Wardley.

Il fit un geste délicat du canon de son arme, comme s'il m'indiquait le fauteuil le plus confortable de la pièce. Je me mis en marche, le précédant de quelques pas.

La progression était difficile. La jetée s'étirait sur près de deux kilomètres en travers des sables et des marais de la baie, et il fallait prendre garde à la façon dont on posait le pied sur les blocs. Ils étaient assez bien alignés pour que leurs sommets forment une espèce de sentier grossier la plupart du temps mais, de temps à autre, il fallait sauter une brèche d'un ou deux mètres ou descendre la pente d'un gros bloc incliné et remonter de l'autre côté. Dans l'obscurité, avec mes blessures, nous avancions lentement. Cela n'avait pas l'air de le déranger. Derrière nous, une voiture s'amenait de temps à autre dans Commercial Street en direction du rond-point et, quand elle ne tournait pas pour entrer au Provincetown Inn, poursuivait son chemin par-delà les marais vers le début de la route. Et quand nous eûmes parcouru quelques centaines de mètres sur la jetée, elles nous parurent très lointaines. Leurs phares semblaient aussi distants que les lumières d'un navire passant au large.

C'était la marée descendante et le faîte des blocs de rocher était déjà à deux ou trois mètres au-dessus de la surface de l'eau. En contrebas, on entendait bruisser la mer qui se retirait des marais en traversant la jetée. C'était peut-être le fait de mon pied douloureux et des élancements sourds de mon épaule, mais j'étais résigné. Si ma vie devait finir sur cette digue interminable, bah, ce n'était pas le pire lieu possible et j'écoutais le criaillement des mouettes dérangées saluer notre passage à travers la nuit. Comme tous les bruits étaient amplifiés la nuit ! J'avais le sentiment que je pouvais même entendre les algues chevelues remuer dans le courant et les éponges ronger la coquille des huîtres. Le varech et la dentelle de mer commençaient à respirer sur les rochers à mesure que les rouleaux s'écartaient en ondulant de la jetée. C'était une nuit sans vent qui, sans le froid de novembre, aurait rappelé l'été par la placidité des eaux, mais non, on voyait bien qu'on était vers la fin de l'automne : un froid nordique recouvrait le calme, disant que ces éternités qui forment le royaume du magnétisme sont immobiles et glacées.

— Fatigué ? demanda-t-il.

— Tu as l'intention de traverser toute la digue ?

— Oui, dit-il, et je t'avertis qu'une fois de l'autre côté, il te restera encore huit cents mètres le long de la plage.

Il indiquait sur notre gauche un coin situé peut-être à mi-chemin entre l'extrémité de la jetée et le phare qui se dressait à un kilomètre et demi plus loin encore vers la gauche, au bout de la longue barrière de plage qui termine le Cap Cod. Tout au long de cette étendue de sable jusqu'au phare, il n'y avait ni habitation ni route, rien que des pistes de sable praticables par les seuls véhicules à quatre roues motrices.

Et on ne risquait guère d'en rencontrer par une nuit de novembre.

C'était là-bas qu'avait jadis prospéré Enferville.

— Ça fait une trotte, dis-je.

— Eh bien, voyons si tu y arrives, répliqua-t-il.

Il se tenait soigneusement à quelques mètres derrière moi de manière à ne pas avoir à brandir son pistolet et, quand nous arrivions à quelque passage difficile (il y avait deux ou trois descentes où les rocs s'étaient affaissés et que la marée avait rendues glissantes), il se contentait d'attendre que j'eusse traversé pour s'y risquer à son tour.

Au bout d'un moment, mon moral devint bien meilleur. Les petites nouvelles locales sont d'une extrême importance dans les périodes de catastrophe et mon orteil, fracturé ou non, semblait se plier un peu plus facilement tandis que mon bras gauche découvrait quelques mouvements qu'il pouvait exécuter sans douleur. Sans compter que ma frayeur n'était pas totale. Malgré ce que j'avais connu de lui en prison, je ne parvenais pas toujours à prendre Wardley au sérieux. Ne l'avais-je pas vu pleurer le jour où nous avions été virés de la fac ? D'un autre côté, je ne souhaitais pas non plus chatouiller le doigt qui presserait la détente par quelque acte inconsidéré. Les certitudes de l'adolescence se révèlent parfois dangereuses. Parvenu un peu au-delà de la moitié du chemin, je demandai une pause. Il acquiesça de la tête et s'assit environ à trois mètres de moi, suffisamment près pour que nous puissions causer. Il s'était remis à brandir le pistolet. Et ce fut alors qu'il porta rapidement à ma connaissance un certain nombre de détails. Il avait besoin de parler.

En peu de mots : Nissen était mort. Stoodie était mort. Beth avait quitté la ville avec Bolo.

— Comment sais-tu tout cela ? demandai-je.

— J'ai vu Bolo tuer Stoodie. Et j'ai sans aucun doute assisté au départ de Beth et de Bolo. D'ailleurs, je leur ai donné de l'argent. Ils sont partis dans la camionnette que tu as endommagée. Elle est à elle.

— Où vont-ils ?

— Beth pensait rendre visite à son père et à sa mère, dans le Michigan. Si j'ai bien compris, ils ont pris leur retraite à Charlevoix.

— Bolo devrait faire forte impression à Charlevoix.

— Les Noirs bien élevés ont leurs entrées absolument partout en dehors de Newport, m'affirma-t-il solennellement.

— Beth ne s'en faisait pas pour l'Araignée ?

— Je lui ai dit qu'il avait fichu le camp. Elle n'a pas paru trop troublée. Elle a annoncé son intention de vendre leur maison. Je crois que le Michigan commençait à lui manquer.

— Sait-elle que Stoodie est mort ?

— Bien sûr que non. De qui l'eût-elle appris ?

Je tentai de poser la question suivante avec tact. C'était comme si, parlant à un inconnu, je venais de raconter une histoire belge. Il me restait à lui demander : « J'espère que vous n'êtes pas belge ? » Ce fut donc d'une voix particulièrement pudique que je demandai :

— Sais-tu qui a tué l'Araignée ?

— Ma foi, si tu veux le savoir, c'est moi.

— Toi ?

— C'est sordide, dit Wardley.

— Il te faisait chanter ?

— Oui.

— Puis-je te demander pourquoi ?

— Écoute, Tim, j'ai le sentiment que tu as eu quelques ennuis ces derniers temps avec des têtes. Eh bien figure-toi que *at home*, ce sont des corps. L'Araignée et Stoodie faisaient partie de cette corvée d'enterrement dont je t'ai parlé, tu vois ?

Je me risquai.

— Ils ont enterré les corps ? demandai-je.

— Les deux femmes.

— Où ? J'aimerais le savoir.

— Exactement là où nous allons.

— Chic !

Nous nous tûmes.

— Au beau milieu d'Enferville, dis-je.

Il fit oui de la tête.

— Tu es au courant pour Enferville ? demandai-je.

— Bien sûr, Patty Lareine me l'a dit. Elle fait une fixation sur Enferville. Dommage que ses restes soient tellement séparés.

— De son point de vue à elle, oui.

— Où est la tête ? demanda Wardley.

— Au fond de la mer. Je n'en sais pas suffisamment pour t'en dire plus. Je n'y étais pas.

— De toute manière, dit-il, je ne serais pas très disposé à lui rendre l'immense service de réunir ses restes.

Il ne me fut pas facile de trouver une réponse.

— Où sont enterrés Stoodie et l'Araignée ? demandai-je.

— Pas loin. Je les ai tous ensemble. Les deux femmes et les deux hommes. Ils sont assez voisins pour pouvoir organiser un petit thé dansant si l'humeur leur en vient.

Il fut pris d'une petite convulsion joyeuse, mais dans la mesure où elle s'extériorisa dans le silence, je ne puis dire que l'un de nous deux s'attendait à ce que je rie moi aussi.

Puis il leva son pistolet et tira un coup en l'air. Cela produisit le bruit auquel je m'étais attendu – comme un petit sac en papier qu'on fait exploser après l'avoir gonflé – pas grand-chose en somme.

— Pourquoi fais-tu ça ? demandai-je.

— Pure exubérance, dit-il.

— Ah bon.

— Je me sens bien. J'ai terminé mes enterrements. C'était un bon petit boulot.

— Bolo ne t'a pas aidé ?

— Bien sûr que non. Je l'ai encouragé à se mettre en route, comme je te l'ai dit, avec Beth. Il était beaucoup trop original pour que je le garde avec moi dans l'état qui était le sien. J'ai toujours su qu'il était fort, mais il a tué Stoodie de ses mains. Il l'a étranglé.

— Où ?

Une expression perverse sembla passer sur son visage. Je dis *sembla* parce que je ne voyais pas très bien avec le peu de lune que nous avions mais j'eus bel et bien l'impression qu'il avait choisi de ne pas répondre, pour le pur plaisir de me refuser une réponse.

— Pourquoi cela t'intéresse-t-il ? demanda-t-il enfin.

— Curiosité.

— Le désir de savoir est si puissant, dit-il. Crois-tu que si je te tue effectivement, et je ne dis ni que je vais le faire ni que je ne le ferai pas – franchement, je n'en ai pas la moindre idée –, crois-tu que tu partiras pour ce sombre royaume mieux armé parce que j'aurai répondu à quelques questions ?

— Oui, je crois que tel est bien mon sentiment.

— C'est parfait. Moi aussi, dit-il avec un sourire rusé. Tout s'est passé dans les bois de Provincetown. Stoodie y possédait une vague cabane non loin de la route. Heureusement qu'elle est isolée. Nous avons fait un de ces boucans.

— Et tu as laissé les deux morts sur place et emmené Bolo chez Beth ?

— Oui.

— Et ils sont partis ensemble. Comme ça ?

— C'est-à-dire qu'ils avaient commencé la veille. Apparemment, elle s'en était payé avec lui après que tu avais quitté le Mitard. Alors je les ai encouragés à voyager ensemble.

— Mais pourquoi Bolo a-t-il tué Stoodie ?

— Parce que je l'y ai poussé, dit Wardley en hochant du chef. J'ai dit que Stoodie avait tué Patty Lareine et s'était débarrassé de son corps en le faisant dévorer par ses chiens.

— Seigneur Jésus !

— Stoodie n'avait même pas un chien, dit Wardley. Pour autant que je le sache. Mais on aurait bien cru qu'il en avait. C'était le genre à se promener avec des bêtes.

— Pauvre Stoodie. Est-ce qu'il a vraiment tué Patty Lareine ?

— Non.

— Qui, alors ?

— Je te le dirai dans un moment, peut-être.

Il devint si songeur que je commençai à me dire que la gueule de son pistolet s'abaissait peut-être. Mais non, je m'étais trompé. Elle continuait d'être pointée sur moi. Je dois reconnaître qu'elle produisait un effet aussi puissant que la lampe aveuglante qu'on vous braque dans les yeux pendant l'interrogatoire.

— Bon, marmonnai-je enfin, allons-y.

— Oui, dit-il en se levant.

Nous nous remîmes à marcher.

— Je peux te poser encore une question ?

— Bien sûr.

— Comment diable as-tu fait pour emmener les deux hommes jusqu'à Enferville, ça fait un bout de chemin ?

— Bah, je les ai mis dans le coffre de la voiture, et je les ai conduits jusqu'à la maison que je loue. Elle est à Beach Point à propos. Il n'y a personne là-bas en ce moment. Ça n'a donc pas été une bien grosse affaire de transporter les corps sur mon bateau. Sous le couvert de l'obscurité.

— Ils n'étaient pas lourds ?

— Je suis un peu plus fort qu'il n'y paraît.

— Tel n'était pas ton cas, autrefois.

— Je fais de la gym, je m'exerce, maintenant, Tim.

— Je devrais en faire autant.

— Peut-être bien.

— Tu as donc transporté les corps par bateau jusqu'à Enferville pour les enterrer ?

— Seulement les hommes. À vrai dire, j'aurais dû m'occuper de tous les enterrements dès l'origine. Si je n'avais pas délégué mes pouvoirs pour cette petite tâche, l'Araignée et Stoodie ne se seraient jamais procuré de telles armes contre moi.

— Mais quoi qu'il en soit, après ce dernier enterrement, tu es retourné en bateau jusqu'à ta maison de Beach Point ?

— Oui.

— Et c'est ton petit zinzin qui t'a guidé jusqu'à moi ?

— Non, tu l'as jeté.

Il me gratifia une fois de plus de son sourire timide.

— Je t'ai rencontré par hasard, conclut-il.

— C'est surnaturel.

— J'adore la destinée, dit-il. C'est peut-être le fondement de tout en définitive.

— Oui, dis-je.

— Est-ce que tu as une grande faculté de déjà-vu ? demanda-t-il. Chez moi c'est constant. Je me demande si nous ne sommes pas plongés plus d'une fois dans la même situation. Peut-être sommes-nous censés mieux faire la seconde fois.

— Je ne sais pas, dis-je.

Nous continuions de marcher.

— Il faut que je t'avoue que je cherchais ta voiture, dit-il. J'ai tourné jusqu'à ce que j'aperçoive la Porsche.

— Je ne saurais dire si je trouve ça rassurant ou inquiétant, répondis-je.

Peut-être était-ce dû à la douleur, mais je me sentais tenu de faire montre de l'humeur joyeuse et spirituelle d'un patient que le chirurgien est en train d'emmener vers la salle d'opération.

Nous marchâmes en silence. Au-dessous de nous, il y avait pas mal de phosphorescence dans l'eau et je réfléchissais à l'activité lumineuse du plancton, mais je ne prétends pas avoir eu alors une idée nouvelle. Nous étions parvenus devant le principal affaissement de la jetée et comme il m'était impossible de franchir la brèche d'un bond, il me fallut emprunter un détour par une série de blocs plus petits sur le côté, et je m'égratignai désagréablement la main sur des berniques. Je poussai un juron et il compatit à mon sort.

— C'est cruel de te faire autant marcher, dit-il, mais c'est fondamental.

Nous poursuivîmes. Notre marche prit enfin ce rythme qui parle de mouvement sans commencement ni fin, de telle sorte que je remarquai à peine notre arrivée sur l'autre rive, à plus d'un kilomètre et demi de notre point de départ. Abandonnant la jetée, nous nous engageâmes sur la plage. Le sable mouillé était glacial mais il était encore plus lent de passer par le sable sec. Dans l'obscurité, car la lune s'était cachée derrière un nuage, on devait prendre garde à chaque pas. De vieux bois flottés, massifs comme des corps, et aussi argentés que la folle lumière de la lune elle-même, jonchaient çà et là le sable. On entendait chanter le reflux. Le moindre gazouillis de chevalier des sables dérangé par notre passage, le crissement des crabes qui détalaient, et le sifflet aigu des mulots, parvenaient jusqu'à nos oreilles. Sous nos pieds nous écrasions des coquilles d'huîtres et de couteaux, des moules, des coques et des praires vides – combien de sons le calcaire écrasé est-il capable de produire ? Les fucus et le goémon desséché craquaient sous nos pas comme un tapis de pelures de cacahuètes et la dernière haleine du reflux expirant nous apportait le chant de deuil de la bouée d'entrée du port.

Nous marchâmes peut-être une demi-heure. Au bord de l'eau, de petites méduses roses et les grosses méduses blanches se prélassaient au clair de lune comme de grosses dames au soleil, et les algues que l'on appelle par chez nous tresses de sirène étaient rejetées sur le rivage. Je vivais dans la phosphorescence humide de la lisière du reflux comme si les dernières lueurs de mon existence risquaient de passer dans ces éclairs froids.

Nous parvînmes enfin à destination. C'était une bande de sable, ni plus ni moins remarquable que toutes les autres, et il m'indiqua du doigt une dune basse à travers de hautes herbes qui poussaient dans un creux de sable. En s'asseyant, on n'apercevait plus la baie. Je tentai de me dire que j'étais sur le sable d'Enferville, mais je doutais fort que des esprits y fussent nichés. Il y avait comme un voile jeté par-dessus nous.

Les vents devaient être astringents sur cette langue de sable. Je songeai que les esprits préféraient certainement se blottir en groupe près des baraques rapatriées voilà plus d'un siècle jusqu'à Commercial Street.

— Le corps de Patty est ici ? demandai-je enfin.

Il fit oui de la tête.

— Tu ne vois pas où je les ai enterrés, n'est-ce pas ?

— Pas dans cette lumière.

— Tu ne les verrais pas non plus en plein jour.

— Comment sais-tu où ils sont ?

— En me repérant sur ces broussailles, dit-il en montrant du doigt une touffe ou deux qui poussaient au rebord du creux sablonneux.

— Ça paraît vague.

— Tu vois cette coquille de crabe retournée ?

Je fis oui de la tête.

— Regarde mieux. Il y a une pierre que j'ai mise dedans pour l'empêcher d'être déplacée par le vent.

Je ne distinguais pas vraiment la pierre dans l'obscurité mais je fis semblant.

— Patty Lareine, dit Wardley, est enterrée sous cette coquille, Jessica est à un mètre sur la droite et l'Araignée à un mètre sur la gauche. Stoodie est à un mètre encore sur la gauche de celui-ci.

« Et tu m'as déjà réservé une place ? » était ce que j'aurais voulu dire – l'élan du brave patient chirurgical n'en demandait pas moins. Mais je me méfiais de ma voix. J'avais l'impression d'avoir un chat dans la gorge. C'est absurde, mais alors que j'étais si proche de ma mort, je n'éprouvais guère plus de terreur qu'au moment du coup de pied d'envoi de mon premier match de foot à la fac. Et j'en éprouvais certainement moins qu'avant mon premier et dernier combat aux Gants d'Or. La vie avait-elle réduit mon cœur aux seules émotions maîtrisables ? Ou étais-je encore sur le qui-vive – prêt à lui arracher son pistolet à la première occasion ?

— Pourquoi as-tu tué Patty Lareine ? demandai-je.

— N'en sois pas si certain, répliqua-t-il.

— Et Jessica ?

— Oh non. Laurel avait quelques défauts incontestables mais je ne l'aurais pas tuée.

De la main qui ne tenait pas le pistolet, il filtrait le sable entre ses doigts comme s'il débattait intérieurement de la teneur de ses prochaines remarques.

— Allez, tiens, dit-il, je crois que je vais te le dire.

— J'aimerais bien.

— Qu'est-ce que cela change ?

— Comme je te l'ai dit, je pense que cela change quelque chose.

— Si ton intuition est fondée, c'est passionnant.

— Je t'en prie, dis-moi, demandai-je comme si je parlais à un parent plus âgé. Cela lui plut. Je crois qu'il n'avait encore jamais entendu ce ton dans ma voix.

— Sais-tu bien quel porc tu fais ? répondit Wardley.

— Ce n'est pas toujours ce que nous voyons le plus facilement en nous-mêmes, lui dis-je.

— Tu es vraiment quelqu'un d'épouvantablement envieux, dit-il.

— Je dois t'avouer que je ne vois absolument pas pourquoi tu dis ça.

— Mon ami Leonard Pangborn était un sot par bien des côtés. Il prétendait avoir couru l'aventure à travers des tas de mondes et de cercles homosexuels qu'il n'avait en fait jamais approchés. C'était un homme de cabinet, renfermé, casanier. Combien il souffrait de son homosexualité ! Elle le mettait à la torture. Il désirait tant être hétéro. Il a été incroyablement heureux que Laurel Oakwode ait cette aventure avec lui. Y as-tu réfléchi seulement une seconde ? Non. Il fallait que tu couches avec elle sous son nez à lui.

— Comment sais-tu tout cela ?

— Parce que Jessica, comme tu l'appelles, me l'avait dit.

— Qu'est-ce que tu dis ?

— Oui, mon coco, elle m'a téléphoné tard cette nuit-là, vendredi – il y a six nuits.

— Tu étais déjà à Provincetown ?

— Évidemment.

— Qu'a dit Jessica ?

— Elle était dans tous ses états. Après les avoir abreuvés de tout ce spectacle – c'étaient des gens simples ! –, tu avais eu le culot de les ramener à leur voiture. « Allez vous faire voir, leur as-tu aboyé. Vous êtes des porcs. » Bravo pour l'honnêteté du barman avec ses clients, Madden. Quand on gratte un peu le vernis chez toi, on voit sortir la canaille. Qu'auraient-ils pu faire en réponse ? Il sont partis et ils ont eu une dispute terrible. Lonnie régressait. Comme un petit garçon qui fait une crise de nerfs. Bref ils ont eu une dispute épouvantable, une dispute de fin du monde. Il l'a traitée de traînée. Elle l'a traité de vieille tantouze. C'était ce qu'il pouvait y avoir de pire. Pauvre Lonnie. Il descend de voiture, claque le capot du coffre et s'éloigne. Du moins est-ce ce qu'elle pense. Elle attend. Elle n'entend même pas le *pop !* jusqu'à ce qu'elle finisse par se dire qu'elle a dû entendre quelque chose. Oui, indiscutablement, il y a eu un *pop !* Comme une bouteille de champagne. Elle attend seule dans la voiture près du parc de stationnement de la plage de Race Point totalement déserte. On vient de l'appeler traînée et elle entend quelqu'un ouvrir une bouteille de champagne. Serait-ce Lonnie qui a décidé d'un geste de conciliation ? Elle attend toujours. Puis elle prend le parti de descendre de voiture pour jeter un coup d'œil. Pas de Lonnie à l'horizon. Aïe aïe aïe. Sur un coup de tête, elle ouvre le coffre. Il est là, mort, le pistolet dans la bouche. La mort parfaite, pour quelqu'un de son espèce. Il aurait pu tout aussi bien écrire : « Cher ami, je préférerais avoir une bite dans la bouche, mais si je dois m'en aller en suçant le froid téton de la mort, ainsi soit-il. »

Pendant tout le temps qu'il me tint ce discours, Wardley fixait le canon du pistolet dans ma direction comme un index.

— Où s'était-il procuré le 22 et le silencieux ?

— Il en avait toujours un sur lui. Voilà bien des années, j'en achetai une précieuse et rare boîte de trois – et je ne crois pas qu'il y en ait plus d'une centaine en tout de ce modèle-là dans le monde –, et j'en remis un à Patty Lareine et un autre à Lonnie. Mais c'est une autre histoire. Il fut un temps, crois-le si tu veux, où j'étais très amoureux de Lonnie.

— Je ne comprends pas pourquoi il était armé vendredi soir.

— Il était toujours armé. Cela lui donnait l'impression d'être un homme, Tim.

— Ah bon, dis-je.

— Ça ne te serait jamais venu à l'esprit ?

— Si ça l'a tellement ennuyé de voir ce que je faisais avec Jessica, pourquoi ne m'a-t-il pas tiré dessus ?

— On ne transporte pas forcément un revolver, dit Wardley, parce qu'on est prêt à s'en servir. Il en aurait été bien incapable. Oh, je connais mon Lonnie. Sa fureur souhaitait revêtir des proportions cataclysmiques. Te tuer, tuer Laurel – mais, évidemment, il en était bien incapable. Il était pédé, mon chéri.

— Alors il s'est tué ?

— Je veux être parfaitement sincère. Ce n'est pas entièrement de ta faute. Il était aussi dans une situation financière épouvantable. Il risquait même une lourde condamnation. Il s'était mis entre mes mains voilà tout juste un mois. Il m'a supplié de l'aider. Je lui ai dit que j'allais essayer mais, figure-toi, aussi riche que je puisse être, cela aurait vraiment représenté une ponction trop importante. Il a bien senti que je n'irais pas jusqu'au bout.

Je m'étais mis à frissonner une fois de plus. C'était autant de fatigue que d'autre chose, mais il faut dire que mes souliers et le fond de mon pantalon étaient mouillés.

— Voudrais-tu faire un feu ?

— Oui.

Il y réfléchit.

— Non, finit-il par dire. Il serait trop dur à démarrer, j'en ai peur. Tout est humide.

— Oui.

— Je hais la fumée.

— Oui.

— Je regrette, dit-il.

Mes mains jouaient avec le sable. Brusquement, il tira. Comme ça. *Pop !* La balle s'enfonça à deux centimètres du talon de mon soulier.

— Pourquoi as-tu fait ça ? demandai-je.

— N'essaye pas de m'aveugler avec une poignée de sable.

— Tu tires bien.

— Je me suis entraîné.

— Je vois ça.

— Ça ne m'est pas venu tout seul. Rien de gracieux ne m'est jamais venu tout seul, à moi. Tu trouves ça injuste ?

— Peut-être.

— Cela suffit à tenter le diable.

Nous nous tûmes. Je m'efforçai de ne pas frissonner.

J'avais l'impression que mes frissons risquaient de l'agacer. Et alors, que ferait-il ?

— Tu ne m'as pas raconté la suite, dis-je. Qu'as-tu fait quand Jessica a appelé ?

— J'ai essayé de la calmer. Je n'étais pas trop calme moi-même. Lonnie, mort ! En définitive je lui ai dit d'attendre dans la voiture. Que j'allais venir la chercher.

— Que projetais-tu ?

— Je n'avais même pas commencé d'y réfléchir. À des moments comme celui-là, tout ce qu'on se dit c'est : « quel gâchis ! ». Je n'avais pas la moindre idée de ce qu'il fallait faire. Mais tout de même, je me suis mis en route pour Race Point. Seulement les indications qu'on m'avait données étaient trompeuses. Je me suis retrouvé au nord de Truro et complètement désorienté. Quand j'ai fini par localiser Race Point, Laurel était partie avec la voiture. Je suis retourné à Beach Point pour dire à Patty Lareine ce que je pensais de ses indications, mais elle était partie elle aussi. Elle n'est pas revenue de la nuit et je n'ai jamais revu Jessica vivante.

— Patty Lareine vivait avec toi ?

— Nous y viendrons.

— J'aimerais bien.

— À toi de me dire d'abord : est-ce que Patty est allée chez toi ? demanda Wardley.

— Je ne pense pas.

— Tu ne t'en souviens pas ?

— J'étais trop soûl. Elle peut très bien être passée à la maison.

— Sais-tu, demanda Wardley, ce que disait Patty Lareine de tes accès d'amnésie ?

— Non.

— Elle disait : « Ça y est, voilà encore ce trouduc qui s'envole par le trou de son cul. »

— C'est bien d'elle, ça.

— Elle t'appelait toujours trouduc quand elle parlait de toi, dit Wardley. Déjà quand tu étais chauffeur chez nous, à Tampa, c'était ainsi qu'elle t'appelait quand nous étions seuls tous les deux. Le mois dernier, c'était encore la même chose : Trouduc. Pourquoi diable t'appelait-elle comme ça ?

— C'était peut-être son mot à elle pour pauvre con.

— Patty te haïssait intensément.

— Je ne sais pas pourquoi, dis-je.

— Je crois que moi, si, dit Wardley. Il est des hommes qui cèdent à ce qu'ils ont de féminin en eux en demandant à leurs femmes certains attouchements sexuels oraux.

— Hein, quoi ? dis-je.

— Est-ce que Patty et toi vous avez pratiqué ce genre de choses ?

— Écoute, Wardley, j'aimerais autant parler d'autre chose.

— Les hétéros sont très coincés sur ce genre de sujet.

Il poussa un soupir, leva les yeux au ciel et dit :

— Dommage que nous n'ayons pas de feu. Ce serait plus sensuel.

— Ce serait certainement plus confortable en tout cas.

— Bah, puisque c'est impossible.

À ma grande surprise, il bâilla. Puis je me rendis compte qu'il faisait cela comme un chat. Pour se débarrasser de la tension.

— Patty Lareine faisait cela pour moi, dit-il. À vrai dire, c'est comme ça qu'elle a obtenu que je l'épouse. Personne ne me l'avait jamais aussi bien fait. Et puis, après notre mariage, elle a cessé. Tout net. Quand je lui ai laissé entendre que j'aimerais bien que notre petite pratique se poursuive, elle m'a dit : « Écoute, Wardley, je ne peux pas. Chaque fois que je vois ton visage, maintenant, j'ai l'impression de regarder ton derrière. » C'est pour ça que ça ne me plaisait pas du tout de l'entendre t'appeler Trouduc. Dis-moi, Tim, elle te l'a fait à toi ?

— Je ne répondrai pas, lui dis-je.

Il tira. Comme ça, de là où il était assis. Sans viser. Il pressa la détente. Seuls les meilleurs tireurs peuvent le faire. Mon pantalon était assez large et la balle traversa un pli au-dessus du genou.

— La prochaine fois, dit-il, je te fracasse la cuisse. Alors je te prie de répondre à ma question.

Il m'avait eu. Ça ne faisait aucun doute. Mon courage était sur la réserve. Dans de telles conditions, il me suffit de ne pas avoir l'air de m'effondrer complètement.

— Oui, dis-je. Je le lui ai demandé une fois.

— Tu le lui as demandé ou tu l'y as obligée ?

— Elle voulait bien. Elle était jeune et c'était nouveau pour elle. J'incline à penser qu'elle ne l'avait encore jamais fait.

— Quand cela s'est-il passé ?

— La première fois que nous avons couché ensemble.

— À Tampa ?

— Non, dis-je. Elle ne t'a jamais dit ?

— Dis-moi, et je te le dirai.

— J'ai fait une excursion en Caroline du Nord avec une nana. Une nana avec laquelle je vivais depuis deux ans. C'était en réponse à une petite annonce, nous sommes allés en Caroline du Nord pour une nuit échangiste avec un couple inconnu. En arrivant, nous avons trouvé un gros type d'un certain âge et sa jeune épouse, Patty Lareine.

— Était-ce lorsqu'elle s'appelait Patty Erleen ?

— Oui, dis-je. Patty Erleen. Son mari était prêtre d'une de ces églises qu'ils ont là-bas. Il avait plusieurs casquettes. Il était aussi entraîneur de l'équipe de football et ostéopathe. Dans son annonce, il se présentait comme gynécologue. Comme il ne tarda pas à me le dire : « C'est un appât. Il n'y a pas de Yankee femelle qui puisse résister à une proposition d'échangisme quand elle pense qu'elle va se taper un obstétricien. » C'était vraiment le genre de vieux grand gros type du Sud, chauve, mais très bien monté, d'après ce que ma nana me dit par la suite. J'ai été surpris de voir que ça marchait très fort entre eux. Mais d'un autre côté, Patty Erleen était tout excitée que je sois un vrai barman de New York en chair et en os.

Je m'interrompis. J'étais mal à l'aise d'avoir trop parlé. J'avais indiscutablement cessé de me préoccuper de son attention.

— Et c'est au cours de cette première nuit qu'en fait elle a fait ça avec toi ?

Je pouvais être rassuré quant à son attention.

— Oui, dis-je. Cette nuit-là ne ressemble à aucune de celles que nous avons connues par la suite. Nous semblions faits l'un pour l'autre.

Tiens, qu'il se débrouille pour vivre avec ça une fois que je serai mort, songeai-je.

— Elle a tout fait ?

— Plus ou moins.

— Plus ?

— Disons, oui.

— Et est-elle jamais allée aussi loin à Tampa ?

— Non, mentis-je.

— Tu mens, dit-il.

Je ne voulais pas qu'il tire. Il me vint à l'esprit que son cher père Meeks devait souvent avoir frappé Wardley sans crier gare.

— Tu es capable de supporter la vérité ? lui demandai-je.

— Les riches ne se font jamais servir que des mensonges, me dit-il. Et je place donc ma fierté dans ma capacité à vivre avec la vérité, aussi désagréable soit-elle.

— Très bien, dis-je, à Tampa aussi.

— Quand ? demanda-t-il. À quelle occasion ?

— Quand elle voulait que je te tue.

C'était le plus gros coup que j'eusse risqué jusque-là. Mais Wardley était homme de parole. Il accueillit d'un hochement de tête la vérité de ce que j'avais dit.

— Je l'avais toujours pensé, dit-il. Oui, évidemment, poursuivit-il, voilà pourquoi elle t'appelait de cette manière.

Je ne lui dis pas qu'après notre nuit de Caroline, Patty Lareine s'était mise à m'écrire à New York, pendant quelque temps. Comme si mon retour chez moi avait correspondu chez elle à un retour de cette nuit. Elle devait se torcher la bouche du souvenir qu'elle en avait gardé. Trouduc, m'appelait-elle dans ces lettres. « Cher Trouduc », commençait-elle, ou encore, « Écoute un peu, Trouduc. » Cela dura aussi longtemps que les lettres. C'est-à-dire environ un an, jusqu'à ce que j'arrive en taule. Là, en prison, je n'appréciais guère que l'on m'appelât de cette façon et je cessai de répondre. Elle cessa bientôt d'écrire. Le contact était rompu. Puis, quelques années plus tard, alors que j'étais debout au comptoir d'un bar de Tampa, un soir, je sentis quelqu'un qui me tapotait l'épaule et, quand je me retournai, ce fut pour découvrir une belle blonde, très bien habillée, qui disait : « Salut, Trouduc. » J'avais sous les yeux la puissante signature de la coïncidence.

— Je crois qu'elle voulait vraiment me tuer, dit Wardley.

— Mieux vaut regarder les choses en face.

Il fondit en sanglots. Il se retenait depuis longtemps et n'y parvint plus tout d'un coup. Je fus surpris de constater que j'étais ému, mais seulement en une moitié de moi-même. L'autre moitié était tendue, fermée à double tour – jamais il ne m'avait semblé aussi dangereux de faire le moindre geste.

Au bout de quelques minutes, il dit :

— C'est la première fois que je pleure depuis mon renvoi d'Exeter.

— C'est vrai ? dis-je. Moi, je pleure de temps en temps.

— Tu peux te le permettre. Tu as quelque chose de viril sur quoi retomber après coup. Moi, je me suis entièrement créé de mes propres mains.

Je laissai passer cette remarque.

— Comment Patty et toi vous êtes-vous remis ensemble ? demandai-je.

— Elle m'a écrit une lettre. Dans les deux ans après notre divorce. J'avais toutes les raisons de la haïr, disait-elle dans sa lettre. Mais je lui manquais. Je me suis dit : elle est à court d'argent. J'ai jeté sa lettre.

— Patty n'a donc pas obtenu une bonne part de ta fortune lors du divorce ?

— Elle a dû se contenter de moins. Mes avocats auraient multiplié les appels jusqu'à sa mort. Elle n'avait pas les moyens d'attendre. Elle ne te l'a jamais dit ?

— Nous ne parlions jamais d'argent.

— Elle payait pour toi, un point c'est tout ?

— Je voulais être écrivain. C'était un contrat.

— Tu écrivais bien ?

— Elle occupait trop mes pensées pour me permettre d'écrire aussi bien que je l'avais espéré.

— Peut-être que tu n'es qu'un barman, dit Wardley.

— Peut-être bien.

— Tu ignores tout de ses finances ?

— Tu veux me faire comprendre qu'elle était fauchée ?

— Elle ne savait pas investir, elle n'avait pas d'instinct. Et bien trop paysanne pour accepter les bons conseils. Je crois qu'elle avait commencé d'entrevoir la perspective d'années de vaches maigres.

— Et alors elle s'était mise à t'écrire ?

— J'ai tenu aussi longtemps que j'ai pu. Et puis j'ai répondu. Savais-tu qu'elle avait une seconde boîte postale à Truro ? demanda Wardley.

— Je n'en avais pas la moindre idée.

— Nous avons correspondu. Au bout d'un certain temps, elle a révélé ce qui l'intéressait. Elle voulait acheter le domaine Paramessides. Je pense que cela devait lui rappeler tout ce qu'elle avait perdu à Tampa.

— Et tu as joué avec son désir ?

— Je désirais châtier les quatre chambres de son cœur. Bien sûr que j'ai joué avec elle. Pendant deux ans, je n'ai pas cessé de nourrir ses espoirs puis de les lui retirer.

— Et moi qui pendant tout ce temps-là pensais être responsable de ses horribles accès de mauvaise humeur.

— La vanité est ton vice à toi, dit Wardley, pas le mien. Je ne cessai de me dire que lui revenir c'était renouer avec le diable. Mais elle me manquait. Je ne cessais d'espérer qu'elle me trouvait vraiment séduisant.

Il tapota le sable près de ses pieds.

— Cela te surprend ? demanda-t-il.

— Jamais je ne l'ai entendue dire du bien de toi.

— Ni moi de toi. L'aspect le plus déplaisant du caractère de Patty, c'est qu'il fallait toujours qu'elle dise du mal de tout le monde. Ah, si tu cherches la véritable absence de toute compassion, adresse-toi à une bonne chrétienne, à tous les coups.

— Peut-être est-ce parce qu'elle donnait beaucoup, par d'autres côtés.

— Bien sûr, dit Wardley que le froid fit tousser. Sais-tu que je la baisais bien ?

— Non, dis-je. Elle ne m'en a jamais parlé.

— Eh bien, si, figure-toi. Il n'y a pas une gouine qui l'aurait mieux baisée. Par moments, je me trouvais vraiment sensationnel en sa présence.

— Que s'est-il passé quand elle s'est amenée à Tampa avec Bolo ?

— Ça ne m'a pas dérangé, dit Wardley. J'ai trouvé que c'était malin de sa part. Si elle s'était montrée toute seule chez moi après toutes ces années, je m'en serais méfié comme de la peste. De cette manière, nous nous sommes bien amusés. Bolo n'a pas de préjugés. Nous avons eu des relations à trois.

— Ça ne te dérangeait pas de regarder Patty avec un autre homme ?

— Comme je dis toujours, pour la naïveté sexuelle, adressez-vous aux Irlandais. Comment cela aurait-il pu m'ennuyer ? Tandis que j'étais en Patty, Bolo était en moi. On n'a pas vécu quand on n'a pas connu cette petite joie-là.

— Ça ne te dérangeait pas ? répétai-je. Patty avait l'habitude de dire que tu étais très jaloux.

— C'était parce que j'essayais de me comporter en vrai mari. Il n'existe aucune autre façon de se sentir plus vulnérable. Mais désormais, je m'étais mis à jouer les papas gâteaux. Je m'amusais tellement que j'ai fini par passer la consigne à Laurel. Partez dans l'Est, chère madame, et faites une offre pour le domaine Paramessides. Ce qu'elle fit. Malheureusement, tout s'est compliqué du fait de son avidité. Lonnie Pangborn m'appela au téléphone et m'apprit en passant qu'Oakwode était de retour à Santa Barbara. Cela ne me plut pas. Elle était censée folâtrer avec l'avocat à Boston. J'ai donc été amené à me demander si elle n'allait pas faire appel à quelques riches amis californiens pour l'aider à acheter la maison. De cette manière, elle me tenait littéralement. Désormais, je l'avoue, j'en avais envie. Patty Lareine avait besoin d'un château pour jouer les reines mais je voulais la mettre dans une position où elle aurait entièrement besoin de moi. Est-ce si exceptionnel ?

— Non, dis-je.

— En conséquence, la présence de Laurel à Santa Barbara me troublait. Je proposai à Patty une petite visite surprise sur la côte. C'était aussi une bonne occasion de se débarrasser de Bolo. Il occupait trop de temps.

La voix de Wardley était devenue sèche. C'était comme s'il avait décidé de faire son récit quel que fût l'état de sa gorge. Pour la première fois, je compris qu'il était peut-être encore plus épuisé que moi. Le mufle de son arme commençait-il imperceptiblement à pointer vers le sol ?

— Laurel n'aurait pas pu déployer plus d'efforts pendant le dîner à Santa Barbara. Elle a raconté à Patty toutes sortes de choses fabuleuses. Quelle personnalité splendide Patty possédait, et patati et patata. Quand ce fut fini, je dis à Pangborn : « Je n'ai pas confiance dans ta bonne femme. Trouve-toi une affaire à Boston et ne décolle plus d'avec Laurel. Tiens-la à l'œil. » C'était lui qui l'avait recommandée après tout. Comment pouvais-je savoir que je l'envoyais au suicide ?

J'allumai une cigarette.

— Et puis Patty et toi vous êtes venus dans l'Est vous aussi ?

— Oui. C'est là que j'ai loué la maison de Beach Point. Je n'étais pas arrivé depuis douze heures que Lonnie s'est fait sauter le caisson. Et la première fois que j'ai vu Laurel, ça a été quand Nissen l'Araignée m'a mené jusqu'à sa cabane pour me montrer son cadavre. Tu as déjà vu une dépouille décapitée ? On aurait dit une statue quand on a tiré son torse de la chaux.

— Où cela s'est-il passé ?

— Dans la cour de chez Stoodie. Il avait mis Laurel dans une grande poubelle métallique, le genre de machin démodé qu'on utilisait avant que le plastique ne se soit introduit partout.

— Tu as été malade ?

— J'étais effaré. Tu imagines avoir un tel spectacle sous les yeux en compagnie de gens aussi épouvantables que l'Araignée et Stoodie ?

— Mais comment les avais-tu connus, de toute manière ?

— Par Bolo. Il faut que je te dise. Après la disparition de Patty, j'ai décidé de la chercher dans les bars de Commercial Street et je suis tombé sur Bolo. Il a fallu tout mon pouvoir de conviction pour qu'il accepte de croire que je ne savais plus où était Patty.

— Et c'est lui qui t'a fait connaître l'Araignée ?

— Non, l'Araignée, je l'ai rencontré par Stoodie. Et c'est Bolo qui m'avait présenté celui-ci. Cette même nuit. Bolo et Stoodie avaient semble-t-il passé l'été dernier à trafiquer de la drogue ensemble. Il faut que ce soit le karma.

Il avait l'air malheureux et absent. Je me mis à craindre de l'avoir encouragé à parler trop longtemps. Si son esprit partait dans tous les sens, le pistolet risquait de partir dans une direction bien précise.

Mais le moment n'était pourtant pas venu d'avoir peur de lui. Il avait encore besoin de débiter son histoire.

— Oui, l'Araignée passa d'emblée à l'attaque. Sitôt que j'eus fait sa connaissance ou presque. Il avait entendu parler de moi, dit-il, et il était partisan de passer immédiatement aux choses sérieuses. J'étais prêt à faire comme s'il n'existait pas, mais il présentait les choses d'une manière tellement incroyable. Il prétendait avoir la haute main sur le principal fonctionnaire responsable de la répression du trafic des drogues dans la ville ! Si je fournissais les fonds, il était prêt à diriger pour moi un réseau prodigieux. Oui, disait-il, le flic qui faisait fonction de chef de la police était désormais à sa botte. Tu peux être assuré que je lui demandais s'il pouvait le prouver. C'est alors que Stoodie et lui m'ont emmené chez ce dernier et que Stoodie a tiré Laurel de la chaux.

— Comment savais-tu que c'était Laurel ?

— Son vernis à ongles argenté. Et ses nichons. Ne me dis pas que tu n'avais pas remarqué les nichons de Laurel.

— Comment as-tu réagi à la proposition de l'Araignée ?

— Je n'ai pas dit non. J'étais intrigué. Je pensais : quelle drôle de ville ! Ce serait extraordinaire d'y être propriétaire d'un hôtel fabuleux et de détenir une montagne de came ! Je deviendrais l'égal d'un prince de la Renaissance.

— Ça n'aurait pas marché.

— D'accord, je le sais maintenant, mais j'ai joué son jeu. N'oublions pas que je n'étais pas dans mon état normal. Lonnie était mort, Laurel décapitée, Patty absente, et ces petits truands minables avaient le corps en leur possession. J'ai donc pris l'Araignée suffisamment au sérieux pour lui demander comment la femme sans tête lui était arrivée. Il était assez pété pour me fournir les renseignements que je voulais. C'est incroyable la confiance que peuvent manifester certains criminels. L'Araignée me dit que le flic des stups lui avait confié le corps mais se gardait la tête.

— Regency ? demandai-je.

— Oui, c'est le nom.

— C'est Regency qui a tué Jessica ?

— Je ne sais pas. En tout cas il tenait beaucoup à se débarrasser du corps. L'arrogance de ces types de la brigade des stups est effarante. Je suis sûr qu'il tenait l'Araignée de dix-huit façons différentes, et donc, il s'est dit qu'il pouvait s'en servir.

— Pourquoi pas ? Si le cadavre faisait surface, Regency pouvait dire que l'Araignée et Stoodie étaient les coupables. Ils n'avaient pas vraiment de quoi le faire chanter.

— Exactement, dit Wardley. Le culot renforcé par le pouvoir. Mais j'étais incapable de réfléchir convenablement. L'absence de Patty me troublait trop. Et voilà qu'en regagnant Beach Point après cette affreuse visite à la cabane de Stoodie, je retrouve Patty Lareine. Elle m'attendait. Elle n'a pas dit un mot de ce qu'elle avait fait.

Il se remit à pleurer. Cela me prit par surprise. Il s'efforçait toutefois de ravaler son malheur. Comme un enfant auquel on interdit de pleurnicher, il dit :

— Elle ne voulait plus du domaine Paramessides. Maintenant que Lonnie était mort, elle avait décidé que l'affaire portait le mauvais œil. Et puis elle était amoureuse. Elle était décidée, disait-elle, à me dire la vérité vraie. Elle voulait s'en aller avec un homme. Elle l'aimait depuis des mois. Il voulait vivre avec elle mais était resté fidèle à sa femme. Désormais, il était enfin prêt à s'en aller. Voyait-elle un inconvénient, lui demandai-je, à me dire de qui il s'agissait ? Un homme bon, me dit-elle, un homme fort, un homme sans argent. Et moi ? lui demandai-je. Et Bolo ? Était-ce Bolo ? Non, me dit-elle. Bolo avait été une triste erreur. C'était seulement pour tenter de chasser cet autre homme de son cœur. Mais elle avait échoué. Comment crois-tu que je me suis senti ? me demanda alors Wardley.

— Désintégré.

— Désintégré. Je n'avais pas joué au jeu que je croyais. Je me rendis compte une fois encore que je l'adorais tant que j'étais prêt à accepter ce qu'elle voudrait bien offrir. Ne fût-ce que son gros orteil.

Il se mit à respirer très rapidement, comme s'il n'avait pas le temps de prendre une profonde inspiration.

— Très bien, lui dis-je, poursuivit-il. Sors de ma vie. J'espérais me raccrocher à une ombre de dignité. J'avais l'impression d'un modèle nu devant un peintre fou. Va-t'en, lui dis-je. C'est très bien. Pas du tout, m'a-t-elle répondu. Il me faut de l'argent. Et, Tim, elle a cité un chiffre de l'ordre de grandeur de ce que j'aurais dû débourser pour la rénovation du domaine Paramessides. Ne sois pas folle, lui dis-je. Je ne te donnerai pas un sou. Dis donc, Wardley, m'a-t-elle répondu, m'est avis que tu me dois dans les deux millions et des poussières. C'était hideux, hideux à n'y pas croire. Tu sais, quand je l'ai rencontrée, ce n'était qu'une hôtesse, sans le moindre vernis. Tu ne peux pas savoir les progrès qu'elle a faits, sous ma tutelle. Elle était si maligne. Elle a compris un si grand nombre des petits trucs qui lui permettraient de faire son chemin dans mon monde. Je pensais qu'elle serait aux anges d'avoir un grand hôtel pour palais. Et bien sûr, d'un bout à l'autre, elle n'a rien fait pour m'empêcher de le penser. Mais tu vois, *deep down*, elle se moquait éperdument de la bonne société. Ce qu'elle a pu me passer, mon vieux. Elle m'a dit que les deux millions que j'étais prêt à allouer à la rénovation du domaine Paramessides allaient être utilisés à d'autres entreprises. Avec son mystérieux ami ! Elle était prête à me faire investir dans le trafic de la cocaïne.

— Elle t'a dit tout ça ?

— Non, mais elle en a dit assez. Le reste je l'ai compris tout seul. Et pour finir elle a conclu : « Je te préviens, Wardley. Donne-moi cet argent. Sinon cette fois-ci, tu seras bel et bien tué. J'ai l'homme qu'il faut pour le faire maintenant. Même les asticots ne voudront pas de toi. »

Il se frotta le visage. Son nez devait le brûler plus qu'une mine de sel.

— Alors, reprit-il, je lui ai dit que j'allais remplir le chèque et je suis passé dans la chambre à coucher. J'ai pris mon 22, j'ai mis le silencieux, je suis retourné au salon, et je l'ai descendue. Jamais je n'avais été aussi calme de ma vie. J'ai décroché le téléphone pour appeler la police. Je comptais me livrer. Mais je ne sais quel instinct de survie a dû surgir de Patty pour entrer en moi. Je l'ai roulée dans des couvertures, mise dans la voiture, j'ai appelé l'Araignée pour lui donner rendez-vous chez Stoodie, et je leur ai demandé de l'enterrer avec Laurel. J'ai promis de les payer grassement. Que crois-tu que l'Araignée m'a répondu ?

— Oui ?

— O K, casse-toi, je me charge des détails.

— Le reste est un cauchemar ? demandai-je.

— D'un bout à l'autre.

— Pourquoi m'avoir dit que tu voulais la tête de Patty Lareine ?

— Parce que c'était le jour où j'ai découvert que l'Araignée l'avait déjà décapitée. Il avait enterré le corps mais, me dit-il, il gardait la tête. Il ricanait en me disant ça. L'Araignée disait qu'il était prêt à prendre une photo de moi tenant cette tête. Oh, je voyais bien où il voulait en venir. Au beau milieu des millions Hilby. Ils croient tous que mon argent est là et qu'ils n'ont qu'à se servir. Comme si cet argent ne faisait pas partie intégrante de moi. Je pense que tu comprends maintenant pourquoi je l'ai abattu. Quelle substance j'ai, moi, autre que mon argent ?

Il déposa le pistolet sur le sable à côté de lui puis il reprit.

— Ce fut juste à cet instant que Stoodie eut la déveine de revenir avec Bolo. J'étais encore debout penché sur le corps de l'Araignée. Dieu merci je me suis arrangé pour convaincre Bolo que Stoodie était le type qu'il cherchait.

Wardley enfouit son visage dans ses mains. L'arme était sur le sable à côté de lui mais un quelconque instinct m'enjoignit de ne pas bouger. Quand Wardley leva les yeux, son expression – du moins ce que j'en apercevais – était lointaine.

— Tu ne me croiras peut-être pas, dit-il, mais Patty était tout ce que j'avais d'espoir romanesque, amoureux. Je ne veux pas dire pour moi. Si elle avait trouvé le grand amour, j'aurais été garçon d'honneur à ses noces. Elle avait de telles possibilités. J'adorais l'idée qu'elle et moi nous allions créer cet endroit extraordinaire, tout au bout du Cap Cod, où seuls les gens les plus follement originaux pourraient réserver des chambres. Le mélange le plus parfait de célébrités réelles et d'aristocratie réelle. Oh, comme ils auraient adoré Patty et moi dans le rôle d'hôtes !

Il poussa un soupir d'une extrême lassitude.

— Elle n'y avait jamais cru sérieusement. Elle se moquait de moi. Pendant tout ce temps, elle projetait de faire sa fortune dans la cocaïne. Tim, elle était ordinaire, et je n'avais pas de perspicacité. Les gens comme moi sont un poids mort pour le monde lorsqu'ils perdent leur perspicacité.

Et voilà qu'il ramassa son pistolet.

— Je suis venu ici dans l'idée que j'allais te tuer. Il y a un curieux plaisir à tirer sur les gens. C'est beaucoup plus grisant qu'on aurait tendance à le croire. J'ai donc cherché une bonne raison de te supprimer.

Mais je ne suis pas certain d'y arriver. Je n'arrive pas à me mettre suffisamment en colère.

Il poussa un nouveau soupir avant de conclure :

— Peut-être devrais-je me livrer.

— Tu crois ?

— Non, dit-il. Ce ne serait pas une solution de rechange viable. Pendant mon procès en divorce, j'ai abominablement souffert. Je ne pourrai pas vivre une deuxième fois quelque chose d'aussi ridicule.

— Oui, dis-je.

Il s'allongea sur le flanc, se recroquevilla en chien de fusil, éleva le canon du pistolet à hauteur de sa bouche et dit :

— Je crois que tu es en veine.

Il introduisit le canon dans sa bouche. Mais je pense qu'il dut alors sentir à quel point il allait être vulnérable gisant là, au grand air et à la vue de tous.

— Tu voudras bien me recouvrir de sable ? demanda-t-il. Après ?

— Oui.

Je ne puis expliquer ce que je fis alors mais je me levai et m'approchai de lui. Sur quoi il sortit le pistolet de sa bouche et le pointa contre moi.

— Tu traites ou tu triches ? demanda-t-il.

Puis il abaissa le canon.

— Assieds-toi près de moi, dit-il.

Ce que je fis.

— Passe ton bras autour de moi, dit-il.

J'obéis.

— Tu m'aimes un peu ?

— Wardley, bien sûr que je t'aime un peu.

— J'espère bien, dit-il.

Et portant le pistolet à sa tête, il fit feu sur son intelligence, sa mémoire et sa pensée.

Pour une arme munie d'un silencieux, cela fit beaucoup de bruit. Peut-être une porte vers son esprit fut-elle défoncée, qui demeura entrouverte.

Nous restâmes assis ensemble très longtemps. Il n'y aurait plus jamais un autre camarade dont je porterais si bien le deuil.

Quand le froid devint intolérable, je me levai enfin et tentai de creuser une tombe, mais le sable humide était trop froid pour mes doigts. Je ne pus mieux faire que de le laisser dans une tranchée peu profonde, recouvert de quelques centimètres de sable. Puis je fis vœu de revenir le lendemain avec une pelle et me mis en route sur la plage en direction de la jetée.

Une fois sur les blocs de rochers entassés, ce fut plus long. Mon pied, malgré toute sa souplesse précédente, me faisait maintenant aussi mal qu'une dent ouverte et mon épaule réagissait par d'horribles douleurs irradiantes à je ne sais quelle torsion d'un nerf innocent.

Cependant la douleur procure son propre palliatif. Ravagé par une centaine d'expériences trop vastes pour moi, je me sentis calme et me mis enfin à penser à la mort de Patty avec quelque chose qui ressemblait à un commencement de chagrin. Oui, c'était peut-être bien l'antidote à la douleur – le chagrin lui-même.

J'avais perdu une épouse que je n'avais jamais comprise et avec elle m'avaient quitté la vitalité de son invincible confiance et les horribles équations de son esprit insondable.

Je me mis à songer à la veille du jour où Patty m'avait quitté – y avait-il de cela vingt-neuf ou trente journées ? Nous avions pris la voiture pour aller contempler les feuillages d'octobre qui seraient plus jolis que nos petits pins rabougris. Il y avait des feuillus encore en abondance autour d'Orleans, vers le coude de ce bras fléchi qu'est le cap. À la sortie d'un virage, j'aperçus un érable avec son feuillage rouge orangé qui se détachait sur le bleu pur du ciel, ses feuilles frissonnant entre leur dernier écarlate et les ombres plus tardives de l'automne brun qui s'approchait. Regardant l'arbre, je murmurai :

— Oh, douce salope.

Et je ne sais pas ce que je voulais dire mais Patty, assise à côté de moi, dit alors :

— Je vais te quitter un de ces jours.

(Ce fut le seul avertissement qu'elle donna.)

— Je ne sais pas si ça compte, dis-je. Je ne me sens plus proche de toi désormais. C'est comme si je n'avais même pas la moitié d'une moitié de toi.

Elle avait fait oui de la tête.

Il y avait toujours quelque chose de l'hyène dans sa félinité somptueuse – un dur calcul intouchable de la volonté aux coins de sa bouche. Quelle que fût sa force, elle était toujours pleine de pitié pour elle-même, et voilà qu'elle me chuchota alors :

— Je me sens prise au piège. Si terriblement prise au piège.

— Que veux-tu ? demandai-je.

— Je ne sais pas, dit-elle. C'est toujours hors de ma portée.

Et puis, avec la sympathie limitée qu'elle était capable de ressentir pour autrui, elle m'avait touché la main.

— Un jour, j'ai cru que j'y étais arrivée, dit-elle.

Et j'avais étreint sa main à mon tour. Car c'était bien comme je l'avais dit à Wardley : nous possédions en commun une référence romantique. C'était cette nuit où nous nous étions connus, où nous avions forniqué comme des danseurs du feu et copulé comme des cornes d'abondance l'un pour l'autre, une nuit – oui – où nous avions été aussi heureux que Christophe Colomb car nous avions tous deux découvert l'Amérique, notre pays à jamais divisé en deux moitiés. Nous avions dansé dans le plaisir de nos charmes complémentaires et sommeillé aussi suavement que deux mésanges en sucre nichées côte à côte.

Le matin, Gros Minet, son époux, avait coiffé une de ses autres casquettes et nous étions partis pour l'église, Madeleine, Patty, Gros Minet et moi. Il avait servi la messe. C'était l'un de ces fondamentalistes fous comme il n'en est qu'en Amérique : il participait à une orgie le samedi et baptisait le dimanche. Il y a beaucoup de chambres dans la maison de Notre Père, mais je suis bien persuadé que Gros Minet considérait le samedi soir comme une dépendance. Je n'ai jamais réussi à comprendre leur ménage. Il était entraîneur de l'équipe de football, elle, chef des supporters. Il l'avait mise dans une situation intéressante et ils s'étaient mariés. Le bébé était mort-né. Ce fut sa dernière tentative de procréation. Quand nous nous sommes rencontrés, ils avaient déjà reçu plusieurs réponses à leur annonce (sado, maso, célibataires s'abstenir). Oui, si j'avais assez de talent, je pourrais écrire un livre sur Gros Minet et les compartiments de son esprit américain. Mais, pour cette année-là, je ne vais pas tenter de vous le décrire plus avant, sinon pour vous parler de son sermon, car cela, je me le rappelle, et j'en eus le soudain souvenir, tandis que j'avançais le long des blocs de rochers, me revoyant assis dans une église blanchie à la chaux, guère plus grande qu'une salle de classe ni plus solennelle qu'une cabane d'Enferville. Sa voix à lui était proche de moi maintenant que Patty n'était plus.

— La nuit dernière, j'ai fait un rêve, dit-il. Et Patty, séparée de moi par Madeleine, m'avait serré la main en me chuchotant à l'oreille comme une lycéenne :

« Ta femme – c'était ça son rêve », mais Gros Minet ne s'avisait jamais de sa présence, et avait poursuivi :

— Mes frères, c'était plus qu'un rêve, c'était une vision de la fin des temps. Les cieux s'ouvraient et Jésus revenait sur les nuages de gloire pour rassembler sous lui ses enfants. Et comme il était atroce, mes frères, le spectacle des pécheurs qui hurlaient et pleuraient et imploraient merci, tombant la face dans la poussière devant lui. La Bible nous dit qu'il y aura deux femmes moulant le blé, l'une sera prise et l'autre sera écartée. Il y en aura deux au lit – Patty Erleen m'enfonça violemment son coude dans les côtes –, l'une sera prise et l'autre écartée. Les mères gémiront tandis que leurs bébés arrachés à leur sein iront rejoindre Jésus et elles seront laissées en arrière parce qu'elles refuseront de renoncer au péché.

Les ongles de Patty Erleen s'enfonçaient dans ma paume et je ne savais pas si c'était pour se retenir de pouffer ou sous l'effet d'un accès de frayeur enfantine.

— La Bible nous dit, disait Gros Minet, qu'il n'entrera pas un seul péché en Paradis. On ne peut pas être un chrétien assis à l'église le dimanche matin puis demeurer hors de l'église le dimanche soir parce que l'on veut aller à la pêche. Mes frères, le démon veut vous entendre dire : « Bah, cela ne fera de mal à personne si je suis absent rien que ce soir. »

— C'est vrai que ça n'a fait de mal à personne, chuchota Patty Erleen, son souffle dans mon oreille, tandis que Madeleine, offusquée au plus profond par un tel comportement, restait assise dans sa réprobation, froide comme de la graisse figée.

— En moins de temps qu'il n'en faut pour le dire, poursuivit la voix de Gros Minet, on se retrouve au cinéma puis au débit de boissons et l'on est alors en route pour l'enfer et la damnation – où le feu ne s'éteint jamais et où l'asticot ne meurt pas.

— Tu es un chat diabolique, chuchota Patty Erleen, comme moi.

— Allons, mes frères, disait Gros Minet, avant que les nuages ne s'écartent et qu'il ne soit trop tard pour implorer merci, venez à Jésus ce soir, renoncez au péché, donnez votre cœur à Jésus. Venez vous agenouiller. Patty Erleen, prenez place au piano. Nous allons chanter ensemble l'hymne 256, et que Jésus parle dans votre cœur.

Patty Erleen jouait du piano en tapant comme un sourd et les fidèles chantèrent :

Parce que je n'ai serment ni liens
Mais que Tu as versé Ton sang pour moi,
Et que Tu m'ordonnes de venir à Toi
Agneau du Seigneur je viens – Ô je viens.

Ensuite, nous retournâmes chez Gros Minet pour le repas du dimanche que sa sœur, une vieille fille, avait préparé. C'était un pain de bœuf rôti cuit à prendre le gris des choses mortes, des pommes de terre rescapées froides et trop tôt de l'eau bouillante, et des navets. J'avais rarement rencontré des gens qui eussent autant de vitalité le samedi soir que Gros Minet et Patty Erleen. Mais ce repas dominical était la face cachée de la lune. Nous avions mangé en silence et nous échangeâmes tous des poignées de main quand nous partîmes. Une ou deux heures plus tard, c'était l'accident d'automobile avec Madeleine. Il allait s'écouler presque cinq ans avant ma nouvelle rencontre avec Patty Erleen, et c'était à Tampa où, après son divorce d'avec Gros Minet et sa période d'hôtesse de l'air, elle avait fait la connaissance de Wardley lors d'un vol et était devenue Mme Meeks Wardley Hilby III.

La puissance du souvenir peut vous élever au-dessus de la douleur. Et je terminai donc ma marche le long de la jetée sans que ma condition fût pire qu'au commencement. La mer était basse et l'étendue sablonneuse exhalait son odeur saumâtre. Sous la lune, les mousses et les algues ondulaient dans les flaques d'eau de mer agrémentées d'argent. Je fus surpris de retrouver ma Porsche là où je l'avais laissée. Si la mort occupe un univers, les automobiles garées se trouvent dans un autre.

Ce ne fut qu'en tournant la clé de contact que je m'avisai que les quatre ou cinq heures accordées par moi à Madeleine pour arriver étaient certainement écoulées. Sans cela, j'ignore si je serais retourné chez moi (chez Patty) pour affronter Regency – non, je me serais sans doute arrêté au Widow's Walk, où tout avait commencé, et m'y serais tellement soûlé que j'eusse été complètement amnésique au matin. Au lieu de quoi, j'allumai une nouvelle cigarette, engageai l'auto dans Bradford Street en direction de la maison et fus de retour avant d'avoir à écraser le mégot dans le cendrier.

De l'autre côté de la rue, une voiture de police était rangée derrière celle de mon père. C'était Regency. Je m'y étais préparé mais Madeleine n'était pas encore arrivée.

Je ne savais que faire. Il me semblait crucial de la voir la première, de m'armer de ces photographies mutilées qu'elle avait trouvées dans une boîte fermée à clé, mais il me vint alors à l'esprit que je ne lui avais même pas demandé de les apporter. Elle le ferait certainement, le ferait-elle ? Elle n'était pas douée du vice d'exploiter ses horreurs et ses chagrins dans un but pratique. En l'absence de Madeleine, je songeai toutefois que je pouvais m'assurer que mon père allait bien (ce à quoi je m'attendais sans aucun doute) et je contournai donc la maison aussi silencieusement que possible jusqu'à la fenêtre de la cuisine. Et là, de part et d'autre de la table, je vis Dougy et Alvin Luther qui semblaient l'un et l'autre parfaitement à l'aise, un verre à la main. D'ailleurs l'étui et le revolver de Regency étaient accrochés au dossier d'une autre chaise. J'aurais pu jurer à son attitude qu'il n'avait pas encore découvert la disparition de la machette. Et d'ailleurs il était possible qu'il n'eût pas encore eu l'occasion d'ouvrir son coffre.

Sous mes yeux, ils se mirent à rire et la curiosité me submergea. Puisque cinq heures n'avaient pas suffi à Madeleine, je pouvais parier sans trop de risques qu'elle n'allait pas non plus arriver dans les cinq minutes suivantes (mon cœur accéléra pourtant en se révoltant contre un tel pari). Je n'en contournai pas moins la maison de nouveau, me coulai par la trappe dans la cave et gagnai la partie située sous la cuisine. J'y avais battu en retraite plus d'une fois au cours d'une fête lorsque j'en avais assez de regarder les invités engloutir mes alcools (les alcools de Patty). C'est pourquoi je savais qu'on y pouvait entendre tout ce qui se disait dans la cuisine au-dessus.

C'était Regency qui parlait. Il racontait ses souvenirs, pas moins, le bon vieux temps de la brigade des stups à Chicago, et parlait à mon père d'un sien collègue, un rude gaillard noir du nom de Randy Reagan.

— C'est un nom incroyable, n'est-ce pas, entendis-je dire Regency. Évidemment tout le monde l'appelait Ronnie Reagan. Le vrai Ronnie était simplement gouverneur de Californie à l'époque, mais tout le monde connaissait déjà son nom. C'est donc ainsi que j'ai eu Ronnie Reagan pour collègue.

— J'ai eu un garçon, autrefois, dans mon bar, qui s'appelait Humphrey Hoover, dit mon père. Il disait toujours : « Il suffit de compter les salières qui manquent et de multiplier par cinq cents. On a la recette de la soirée. »

Ils rirent. Humphrey Hoover ! C'était encore un art que possédait mon père. Il pouvait faire tenir toute une soirée un homme comme Regency sur sa chaise. Alvin Luther reprit son propre récit. Ronnie Reagan avait monté un piège pour prendre semble-t-il des trafiquants de cocaïne. Mais son indicateur était un salaud et lorsque Ronnie entra, il reçut pour prix de ses peines une décharge de fusil de chasse à canon scié en pleine figure. On l'avait opéré à plusieurs reprises pour tenter de réparer la moitié rampante de sa physionomie.

— Ça me faisait vraiment de la peine pour ce vieux briscard, dit Regency. Alors je lui ai apporté un bébé bouledogue à l'hôpital. Quand je suis arrivé dans la chambre, bordel, le toubib était en train de lui mettre cette saloperie d'œil de plastique.

— Non ! dit mon père.

— Si, dit Regency. Une saloperie d'œil de plastique. J'ai dû attendre pendant qu'il le mettait en place. Et puis, sitôt que je me suis retrouvé seul avec Ronnie, j'ai laissé tomber le petit clebs droit sur ses draps. Voilà-t-y pas qu'une larme vient à l'œil qu'il avait encore bon. Et Ronnie me dit – le pauvre vieux –, il me dit comme ça : « Tu crois pas que je vais lui foutre la trouille, au chiot ? » Mais non, que je lui dis, il t'aime déjà. Et si c'est un signe d'amour de pisser partout sur une couverture, alors c'est vrai qu'il l'aime déjà. De quoi qu' j'ai l'air ? me demande Ronnie Reagan. Dis-moi la vérité. Le pauvre vieux ! il lui manquait aussi l'oreille. Ah, que je lui dis, ça peut aller. T'as jamais été premier prix de beauté.

Ils rirent. Ils allaient continuer comme ça, anecdote pour anecdote, jusqu'à mon arrivée. Je quittai donc la cave pour retourner dehors, et tombai sur Madeleine à la porte d'entrée. Elle était en train de rassembler tout son courage pour appuyer sur la sonnette.

Je ne fis nul effort pour l'embrasser. Ç'aurait été une erreur.

Au lieu de quoi elle s'accrocha à moi et posa sa tête sur mon épaule jusqu'à cesser de trembler.

— Excuse-moi d'avoir mis si longtemps, dit-elle. J'ai rebroussé chemin deux fois.

— Ça ne fait rien, lui dis-je.

— J'ai apporté les photos, dit-elle.

— Allons dans ma voiture. J'ai une lampe de poche.

À sa lueur j'eus droit à une nouvelle surprise. Les photos n'étaient ni plus ni moins obscènes que mes propres Polaroïd, mais elles n'étaient pas de Patty Lareine. C'était la tête de Jessica que les ciseaux avaient coupée de son corps. Je regardai de nouveau. Non, Madeleine n'aurait pas vu la différence. Le corps de Jessica faisait jeune et son visage était flou. L'erreur était naturelle. Mais cela m'apportait de nouvelles lumières sur Alvin Luther Regency. Car c'était une chose de photographier la chatte de sa femme ou de sa régulière, c'en était une tout autre de convaincre une nana avec qui l'on ne couchait que depuis une semaine. Une prouesse est une prouesse, me dis-je sombrement, tout en me demandant s'il convenait de révéler à Madeleine la véritable identité du modèle. Mais, ne souhaitant pas la troubler plus encore, je gardai le silence. Je ne parvenais pas à deviner si l'introduction d'une femme de plus dans la vie amoureuse de son mari diminuerait sa détresse de moitié ou l'augmenterait d'autant.

Elle frissonna de nouveau. Je pris la décision de la faire entrer.

— Il va falloir être silencieux, dis-je. Il est là.

— Alors, je ne peux pas entrer.

— Il n'en saura rien. Je vais t'installer dans ma chambre et tu pourras t'enfermer à clé.

— C'est sa chambre à elle aussi, n'est-ce pas ?

— Je vais te mettre dans mon studio.

Nous parvînmes à monter l'escalier sans faire de bruit. Une fois au deuxième, je lui indiquai un fauteuil près de la fenêtre.

— Tu veux de la lumière ? lui demandai-je.

— Je préfère rester dans le noir. La vue qu'on a de la fenêtre est très belle.

J'imagine que c'était la première fois qu'elle voyait la plage à marée basse sous la lune.

— Qu'est-ce que tu vas faire en bas ? me demanda-t-elle.

— Je ne sais pas. Il faut que je vide ma querelle avec lui.

— C'est de la folie.

— Pas en présence de mon père. C'est nous qui avons l'avantage.

— Tim, allons-nous-en.

— C'est peut-être ce que nous ferons. Mais il me faut d'abord la réponse à un certain nombre de questions.

— Pour trouver la paix de l'esprit ?

— Pour éviter de devenir fou, faillis-je dire d'une voix forte.

— Prends mes mains, dit-elle. Restons ici un moment.

Ce que nous fîmes. Je crois que ses pensées durent passer en moi par l'intermédiaire de nos doigts entrelacés car je fus envahi de souvenirs des premiers jours de notre rencontre lorsque j'étais un barman très demandé (car à New York les jeunes barmen de qualité se construisent vite une réputation parmi les propriétaires d'établissements un peu comme les jeunes athlètes professionnels) et elle une aguichante hôtesse dans un restaurant du centre ville appartenant à la mafia. C'était son oncle, homme fort respecté, qui lui avait obtenu son emploi, mais elle avait su très vite le faire sien – combien de types, jeunes ou moins jeunes, traversant son domaine, avaient tenté le coup avec elle, mais notre roman d'amour fut sans tache pendant un an. Elle était italienne et la femme d'un seul homme, et je l'adorais. Elle aimait les silences. Elle aimait demeurer dans une pièce peu éclairée pendant des heures tandis que les velours de son cœur aimant passaient peu à peu jusqu'à moi. J'aurais pu vivre avec elle à jamais mais j'étais jeune et je finis par m'ennuyer. Elle lisait rarement. Elle connaissait le nom de tous les auteurs célèbres qui aient jamais écrit mais elle lisait rarement. Elle était aussi élégante et brillante que le satin mais nous allions rarement ailleurs que l'un dans l'autre et cela lui suffisait mais pas à moi.

Et voilà que j'allais peut-être retourner à Madeleine, et mon cœur se soulevait comme une vague. Une vague nocturne, disons. Car Patty Lareine, quand tout allait pour le mieux, me donnait des émotions qui étaient proches du soleil, mais j'approchais la quarantaine et la lune et les brumes étaient désormais plus proches de mes sentiments.

Laissant aller ses mains, j'embrassai légèrement Madeleine sur les lèvres. Cela me rappela comme sa bouche était merveilleuse et si semblable à une rose. Un léger bruit, voilé et sensuel comme la terre elle-même, remua dans sa gorge. C'était merveilleux, ou plutôt ce serait merveilleux dès que j'aurais cessé de penser à ce qui m'attendait en bas.

— Je te laisse un pistolet. On ne sait jamais, dis-je en tirant de ma poche le 22 de Wardley.

— J'en ai un, dit-elle. J'ai apporté le mien.

Et d'un pan de son manteau elle tira un petit Derringer à canons superposés. Deux coups. Deux trous de 32. Puis je songeai au Magnum de Regency.

— Nous sommes un véritable arsenal, dis-je.

Il y avait assez de lumière dans la pièce pour la voir sourire. Une bonne réplique, au bon moment, constituait, pensais-je parfois, la moitié de ce qu'il fallait pour la rendre heureuse.

Et je descendis donc armé, en définitive.

Je n'aimais guère l'idée, pourtant, de parler à Regency avec la saillie du pistolet sur le tissu de mon pantalon ou de ma chemise – je ne savais vraiment où le cacher. Je trouvai un compromis : je le déposai sur une étagère au-dessus du téléphone, à portée facile de la cuisine. Puis j'entrai d'un air nonchalant pour retrouver les deux hommes.

— Dis donc, on ne t'a pas entendu ouvrir la porte, dit mon père.

Regency et moi nous saluâmes sans nous regarder et je me préparai un verre à la hauteur de la fatigue que j'éprouvais. Ayant avalé un premier bourbon sec, je m'en versai un second avant de mettre de la glace dans le verre.

— Quand tu seras plein, fais-moi signe, dit Regency.

Il était ivre. Et quand mes yeux finirent par rencontrer les siens, je vis bien qu'il était loin d'être aussi calme que son attitude me l'avait fait croire quand je l'avais aperçu par la fenêtre de la cuisine ou que je l'avais supposé au son de sa voix entendue à travers le plancher – non, il avait la capacité qui est celle de plus d'un homme grand et puissant de remiser des paquets entiers d'agitation dans diverses parties de leur corps. Il était capable de rester assis immobile, comme un gros animal, sur une chaise, mais s'il avait possédé une queue, elle aurait fouetté sans cesse les barreaux.

Seuls ses yeux, que rendaient presque vitreux les senteurs de démence qu'il venait de connaître, donnaient, par la lueur surnaturelle qui les habitait, une idée réelle de ce sur quoi il était assis.

— Madden, me dit-il, ton père est un prince.

— Ha ha, dit mon père. C'est à croire que nous nous entendons bien.

— Dougy, t'es le meilleur, dit Regency. J'aplatis le premier qui dit le contraire. Qu'en dis-tu, Tim ?

— Ma foi, dis-je levant mon verre, buvons à cette déclaration.

— À la tienne, dit Regency en inclinant le sien.

Il y eut un silence puis il reprit :

— Je l'ai dit à ton père, j'ai besoin de longues vacances.

— Serions-nous en train d'arroser ta retraite ?

— Je démissionne, dit-il. Cette ville faisait ressortir ce que j'ai de pire en moi.

— Ils n'auraient jamais dû t'affecter ici.

— Tout juste.

— C'est en Floride que tu devrais être, dis-je. À Miami.

— Qui t'a refilé ce tuyau ?

— Toute la ville, lui dis-je. Tout le monde sait que tu travailles pour les stups.

Ses paupières tombèrent lourdement. Je ne voudrais pas exagérer mais on aurait cru qu'il retournait un matelas.

— Ça se voit donc tant que ça, hein ? demanda-t-il.

— Qu'est-ce que tu veux, il y a le profil de l'emploi, dans les stups, dit équitablement mon père. Tu ne peux pas cacher que tu l'as.

— Je l'ai dit à ces têtes de nœud qui m'ont affecté. C'était déjà assez chiant de se faire passer pour un garde national, mais alors là c'était le pompon. Les Portugais sont des cons têtus mais il y a un truc indiscutable : pas la peine d'essayer de leur raconter des histoires. Faisant fonction de chef de la police !

Il y aurait eu un crachoir, il aurait expédié un mollard droit dedans.

— Ouais, je me tire, reprit-il. Et pas la peine de pavoiser, Madden.

Il rota, s'en excusa auprès de mon père, et prit l'air morose.

— Mon chef direct est un ex-marine, dit-il. T'imagines un peu, un béret vert, sous les ordres d'un marine ? C'est comme si tu foutais le bifteck sur le feu et la poêle par-dessus.

Mon père trouva ça drôle. Peut-être rit-il pour améliorer l'humeur de chacun, mais manifestement ça le chatouillait.

— Je n'ai qu'un regret, Madden, dit Regency, c'est qu'on n'aura jamais eu l'occasion de causer un peu de notre philosophie. Ç'aurait été chouette de se bourrer complètement la gueule.

— Tu n'en as pas l'air très loin, lui dis-je.

— Jamais de la vie. Est-ce que tu sais ce que je suis capable d'avaler ? Dis-le-lui, Dougy.

— Il dit qu'il n'en est qu'à la moitié de ses deux cinquièmes, dit mon père.

— Et tu peux toujours essayer de droguer mon verre. J'avalerai ça aussi. Je brûle cette saloperie si vite qu'elle a pas le temps de m'affecter.

— T'en as pas, de philosophie…

— Si, dit-il. Tiens, j' m'en vais te donner un exemple. Tu me prends pour un bon gros con d'illettré. Eh ben c'est vrai et j'en suis fier. Tu veux savoir pourquoi ? Un flic est un être humain qui est né con et qu'on élève dans la connerie. Mais il ne demande qu'à devenir intelligent. Tu sais pourquoi ? C'est ce que Dieu veut. Chaque fois qu'un con acquiert un peu d'intelligence, le diable en prend plein la gueule.

— J'avais toujours cru, dis-je, qu'on devient flic pour se protéger contre sa propre criminalité.

Ce n'était pourtant pas le moment de faire le malin. Je le sus dès que la remarque eut quitté mes lèvres.

— J' t'encule, dit Regency.

— Oh, eh…, dis-je.

— J' t'encule. J'essaye d' causer philosophie et tu viens m'emmerder avec tes conneries.

— Ça fait deux fois, lui dis-je en levant le doigt en un geste obscène.

Il s'apprêtait à le répéter mais se retint. Mon père avait les lèvres pincées. Il n'était pas content de moi. Je commençai à entrevoir en quoi sa présence pouvait me désavantager. Regency n'allait certainement pas être aussi divisé que moi. Seul avec Alvin, je me serais éperdument moqué qu'il répétât « j' t'encule » toute la nuit si ça lui chantait.

— Quel est le pouvoir d'une âme ? demanda Regency.

— Dis-le-nous.

— Tu crois au karma ?

— Oui, dis-je. La plupart du temps.

— Moi aussi, répliqua-t-il.

Il tendit la main et nous nous serrâmes la louche. Un instant je crus qu'il se demandait s'il allait ou non me broyer les doigts, et puis il les lâcha charitablement.

— Moi aussi, répéta-t-il. L'idée vient d'Asie mais merde après tout, c'est normal que dans une guerre il y ait une espèce de fertilisation croisée, non ? C'est bien la moindre des choses. Tous ces massacres. Au moins, que ça permette d'introduire une ou deux nouvelles cartes dans le jeu. Pas vrai ?

— Quelle est ta logique ?

— J'en ai une, dit-il. Grosse comme une maison. Si des tas de gens meurent inutilement dans une guerre, un tas de jeunes Américains innocents – il leva la main pour prévenir toute discussion – et un tas de Vietnamiens innocents, je te l'accorde, la question devient : quelle est la compensation ? Quelle est la compensation dans l'ordre général des choses ?

— Le karma, dit mon père en le coiffant au poteau.

Si mon père n'était plus capable de mettre un ivrogne à genoux, qui l'aurait fait ?

— Tout juste, le karma, dit Regency. Tu vois, je suis pas un flic ordinaire.

— Qu'est-ce que tu es, alors ? demandai-je. Un papillon social ?

Il se trouve que mon père apprécia. Nous éclatâmes tous de rire. Ce fut Regency qui rit le moins.

— Le flic moyen dégomme les petits truands, dit-il. Moi pas. Je les respecte.

— Pourquoi ça ? demanda mon père.

— Pour avoir le culot de naître. Considérez mon argument : songez-y. La force d'une âme pourrie, dégueulasse, c'est précisément que malgré son abjection, elle a réussi à se réincarner. Répondez donc à ça.

— Et que penses-tu des homosexuels qui se réincarnent ? lui demandai-je.

Il était coincé. Il fallait que ses préjugés cèdent le pas à sa logique.

— Eh ben oui, eux aussi, dit-il.

Mais du coup cette discussion-là ne l'intéressait plus.

— Donc, dit-il, regardant son godet, j'ai décidé de leur flanquer ma démission. C'est fait. Je leur ai laissé un mot. Je prends une longue perm' pour raisons personnelles. Quand ils l'auront lu, ils l'expédieront au marine, à Washington. Le mataf qui est mon chef. Ils l'ont pris, ce mataf, et ils l'ont passé dans un ordinateur. Y ne pense plus qu'en B A S I C ! Qu'est-ce que vous croyez qu'y va dire ?

— Il va dire que tes raisons personnelles se traduisent forcément en raisons psychologiques, rétorquai-je.

— Foutre oui. Et qu'y s' les carre au train, moi je dis.

— Quand pars-tu ?

— Ce soir, demain, la semaine prochaine.

— Pourquoi pas ce soir ?

— Faut que je rende la bagnole de patrouille. Elle appartient à la ville.

— Et tu ne peux pas la rendre ce soir ?

— J' peux faire ce que j' veux. J' crois que j' veux me reposer. Ça fait huit ans que je bosse sans avoir pris de vraies vacances.

— Et tu t'apitoies sur ton sort ?

— Moi ?

Je l'avais secoué, c'était une erreur. Il nous regarda mon père et moi comme s'il prenait notre mesure pour la première fois.

— Mon pote, dit-il, mets-toi bien ça dans la tête. J'ai pas à me plaindre et je me plains de rien. La vie que j'ai, c'est celle que Dieu veut qu'on ait.

— Quel genre de vie c'est là ? demanda mon père.

Je crois que sa curiosité était bel et bien émoustillée.

— L'action, dit Regency. J'ai toute l'action dont je peux rêver. La vie nous a donné deux couilles. Et je m'en suis servi. Laissez-moi vous le dire. C'est bien rare que je baise pas deux femmes dans la journée. C'est bien rare que j'arrive à m'endormir si j'ai pas eu mes deux bonnes femmes. Vous me suivez ? On a tous deux côtés à notre nature. Eh ben moi, faut qu'y s'expriment tous les deux, avant que j'arrive à dormir.

— Quels sont ces deux côtés ? demanda mon père.

— Je vais te le dire moi, Dougy. Y a mon flic et mon maniaque. Voilà les deux noms que je donne à mes deux côtés.

— Lequel des deux est en train de nous parler ? demandai-je.

— Le flic, dit-il en riant pour lui-même. T'as dû te demander si j'allais pas dire le maniaque, mais lui, j' te garantis qu' tu l'as pas encore vu. Pour l'instant, en bon flic, je mène cette conversation avec deux soi-disant braves hommes.

Il était allé trop loin. Moi, je pouvais supporter ses insultes. Mais il n'y avait pas de raison de les faire souffrir à mon père.

— Quand tu rendras ta voiture de police, lui dis-je. N'oublie pas de bien laver les tapis de ton coffre. Ils sont tout couverts de taches de sang, ça vient de la machette.

Ça arriva sur lui comme une balle tirée d'un kilomètre. Quand l'idée l'atteignit, elle avait perdu sa force, et le coup dégringola à ses pieds.

— Ah, ben oui, dit-il. La machette.

Puis il se frappa en travers du visage avec plus de force que je n'avais jamais vu un homme en donner à un coup contre sa propre personne. Quiconque autre que lui l'eût fait, eût été comique. Mais, dans son cas, le bruit fracassa l'air de la cuisine.

— C'est difficile à croire, hein ? dit-il. Mais, je fais ça parce que ça me dessoûle.

Saisissant le rebord de la table entre ses mains, il serra de toutes ses forces.

— J'essaye, dit-il, de me conduire en gentleman dans cette affaire, et de quitter la ville discrètement, Madden. Sans t'attirer d'ennuis, mais sans que tu te mettes en travers de mon chemin.

— Et c'est pour ça que tu es ici ? lui demandai-je. Pour partir discrètement ?

— Non, pour tâter un peu le terrain.

— À d'autres, lui dis-je. Tu as besoin d'une réponse à certaines questions.

— Peut-être que tu ne te fous pas le doigt dans l'œil pour une fois. J'ai pensé que ce serait plus courtois de te rendre une petite visite, que de te faire boucler pour t'interroger.

— C'est tout ce dont tu as besoin, dis-je. Si tu me fais boucler, il faudra que tu me portes sur tes registres. Et là, moi, je ne réponds plus à une seule question. J'appelle un avocat. Et quand j'aurai fini de lui dire ce que je sais sur ton compte, il demandera au proc une enquête sur toi. Écoute, Regency, fais-moi plaisir. Traite-moi avec la courtoisie que tu accorderais à un Portugais. N'essaye pas de me raconter d'histoires. Tes menaces ne prennent pas.

— Eh ben voilà, dit mon père. Là, il te met les points sur les I, Alvin.

— T'es content, hein, dit Regency. Pour une fois que ton fils est pas complètement à côté de ses pompes.

Je le foudroyai du regard. Mais quand ses yeux se portèrent à la rencontre des miens, j'eus le sentiment d'être une barque qui passait trop près de la proue d'un navire.

— Causons, dit-il. Nous avons plus d'intérêts communs que divergents. C'est pas vrai, ça ? demanda-t-il à mon père.

— Cause, dit mon père.

L'expression de Regency se modifia sous cette dernière réplique comme si, pensai-je, nous avions été deux frères qui se disputaient l'approbation de leur père. Ce n'était pas une intuition insignifiante. Car elle me permit de reconnaître à quel point j'étais jaloux de Regency, maintenant qu'il était près de Dougy. C'était comme si c'était lui, et non pas moi, le bon fils, vigoureux et invivable, que Big Mac voulait remettre sur le droit chemin. Bon Dieu, j'étais aussi lamentable avec mon père que la plupart des filles le sont avec leurs mères.

Voilà que nous nous taisions tous les trois. Dans certaines parties d'échecs, la moitié du temps imparti à un joueur est parfois dépensée sur un seul coup. Il se demande comment poursuivre. Je restai donc silencieux. Puis je parvins à la conclusion qu'il devait nager dans une confusion plus profonde encore que la mienne et je dis donc :

— Corrige-moi si je me trompe. Voici les questions auxquelles tu veux des réponses. Un : où est Stoodie ? Deux : où est l'Araignée ?

— Exact, dit-il.

— Où est Wardley ?

— Affirmatif.

— Où est Jessica ?

— Ça aussi.

— Et où est Patty ?

— Tu les tiens toutes, dit-il. Voilà mes questions.

S'il avait eu une queue, elle aurait battu plus fort quand j'avais mentionné le nom de Jessica, et deux fois plus encore à celui de Patty.

— Eh bien, dit-il. Passons aux réponses.

Je me demandais s'il avait dissimulé un magnétophone sur lui. Puis je compris que c'était sans importance. Il n'était pas là pour agir en fonctionnaire de police. C'était sur le 357 Magnum dans son étui sur le dossier de la chaise qu'il fallait que je me concentre, plutôt que sur la possibilité bien improbable qu'il fût en train d'enregistrer mes déclarations. Après tout, s'il était là avec moi, c'était qu'il se préoccupait de sa propre santé mentale.

— Quelles sont les réponses ? répéta-t-il.

— Les deux femmes sont mortes, lui dis-je, comme s'il ne le savait pas.

— Mortes ?

Sa surprise manquait totalement de conviction.

— J'ai trouvé leurs têtes là où je cache mon herbe.

J'attendis. Il ne pensait même pas vraiment qu'il lui serait utile en quoi que ce fût de jouer l'étonnement.

— Qu'est-il arrivé à ces têtes ? demanda-t-il.

— C'est toi qui les avais mises là, n'est-ce pas ?

— Pas toutes les deux, absolument pas, dit-il.

À mon grand étonnement, sans crier gare, il se mit à grogner. Comme un animal blessé.

— J'ai connu l'enfer, dit-il. C'est à ne pas croire. J'ai connu l'enfer.

— Pour ça, je te crois, chuchota mon père.

— Ça n'a plus d'importance, dit Regency.

— Pourquoi as-tu coupé la tête de Jessica ? demanda mon père.

Il hésita.

— Je ne peux pas te le dire.

— Je crois que tu en as envie, dit mon père.

— Doucement, dit Regency. Je vous dirai ce que vous voulez savoir, à condition que vous me disiez ce que je veux savoir. Donnant donnant.

— Ça ne marchera pas, dis-je. Il faut que tu me fasses confiance.

— Ah oui ? Va chercher la Bible pendant que tu y es, dit-il.

— Je te dis que ça ne marchera pas. Chaque fois que je te dirai quelque chose, tu poseras une autre question. Quand j'aurai tout dit, tu n'auras plus aucune raison de donner quoi que ce soit en échange.

— Prenons le raisonnement dans l'autre sens, continua-t-il. Si je parle le premier, quelle raison auras-tu de me parler ?

— Ton Magnum, dis-je.

— Tu crois que je te supprimerais de sang-froid ?

— Non, dis-je. Je crois que tu te mettras en rogne.

Mon père approuva de la tête.

— C'est logique, murmura-t-il.

— Très bien, dit Regency. Mais toi d'abord. Refile-moi une information que je n'ai pas.

— Stoodie est mort.

— Qui a fait le coup ?

— Wardley.

— Où est Wardley ?

— Tu vois, c'est un réflexe, dis-je. Tu poses des questions. Je te le dirai quand le moment sera venu. Respecte notre accord.

— J'aimerais rencontrer ce Wardley, dit Regency. Chaque fois que je fais un pas, il est dans mes pattes.

— Tu vas le rencontrer, dis-je.

Ce fut seulement après les avoir prononcées que je me rendis compte du sens réel que pouvaient avoir mes paroles.

— J'aimerais bien. Je lui foutrai mon poing dans la gueule.

Je me mis à rire. Ce fut plus fort que moi. De toute manière, c'était peut-être la meilleure réaction. Regency se servit un verre et l'avala d'un trait. Je me rendis compte que c'était le premier alcool qu'il buvait depuis que j'avais fait allusion à la machette.

— Très bien, dit-il. Je vais vous raconter mon histoire. Elle est bonne.

Il regarda mon père.

— Dougy, lui dit-il, je ne respecte pas grand monde. Toi, je te respecte. Depuis que je suis entré ici. Le dernier type que j'ai connu qui était ton égal, c'était mon colonel dans les bérets verts.

— Fais-en un général, dit Dougy.

— Nous y viendrons, dit Regency. Mais je veux me faire bien comprendre. Il y a pas mal de vacheries à venir.

— J'aurais tendance à le penser, dit Dougy

— Je vais m'aliéner ta sympathie.

— Parce que tu haïssais mon fils ?

— Haïssais. C'est du passé, ça.

Mon père haussa les épaules.

— Tu as l'air de le respecter maintenant.

— Je ne le respecte pas. Seulement à moitié. Je le prenais pour une merde. Mais plus maintenant.

— Pourquoi ? demandai-je.

— Je le raconte à ma façon, dit-il.

— D'accord, d'accord.

— Comprenez-moi bien. J'ai fait des tas de trucs. Tim, j'essayais de te rendre cinglé.

— Tu as bien failli réussir.

— J'en avais le droit.

— Pourquoi ? demanda Dougy.

— Ma femme Madeleine, quand je l'ai rencontrée, elle était à ramasser à la petite cuiller. Ton fils en avait fait une dépravée. Elle était accro à la coke. J'aurais pu la faire arrêter. Ton fils l'avait entraînée dans des orgies. Il l'avait gravement blessée avec sa bagnole, et après lui avoir détruit la matrice, il l'avait plaquée un an plus tard. J'héritais d'une femme qui était tellement accro qu'elle était obligée de trafiquer la came afin de s'en procurer suffisamment pour ses besoins personnels. Essaye donc de vivre avec une bonne femme qui peut pas te donner de fils. Alors, ne t'y trompe pas, Madden, je te haïssais.

— Bah, tu m'as piqué ma femme en retour, dis-je doucement.

— J'ai essayé. Mais qui a piqué l'autre ? C'est peut-être elle après tout. Je me suis retrouvé coincé entre deux femmes, la tienne et la mienne.

— Jessica aussi, dis-je.

— Je ne présente pas d'excuses. Quand ta femme s'est barrée, elle ne quittait pas que toi, elle me quittait moi aussi, mon pote. Je suis accro moi aussi. L'amour n'a rien à voir là-dedans. Je me tape deux femmes par nuit. Il m'est même arrivé de m'envoyer certaines des putains vérolées de Stoodie – rien que pour te donner une idée de la force de mon principe, dit-il avec une certaine fierté dans la voix. Jessica, c'était une espèce de substitut pour Patty, rien de plus.

— Alors Madeleine et toi… chaque soir, quand tu rentrais ?

— Bien sûr.

Il s'envoya encore du bourbon.

— C'est tout simple, reprit-il. Ne nous écartons pas du sujet. Ce que je voulais dire, c'est que je ne pouvais pas t'encaisser et que j'ai une mentalité simple. Alors j'ai pris la tête de Jessica et je suis allé la poser près de ton herbe. Et puis je t'ai dit d'aller voir un peu dans ta cache.

— Tu n'as pas pensé que je risquais de t'associer à ça ?

— Je me suis seulement dit que ça te flanquerait la chiasse. Que tu crèverais sous ta propre merde. Voilà le mot.

— C'est toi qui as mis le sang sur le siège de ma voiture ?

— C'est moi.

— Le sang de qui ?

Il ne répondit pas.

— De Jessica ?

— Oui.

J'allais lui demander : « Comment as-tu fait ? » mais je vis ses yeux qui devenaient vagues comme si la scène s'imposait encore à lui et qu'il cherchait à la repousser. Je me demandai s'il s'était servi de la tête mais j'écartai bien vite cette pensée avant de me mettre à la visualiser.

— Pourquoi, demanda mon père, n'as-tu pas fait expertiser, le lendemain, le sang qu'il y avait sur son siège ?

Regency sourit d'un sourire de chat.

— Personne n'aurait jamais cru que j'avais mis moi-même ce sang si j'avais la connerie de ne pas le faire expertiser et de te donner le temps de le laver. Comment aurait-on pu m'accuser d'avoir monté le coup contre toi après ça ? Ça a l'air idiot maintenant, mais c'est comme ça que je raisonnais sur le coup.

— Tu laissais tomber ton principal élément contre Tim.

— Je ne voulais pas l'arrêter. Je voulais le rendre dingue.

— Est-ce que tu as tué Jessica ? demandai-je. Ou est-ce que c'est Patty ?

— Nous y viendrons, ce n'est pas la question. La question c'est que j'étais fou de Patty mais qu'elle n'arrêtait pas de parler de toi, et combien elle te haïssait, et comment tu avais gâché sa vie. Tout ce que je voyais, c'est que tu n'avais pas la moitié de son cran, alors pourquoi me faisait-elle chier avec ça ? Et puis j'ai saisi. Elle était foutrement décidée à détruire un homme, n'importe lequel. Parce que quand elle a vu que je ne lèverai pas le petit doigt contre toi, elle m'a presque détruit moi. Elle s'est barrée. Et là j'ai compris. J'étais censé te faire ton affaire. Trahir mon serment et monter un saucissonnage contre toi.

— Et tu n'y as pas été avec le dos de la cuiller, dit Dougy.

— Foutre non. C'était superbe, dit-il en secouant la tête. Les détails étaient superbes. J'ai dit à Patty de prendre le flingue qui avait servi contre Jessica et de le remettre dans son étui sans le nettoyer. Rien que l'odeur aurait dû suffire à te donner une crise cardiaque. T'étais là, complètement bourré, et elle est venue près du lit le temps de remettre le flingue en place.

— Comment as-tu trouvé mes Polaroïd, cette nuit-là ? Patty ne savait pas où ils étaient.

Il fixa sur moi un regard vide.

— Quel genre de Polaroïd ? demanda-t-il.

Je le crus. Mon cœur tomba au fond d'un petit trou tapissé de plomb froid.

— J'ai retrouvé des Polaroïd avec la tête coupée..., commençai-je.

— Patty dit que tu fais des trucs dingues quand tu es soûl. Peut-être que tu as coupé ces têtes toi-même.

Ce n'était pas une pensée avec laquelle je souhaitais vivre. Mais comment pouvais-je m'en débarrasser ?

— Bah, si tu devais couper une photo, demandai-je, pourquoi le ferais-tu ?

— Je ne le ferais pas. Y a qu'un malade pour faire un truc pareil.

— Mais tu l'as fait. Tu as coupé les photos de Jessica.

Il but encore un peu de bourbon. Une espèce de paroxysme le saisit à la gorge. Il recracha le bourbon.

— C'est vrai, dit-il. J'ai coupé les photos de Jessica.

— Quand ? demandai-je.

— Hier.

— Pourquoi ?

Je crus qu'il allait avoir une attaque.

— Pour cesser de voir sa dernière expression, parvint-il à articuler. Je veux me la sortir de la tête, cette dernière expression.

Il grinçait des dents. Les yeux lui sortaient de la tête et tous les muscles de son cou étaient noués. Mais il parvint quand même à proférer sa question :

— Comment Patty est-elle morte ?

Sans me laisser le temps de répondre, il poussa un grognement effrayant, se leva, gagna la porte, et commença à se cogner la tête contre le chambranle. Je sentis la cuisine trembler.

Mon père l'aborda par-derrière, lui entoura le torse et tenta de le tirer en arrière. Il se débarrassa de lui d'une secousse. Mon père avait soixante-dix ans. Mais je ne parvins tout de même pas à le croire.

Cependant, cela avait calmé Regency.

— Pardon, dit-il.

— Qu'il en soit ainsi, dit mon père, disant adieu aux dernières illusions d'avoir conservé ses forces intactes.

J'avais de nouveau peur de Regency. Comme si j'étais l'accusé et lui l'époux inconsolable de la victime, je dis doucement :

— Je ne suis pour rien dans la mort de Patty.

— Je te mettrai en pièces de mes propres mains, dit-il, si c'est un mensonge.

— Je ne savais pas qu'elle était morte avant de voir sa tête dans le terrier.

— Moi non plus, dit-il, et il fondit en sanglots.

Il ne devait plus avoir pleuré depuis l'âge de dix ans. Les sons qu'il produisait étaient semblables au martèlement d'une machine dont les attaches ont lâché et qui rebondit sur le sol. J'avais le sentiment d'être le valet de chambre d'un bordel quand je comparais mon chagrin au sien. Comme il avait aimé ma femme !

En même temps je savais que je pouvais tout lui demander désormais. Sanglotant, il était impuissant. Il avait perdu son gouvernail. Il allait se vautrer dans mes questions.

— C'est toi qui as retiré la tête de Jessica du terrier ?

Il leva les yeux au ciel. Non.

Je fus pris d'une inspiration.

— C'était Patty ?

Il fit oui de la tête. J'allais lui demander pourquoi mais il était incapable de parler. Je ne savais plus comment continuer. Mon père s'avança.

— Patty estimait-elle que quoi que mon fils ait pu faire, vous ne pouviez pas poser la tête chez lui ?

Regency hésita puis, de nouveau, fit oui de la tête.

Comment saurai-je jamais si telle était bien la raison ou si elle l'avait retirée pour ajouter encore à la confusion dans laquelle je me débattais. Son hochement de tête ne m'avait pas convaincu. Mais enfin… Je me demandais aussi si Patty ne caressait pas l'idée de faire chanter Wardley avec la tête, mais je ne le saurai jamais.

— Patty t'a demandé de garder la tête ? poursuivit mon père.

Il fit oui.

— Et tu l'as dissimulée pour elle ?

Il fit oui.

— Et puis Patty t'a quitté ?

— Partie, parvint-il à articuler. Elle m'a abandonné avec la tête.

— Et alors tu as décidé d'aller la remettre en place ?

Regency hocha encore du chef.

— Et c'est là que tu as trouvé, poursuivit mon père de sa voix la plus douce, la tête de Patty. Elle avait été placée là aussi.

Regency plaça les deux mains derrière sa nuque et s'en servit pour plier le cou. Il fit encore oui de la tête.

— Et tu n'as jamais rien vu de plus terrible ?

— Non.

— Comment as-tu fait pour rester maître de toi-même ?

— Je ne sais pas, je l'ai fait, dit Regency. Jusqu'à maintenant.

Il se remit à sangloter. On aurait dit un cheval qui hurlait. Je songeai à la fois où nous avions fumé dans son bureau. Cela faisait seulement quelques heures qu'il avait découvert la tête de Patty. Et pourtant il avait caché son agitation. De tels prodiges de volonté ne font pas un spectacle facile lorsqu'ils se défont soudain sous vos yeux. Je me demandai si c'était à cela que ressemblait un homme sur le point d'avoir une attaque. Mon père dit :

— Sais-tu qui a placé Patty près de Jessica ?

Il hocha du chef.

— Était-ce Nissen ?

Il hocha du chef. Puis il haussa les épaules. Peut-être l'ignorait-il.

— Oui, ça ne peut être que lui, dit mon père.

J'étais de son avis. Ça devait être l'Araignée. Il suffisait de penser à quel point il devait se sentir mouillé dans l'affaire. C'était évidemment pour cela qu'il avait voulu m'impliquer moi. Oui, Stoodie et lui espéraient m'alpaguer avec les têtes. Comment aurais-je pu faire croire à mon innocence si on me prenait avec les deux têtes ?

— As-tu tué Jessica ? demandai-je à Regency.

Il haussa les épaules.

— Alors, Patty ?

Il secoua la tête, puis il fit oui.

— C'est Patty ?

Il fit oui de la tête.

Je me demandai soudain si je ne connaissais pas toute l'histoire. Je pouvais en tout cas être certain de cela : c'était Patty et Regency, pas Wardley, qui avaient retrouvé Jessica à Race Point et c'était probablement Patty qui avait reconduit la voiture contenant le corps de Lonnie jusqu'au Widow's Walk. Puis tous les trois s'en étaient allés à bord de la voiture de police. Quelque part dans les bois, ils s'étaient arrêtés et, là, Patty avait abattu Jessica. Patty avait abattu Jessica.

Je n'aurais guère pu dire pourquoi sinon qu'elle avait ses raisons. Qui eût pu mesurer la rage de Patty quand on en venait aux raisons ? Jessica avait tenté d'acheter le domaine Paramessides pour son propre compte. Jessica avait couché avec Alvin Luther. Dans des circonstances extrêmes, une seule raison suffisait à faire sortir Patty de son caractère. Oui, je la voyais bien fourrer le canon d'un pistolet entre les lèvres goulues de Jessica. Et si Mme Pond avait choisi à cet instant d'appeler Regency au secours, et si Regency avait esquissé le moindre geste pour reprendre l'arme, oui, cela eût suffi à la faire presser sur la détente. Patty, comme moi, vivait depuis des années au bord de ce genre de choses. Avec des colères comme la nôtre, le meurtre, aussi terrifiant que ce soit, pouvait se révéler le remède à tout le reste.

Regency était installé sur sa chaise de la manière dont un boxeur s'assied dans son coin après avoir reçu une terrible raclée pendant la reprise.

— Pourquoi as-tu coupé la tête de Jessica ? demandai-je.

Mais je fus aussitôt obligé d'acquitter le prix de cette question : par l'esprit, je crus voir le mouvement de la lame de la machette.

Sa gorge produisit une espèce de gargouillis, le coin de sa bouche était distendu. Je commençais à penser qu'il avait bel et bien une attaque. Puis il prit la parole d'une voix rauque et pleine de révérence.

— J'ai voulu lier le sort de Patty au mien.

Il tomba de sa chaise sur le sol, les membres agités de soubresauts.

Madeleine entra dans la cuisine. Elle avait le Derringer à la main et je crois qu'elle ne s'en rendait pas compte. J'imagine qu'elle devait l'avoir gardé tout le temps qu'elle avait passé dans mon studio.

Elle avait l'air plus vieille et plus italienne qu'autrefois. Son visage exprimait quelque chose de la frayeur muette que doit ressentir un mur de pierre sur le point d'être abattu. Elle était plus loin que n'importe lequel d'entre nous de la promesse des larmes.

— Je ne peux pas l'abandonner, me dit-elle. Il est malade et je crois qu'il pourrait mourir.

La crise de Regency était terminée. Seul son talon droit remuait encore un peu. Il heurtait le sol d'un mouvement convulsif comme en aurait été agitée cette queue qu'il ne possédait pas. Il fallut toute la force conjuguée de mon père et de moi-même pour l'emporter à l'étage, et encore, ce ne fut pas facile. Nous manquâmes tomber plus d'une fois. Nous le déposâmes sur le grand lit que Patty et moi avions autrefois occupé. Que diable, il avait été prêt à mourir pour elle, pas moi.

Épilogue

Regency resta étendu là jour après jour et Madeleine le soignait comme un dieu à l'agonie. Ce qu'il est possible de faire à Provincetown est absolument incroyable. Elle appela le poste de police le lendemain matin pour dire qu'il avait fait une dépression et qu'elle partait avec lui pour un long voyage. Voulait-on bien s'occuper de régulariser ses papiers pour une permission de longue durée ? Comme j'avais eu la présence d'esprit de laver le coffre de sa voiture de patrouille avant l'aube et de retourner la garer devant l'hôtel de ville en laissant les clés sous le siège, rien ne permettait de lier son absence à ma maison. Madeleine appela dûment son bureau chaque matin pendant quatre jours pour donner de ses nouvelles au sergent, parler du sale temps qu'il faisait à Barnstabble et expliquer qu'elle avait fait couper le téléphone pour qu'il ne fût pas dérangé. Elle le fit d'ailleurs. En appelant de chez moi le service du téléphone. Puis, le cinquième jour, Regency commit l'erreur d'aller un peu mieux et nous eûmes quelques scènes horribles.

Allongé dans son lit, il nous couvrait tous de jurons. Il disait comment il allait nous faire arrêter. Il me ferait tomber en se servant de mon lopin de chanvre. Il comptait aussi m'accuser du meurtre de Jessica. Quant à mon père, il déclara que c'était un pédé refoulé. Lui, Regency, allait partir pour l'Afrique. Il y serait mercenaire. Il s'arrêterait aussi au Salvador. Il m'enverrait une carte postale. On l'y verrait brandissant une machette. Ha ha. Il se redressait dans le lit, ses muscles saillant sous le tee-shirt, la bouche tordue des suites de son attaque, sa voix lui venant par de nouveaux circuits cérébraux, et il décrochait le téléphone puis le raccrochait violemment en découvrant que la ligne était coupée (je m'étais empressé de déconnecter le téléphone de la chambre). Nous lui donnâmes des tranquillisants mais il franchit les comprimés comme un taureau qui fonce à travers une barrière.

Seule Madeleine était capable de le maîtriser. Je découvris un aspect inconnu de sa personnalité. Elle l'apaisait, elle posait une main sur son front pour le calmer puis, quand tout le reste avait échoué, elle lui imposait silence en le grondant.

— Tais-toi, disait-elle, tu payes le prix de tes péchés.

— Vas-tu rester avec moi ? lui demandait-il.

— Oui, je vais rester avec toi.

— Je te hais, lui disait-il.

— Je le sais bien.

— Tu es une brune dégueulasse. Tu sais à quel point les brunes peuvent être sales ?

— Un bain ne te ferait pas de mal à toi non plus.

— Tu me dégoûtes.

— Prends ce comprimé et tais-toi.

— C'est pour me faire mal aux testicules.

— Tu en aurais besoin !

— Ça fait trois jours que je n'ai pas bandé. Peut-être que je ne banderai plus jamais.

— N'aie crainte.

— Où est Madden ?

— Je suis ici, répondais-je.

J'étais toujours présent. Elle le veillait seule pendant la nuit mais, dans la journée, mon père ou moi montions la garde dans le vestibule avec son Magnum.

Peu d'appels faisaient retentir la sonnerie du téléphone du rez-de-chaussée. Il ne restait pas grand monde pour me relier à toute cette histoire. Chacun pensait que Regency était en voyage. Beth était partie et l'Araignée aussi ; les gens qui pensaient à eux les croyaient en voyage ensemble. D'autant plus que la camionnette avait elle aussi disparu. Stoodie terrorisait sa famille, qui devait donc se réjouir de ne plus entendre parler de lui. Bolo ne manquait à personne de ma connaissance et Patty était censée voyager elle aussi par le vaste monde. De même que Wardley. D'ici quelques mois, ses parents s'avisant que son absence avait trop duré le déclareraient sans doute disparu : au bout de sept ans, son collatéral le plus proche hériterait sa fortune. D'ici quelques mois, j'aurais le choix, moi aussi, de déclarer Patty disparue, ou de me taire. Je songeais que j'allais laisser les événements en décider pour moi.

Le fils de Jessica Pond, Lonnie Oakwode, risquait de poser un problème. Mais, là encore, comment aurait-il pu me lier à elle ? Je me faisais un peu plus de souci pour mon tatouage et pour Harpo. Mais guère. M'ayant dénoncé une fois, il ne recommencerait certainement pas. Quant au tatouage, je le ferais modifier dès que possible.

Mais il y avait Regency. Si notre sécurité dépendait d'Alvin Luther, alors elle était nulle. La façon qu'il avait de garder le lit ne me disait rien qui vaille. Tout indiquait qu'il attendait simplement d'avoir trouvé une histoire plausible. En tout cas, il ne quittait pas le lit.

Mais ses prouesses verbales ne s'y démentaient pas. À Madeleine, alors que nous pouvions l'entendre, il dit :

— Je t'ai fait jouir seize fois en une nuit.

— Oui, dit-elle. Et aucune n'était très bonne.

— C'est, dit-il plein d'espoir, que tu n'as pas de matrice.

Elle le tua cet après-midi-là. N'importe lequel de nous trois aurait pu le faire, mais il se trouve que ce fut Madeleine. Mon père et moi en avions déjà discuté dans l'antichambre.

— Il n'y a aucun moyen d'en sortir, avait dit Dougy. Il faut le faire.

— Il est malade, avais-je dit.

— Il est peut-être malade, mais ce n'est pas une victime, répondit Dougy en me regardant dans les yeux. C'est à moi de le faire. Je le comprends. C'est un type dans mon genre.

— Si tu changes d'avis, je peux y arriver.

C'était vrai. La fichue faculté qui était la mienne de visualiser à l'avance ce que je risquais de voir bientôt en réalité ne cessait de s'affirmer. Par l'imagination, je déchargeai le Magnum de Regency dans sa poitrine. L'arme m'échappait des mains sous l'effet du recul. Son visage se convulsait. Je voyais le maniaque. Regency avait l'air d'un sanglier. Puis il mourait et son visage revêtait alors une expression austère, son menton prenant les proportions statuesques de la mâchoire de George Washington.

Or ce fut bien l'expression qu'il arbora avant de mourir. J'entrai dans la chambre après la double détonation du petit Derringer de Madeleine, pour le voir expirer sur ce qui avait été mon lit nuptial. Apparemment, la dernière chose qu'il dit avant qu'elle presse la détente fut :

— J'aimais bien Patty Lareine. C'était quelqu'un et moi aussi.

— Bonne chance, lui dit Madeleine.

— J'ai cru que tu étais quelqu'un toi aussi quand je t'ai rencontrée, dit-il. Mais tu n'es qu'une pas grand-chose.

— Tu paries ? dit Madeleine, et elle pressa sur la détente.

Ce n'était pas une sortie remarquable, mais elle était elle-même parvenue à la conclusion qu'il fallait l'exécuter. Les cinglés, dans les établissements sérieux, il faut les exécuter. On apprend au moins cela en tétant le lait de la mafia.

Un an plus tard, quand elle accepta d'en parler, elle me dit :

— J'ai attendu qu'il prononce le mot qui m'échaufferait le sang.

Ne vous avisez pas de traiter de pas grand-chose une reine italienne.

Son corps fut emporté en mer par Big Mac ce soir-là. Regency fut jeté à l'eau attaché par des fils de fer distincts qui lui entouraient la taille, les aisselles et les genoux, et le reliaient à un bloc de ciment. Mon père savait évidemment s'y prendre désormais. Le lendemain de l'attaque d'Alvin Luther, il avait insisté pour que je l'emmène en bateau jusqu'au cimetière de Wardley, sur la place d'Enferville et là, il m'avait demandé de retrouver les tombes. Ce que j'avais fait. La nuit, tandis que je montais la garde sur notre as de la brigade des stupéfiants, mon père avait consacré six heures à la besogne la plus sordide. Avant l'aube, à la marée montante, il avait emporté les cinq cadavres au large et les avait précipités à la mer. Je sais bien que le danger me menace d'écrire une tragicomédie irlandaise, et je me garderai donc de décrire l'enthousiasme avec lequel Dougy prépara Alvin Luther pour son repos éternel. Je me contenterai de citer ce qu'il dit lorsqu'il eut fini :

— Peut-être que je me suis trompé de métier bien longtemps.

Peut-être.

Madeleine et moi partîmes quelque temps dans le Colorado et aujourd'hui nous habitons Key West. J'essaye d'écrire et nous vivons de son salaire d'hôtesse dans un restaurant du coin et de mon salaire de barman à mi-temps dans un petit établissement voisin du sien. Il nous arrive de temps en temps d'attendre qu'on frappe à notre porte, mais finalement je pense que cela n'arrivera peut-être jamais. Il y eut une brève flambée autour de la disparition de Laurel Oakwode, et des photos de son fils dans les journaux. Il a déclaré qu'il ne connaîtrait pas de repos avant d'avoir retrouvé sa mère, mais son visage, sur les photographies, manquait, je crois, de la détermination dont on a besoin pour se lancer dans ce genre de recherche. Quant aux articles, ils laissaient entendre que les habitants de Santa Barbara étaient prêts à croire que Laurel, ayant trempé dans deux ou trois affaires louches avec Lonnie Pangborn, pouvait fort bien s'être déniché quelque riche homme d'affaires de Singapour, ou quelqu'un de cet acabit. Malgré l'étrange ondulation du sang coagulé dans le coffre de la voiture, la mort de Pangborn a été officiellement considérée comme un suicide.

Le *Miami Herald* a publié un article sur la disparition de Meeks Wardley Hilby III et un reporter, ayant réussi à retrouver ma trace, est même venu me demander, à Key West, si je pensais que Patty et Wardley pouvaient être de nouveau réunis. Je lui ai répondu qu'ils étaient tous deux sortis de ma vie désormais mais que je les croyais installés en Europe, ou à Tahiti, ou quelque part à mi-chemin des deux. J'imagine que cette histoire risque de ressortir un jour ou l'autre.

Personne ne s'est jamais inquiété de savoir ce qui avait bien pu arriver à Regency. Madeleine n'a pratiquement fait l'objet d'aucune enquête ni requête officielle. Un homme de la brigade des stupéfiants à Washington lui a téléphoné un jour et elle lui a dit que Regency et elle étaient en route pour le Mexique lorsqu'il l'avait laissée tomber à Laredo, de sorte qu'elle n'avait jamais franchi la frontière. (Auparavant, en route pour le Colorado, nous avions même fait le long détour par Laredo, afin de lui procurer un reçu de motel qu'elle pourrait montrer aux officiels en cas d'enquête plus approfondie.) Mais je crois que personne, parmi les fonctionnaires de la répression, n'était franchement malheureux de l'avoir perdu. Les choses en sont là. J'ai questionné un jour Madeleine à propos du frère d'Alvin, mais le jour où la fameuse photo des neveux avait été prise s'est révélé être aussi le seul où il ait été voir sa famille – tu parles d'un frère.

Comme nous avions peu d'argent, nous avons pensé l'un et l'autre à vendre notre maison mais elles n'étaient ni l'une ni l'autre à notre nom. Je pense qu'elles finiront par être saisies par le fisc.

Mon père est toujours vivant. J'ai reçu l'autre jour une lettre de lui qui disait : « Touchons du bois, les zosieaux, dans leur gazouillis et à leur grande surprise, disent maintenant que j'ai une rémission. Pour eux, ça correspond à peu près à l'absolution. »

Et ma foi, Timothy Madden, le fils de Douglas Madden, possède là-dessus sa propre théorie. J'ai dans l'idée que l'état de grâce physiologique qui est pour l'heure celui de mon père a quelque chose à voir avec toutes ces têtes et tous ces corps qu'il a plombés et lestés pour les précipiter à la mer.

Pas étonnant que le cancer soit une maladie si coûteuse à soigner.

Et moi ? Bah, je suis si compromis par tant d'actes qu'il me faut tenter par l'écriture de sortir de la prison intérieure de mes nerfs, de ma culpabilité et de mes dettes spirituelles si profondément enracinées. Mais si c'était à refaire… À dire vrai, tout ne va pas si mal. Madeleine et moi dormons des heures durant dans les bras l'un de l'autre. Je vis à l'intérieur des replis de son acte, sans inconfort et sans insécurité, profondément attaché à elle, et bien conscient que ma stabilité d'esprit repose sur la ferme fondation d'un crime de sang.

Mais que personne ne dise que l'on échappe à Enferville sans égratignures. Par un beau coucher de soleil estival sur Key West, quand les vents de l'équateur soufflaient sur la mer des Caraïbes et que la climatisation était encore en panne, le souvenir des photographies de Madeleine et de Patty que j'avais décapitées avec une paire de ciseaux est soudain revenu m'empêcher de dormir. Car il m'est revenu alors que j'avais fait cela à la tombée de la nuit (en je ne sais quelle épouvantable imitation de vaudou amateur, dans l'idée, j'imagine, d'empêcher Patty de me quitter), oui, juste avant de partir pour la séance de spiritisme que Harpo avait organisée.

Si vous vous en souvenez, Nissen s'était mis à hurler parce qu'il avait eu la vision de Patty dans son état final.

Que puis-je dire ? Les dernières nouvelles que j'ai reçues de Provincetown par un vague ami de passage à Key West m'ont appris que Harpo était devenu fou. Au cours d'une séance organisée voilà peu, il a prétendu apercevoir six cadavres au fond de la mer. De ces profondeurs, deux femmes sans tête lui parlaient. Ce pauvre Harpo a été interné et, si j'en crois mon informateur, ne sera relâché qu'un peu plus tard cette année.

Comédie :

Mauvaises gens, mauvaises choses, mariages, beuveries, jeux, escroqueries, domestiques malhonnêtes, aristocrates dévergondés, intrigues, jeunesse débauchée, vieillesse avare, entremetteuses, et ainsi de suite tels qu'on les rencontre quotidiennement parmi les gens du commun.

Tragédie :

Coups mortels, désespoir, infanticide et parricide, incendie, inceste, guerres, insurrections, vagissements, hurlements, soupirs.

Martin Opitz von Boberfeld
(1597-1639)

Si Provincetown est bien réelle, et indiscutablement située au Cap Cod, j'ai modifié quelques noms et quelques lieux, inventé une ou deux maisons ainsi qu'un truc assez important : il n'y a pas aujourd'hui, et, autant que je sache, il n'y a jamais eu, de faisant fonction de chef de la police à Provincetown. À ce propos la police de mon roman ne présente d'ailleurs aucune ressemblance avec la police réelle de la ville. Cela en préambule à la remarque classique selon laquelle tous les personnages sont le produit de mon imagination et toutes les situations fictives. Toute ressemblance avec des personnes vivantes serait pure coïncidence.

J'aimerais remercier ici John Updike pour sa gracieuse autorisation de reproduire un extrait de « One's Neighbor's Wife » dans *People One Knows*, Lord John Press, Californie, 1980. L'utilisation que j'en ai faite dans le roman est, nécessairement, un anachronisme. J'aimerais enfin remercier mon vieil ami Roger Donoghue qui m'a le premier rapporté l'anecdote dont le titre est tiré.

N. M.

Cet ouvrage a été imprimé
en mars 2010 par

CPI
FIRMIN-DIDOT

27650 Mesnil-sur-l'Estrée
N° d'édition : 50337/01
N° d'impression : 98925
Dépôt légal : mars 2010

Imprimé en France